영유아교육기관 운영관리

권혜진

창지사

머리말

영유아교육기관에 대한 국가적 지원이 확대되어 나가면서 기관 운영의 공공성 및 투명성에 대한 사회적 요구가 높아지고 있습니다. 예비 영유아교사들은 양성교육과정을 통해 주로 영유아를 지원하기 위한 미시체계수준에서 발휘되는 역량 함양을 위한 교과목들을 중심으로 교육을 받아왔습니다. 영유아교육기관 운영관리 교과목은 기관의 인적 및 물적 자원, 사회적 자원의 효율적이고, 효과적인 운영관리를 다루는 교과목으로 미시체계를 둘러싼 중간체계, 외체계, 거시체계 차원에서 영유아교육기관의 운영에 대해서 살펴보는 기회를 제공할 것입니다. 이를 통해 영유아교육기관의 구성원으로서 기관을 운영할 수 있는 역량을 키울 수 있을 것입니다. 나아가 영유아 및 사회에 대한 책무성을 성찰할 수 있는 기회를 가질 수 있을 것입니다.

영유아교육기관 운영관리는 기관을 운영하고 관리하는 데 필요한 기초 지식을 토대로 기관 운영의 계획과 실천전략을 탐색해 보는 교과목입니다. 이 책은 영유아교육기관 운영관리의 특성을 운영관리 영역별로 구분하여 학습함으로써 운영관리에 대한 지식과 실천전략을 함양할 수 있도록 구성하였습니다. 또한, 어린이집과 유치원은 보건복지부와 교육부의 이원화 체제로 운영되고 있는 상황을 감안하여 영유아교육기관으로서 공통적인 부분은 함께 살펴보았고, 설치·운영, 인사관리, 안전관리, 재정관리, 평가 등 상이한 법령과 지침에 의해 각기 다른 기준을 적용받고 있는 부분에 대해서는 어린이집과 유치원의 기준을 각각 살펴보았습니다.

1장에서는 영유아교육기관 운영관리의 이해를 돕기 위해 일반적인 운영관리의 정의, 목표, 기초요소를 살펴보고 이를 영유아교육기관에 적용하여 살펴보았습니다. 2장에서는 영유아교육기관의 설립과 운영에 대해 살펴보았습니다. 3장부터 6장까지는 인적 자원관리에 대해 다루고 있습니다. 3장에서는 운영관리의 주체로서 원장의 리더십의 중요성을 이해하고, 영유아교육기관에서의 의사소통, 의사결정, 갈등관리, 소진 등 조직문화와 관련된 내용을 소개하였습니다. 4장에서는 교직원 인사관리, 5장에서는 교직원의 책무와 윤리에 대해 다루었습니다. 6장에서는 영유아와 부모 지원에 대해 살펴보았습니다. 7장부터 10장까지는 영유아교육기관의 구체적인 운영에 대해 다루었습니다. 7장에서는 제4차 표준보육과정, 개정누리과정을 반영한 영유아중심, 놀이중심 보육·교육과정 운영에 대해 살펴보았습니다. 8장에서는 건강 및 위생관리, 9장에서는 영양 및 급식관리, 10장에서는 안전관리의 중요한 사항을 다시 한번 점검할 수 있도록 하였습니다. 11장은 체계적이고 투명한 문서 및 재정관리에 대해 학습할 수 있도록 하였습니다. 12장에서는 영유아교육기관에서의 평가의 중요성을 살펴보고 어린이집의 의무평가제와 유치원의 5주기 평가에 대해 살펴보았습니다.

영유아교육기관 운영관리의 주요 내용과 함께 좀 더 심화된 자료는 '한 걸음 더'라는 박스를 통해 제시하였습니다. 또한 운영관리에 대한 이론과 함께 학습자가 관련 내용에 대해 직접 활동해 볼 수 있도록 '해 봅시다'를 마련했습니다. 각 장의 마지막에는 학습내용과 관련하여 주요 이슈에 대해 뉴스검색을 해 보고 문제점 인식, 해결방안 모색 등을 토론해 보고 성찰해 볼 수 있는 'Issue & Talk'를 제시하였습니다.

유아교육기관 운영관리 수업을 함께하면서 교재 집필의 방향성에 대한 피드백을 해 준 학생들에게 고마움을 전합니다. 또한 다양하고 풍부한 자료를 제공해 주신 어린이집과 유치원 원장님들과 선생님들께도 감사드립니다. 이 책의 출판을 위해 인내하고 애써 주신 창지사 관계자들께도 감사 인사를 전합니다. 이 책이 예비영유아교사들이 영유아교육기관 운영관리에 대한 지식과 실천전략을 익히고 나아가 영유아교육기관의 구성원으로서 사회적 책무성에 대한 성찰의 기회를 제공하는 데 도움이 되길 기대합니다.

2021년 1월

저자

차례

CHAPTER 01

영유아교육기관 운영관리의 기초

어떤 형태의 조직이든 그 조직의 목적 달성을 극대화하기 위해 인적, 물적, 재정적 자원을 확보하고 조정, 관리해야 한다. 따라서, 운영관리는 어느 조직에서든지 보편적으로 필요한 행위라고 할 수 있다. 이 장에서는 일반적인 운영관리의 정의, 목표, 기초요소를 살펴보고 이를 영유아교육기관에 적용하여 살펴보고자 한다.

1. 운영관리의 이해

1) 운영관리의 정의

운영관리는 '운영'과 '관리'가 합쳐져 만들어진 용어이다. 표준국어대사전에 따르면 운영이란 "조직이나 기구, 사업체 따위를 운용하고 경영함, 어떤 대상을 관리하고 운용하여 나감"이라고 정의되어 있다. 관리는 "어떤 일의 사무를 맡아 처리함. 시설이나 물건의 유지, 개량 따위의 일을 맡아 함. 사람을 통제하고 지휘하며 감독함"이라고 정의되어 있다. 이와 유사한 용어인 경영은 "기업이나 사업 따위를 관리하고 운영함. 기초를 닦고 계획을 세워 어떤 일을 해 나감"으로 정의되어 있다.

대체로 관리(administration)는 주로 정부조직이나 비영리조직들에 대해 쓰여 왔고, 경영(management)은 기업조직의 운영에 대해서 쓰여 왔다. 그러나 이 두 용어는 오늘날 쓰임새가 겹치기도 한다. 과거에 경영은 주로 기업조직의 운영에 대해서 쓰여 왔으나, 공공기관이나 기업체, 학교, 군대, 병원 등 크게는 국가기관에서부터 작게는 개인의 사업체에 이르기까지, 공사의 구분 없이 '경영'이라는 용어가 거부감 없이 사용되고 있다. 어떤 형태의 조직이든 그 조직의 목적 달성을 극대화하기 위해 인적, 물적, 재정적 자원을 확보하고 조정, 관리하는 것을 널리 경영이라고 한다(남정걸, 2015).

경영활동은 어느 조직에서든지 보편적으로 이루어진다. 조직의 형태와 크기, 임무가 어떠하며 어떤 계층에 속하든지 관계없이 모든 조직은 경영활동을 필요로 한다(Robbins, 2005).

- 사회의 문화적 교육적 기능을 담당하는 조직: 학교, 어린이집, 유치원
- 사회의 목표달성에 기여하는 조직: 정부기관
- 사회의 갈등해소 규범준수 기능을 담당하는 조직: 법원, 경찰
- 영리를 목표로 하여 경제생산기능을 담당하는 조직: 기업

경영은 기업에서만 필요한 개념이 아니라 어떤 형태의 조직이든 조직의 목표를 달성하기 위하여 반드시 필요하다. 운영관리는 단순히 기관의 유지관리를 넘어서는 경영관리의 성격을 가진다. 즉 운영관리란 "조직목표 달성을 위해 구성원들로 하여금 효율적이고 효과적으로 맡은 일을 수행하도록 하는 체계적인 활동(신유근, 2011)"이다.

2) 운영관리의 요소

운영관리는 조직목표를 달성하기 위해 운영관리 영역별로 계획-실행-평가 및 환류를 통한 운영관리 과정을 거쳐 운영성과를 도출하게 된다. 또한 운영관리 전반에 걸쳐 그 조직을 둘러싼 거시환경의 영향을 받게 된다. 운영관리의 요소는 [그림 1-1]과 같이 표현될 수 있다.

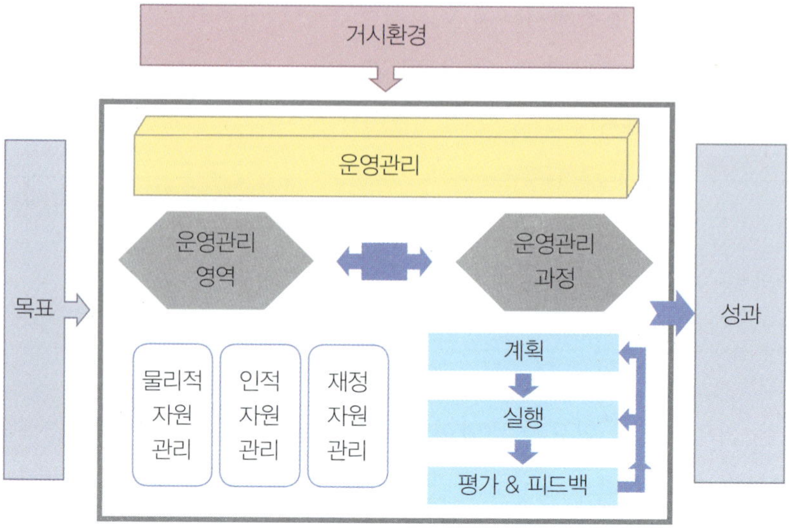

| 그림 1-1 | 운영관리의 요소

(1) 거시환경

거시환경은 조직의 운영관리 전반에 다양한 영향을 주게 된다. 사회의 인구학적 변화, 사회문화적 변화, 경제적 여건의 변화, 정부의 법, 제도, 정책의 변화 등은 조직의 목표설정 및 운영관리 전반에 영향을 준다. 조직의 관리자는 이러한 거시환경의 변화를 능동적으로 조직의 운영에 반영하는 것이 중요하다.

(2) 조직의 목표

모든 조직은 어떤 공통의 목표를 향하여 함께 활동함으로써 이익을 얻기 위해 둘 이상의 사람들이 모인 집단이다. 이러한 조직에는 공식적인 목표가 있고 구성원들에게 부여된 직위가 있으며 구성원별로 해야 할 일들이 부여되어 있다.

조직목표는 크게 사회적 목표와 경제적 목표로 구분해 볼 수 있지만, 경제적 목표와 사회적 목표는 양면적 속성을 가지고 있다(신유근, 2011). 경제적 목표는 최대이윤의 추구, 최소비용최대효과를 달성하고자 하며, 이를 위해 주어진

상황에서 가능한 한 최대의 이윤을 추구한다는 점에서 기업의 가장 전형적 목표로 부각된다. 사회적 목표는 사회가 조직에 기대하는 역할을 조직이 수행함으로써 달성되는 목표이다. 기업의 공식적 목표는 이윤을 추구하는 경제적 목표를 우선시하지만 기업의 사회적 책임이 강조되면서, 사회적 목표와의 조화가 요구되고 있다. 공공기관이나 교육기관은 공익을 추구한다는 점에서 사회적 목표가 우선시되지만, 경제적 목표 역시 고려되어야 한다. 무엇보다도 구성원 간에 조직의 목표에 대해 합의하고 공유하는 것이 중요하다.

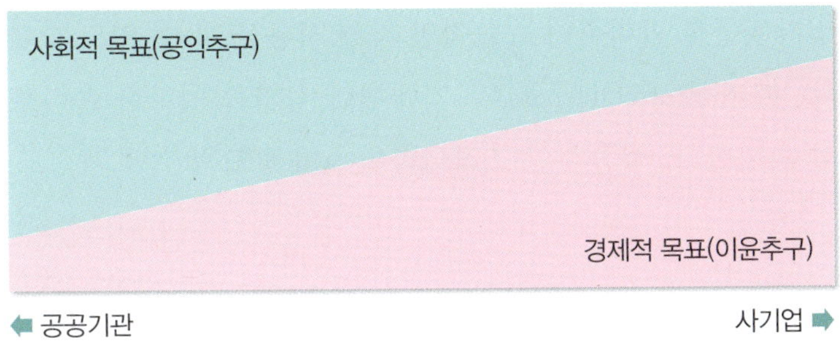

| 그림 1-2 | 조직의 목표

(3) 운영관리의 영역

운영관리는 기관의 운영에 관련된 전반적인 측면을 가능한 한 모두 포괄한다. 운영관리가 자원을 적절하게 배분하는 행위이므로 조직이 가진 모든 자원은 운영관리의 대상이 된다. 조직이 가진 자원은 물리적 자원, 인적 자원, 재정 자원으로 나누어 볼 수 있다. 물리적 자원관리에는 시설, 공간, 비품 등이 해당되며, 인적 자원관리에는 구성원 및 서비스 대상자, 업무관련자 등이 포함된다. 재정 자원관리에는 조직의 운영에 필요한 수입과 지출 관리가 포함된다.

(4) 운영관리의 순환과정

합리적인 운영관리를 위해서는 운영에 대한 기본 방침과 일관성 있는 정책의 실행이 매우 중요하다. 목표를 설정하여 계획을 세우고 계획을 수행할 조직을 만들어 과업수행에 필요한 인적, 물적 자원을 배정하며 조직성원들의 행동을 조정하여 목표를 달성하도록 지도하고 그 결과를 평가하고 다음 계획에 환류하는 일련의 연속적, 순환적 과정임을 말해 주고 있다(남정걸, 2015).

(5) 운영관리의 성과

운영관리의 성과는 효율성과 효과성이라는 두 가지 측면에서 평가될 수 있다. 효율성(efficiency)은 일을 올바르게 수행하는 과정으로 투입과 산출 간의 관계, 제한된 투입자원들을 관리하여 효율적인 자원 사용을 할 수 있도록 관리하는 것을 의미한다. 효과성(effectiveness)은 기대했던 성과를 얼마나 올바르게 달성할 수 있는가를 의미한다. 성공적인 조직이라면 효율성도 높고 효과성도 높아야 한다(신유근, 2011).

2. 영유아교육기관 운영관리의 이해

교육기관 역시 하나의 조직으로서 효율적인 운영관리를 통해 기관 운영의 성과를 높여야 하는 요구를 받고 있다. 교육환경의 변화는 질 높은 교육에 대한 요구로 연결되어, 기업조직의 혁신을 도모하기 위해 도입하였던 다양한 경영적 원리나 방안들을 교육조직에 적용하려는 움직임이 나타나고 있다. 초·중등 교육기관이 공립기관으로서 지속적·안정적인 운영을 해 오고 있는 것에 비해 영유아교육기관은 사립기관의 비중이 매우 높고, 소규모 기관이 많으며, 영유아교육기관을 운영하고 있는 원장과 교직원의 운영관리에 대한 인식 및 전문성도 높지 않다. 영유아교육기관의 원장과 교직원이 체계적인 운영관리의 중요성을 인식하고 노력하는 것이 필요하다.

1) 거시환경

영유아교육기관의 운영은 국가의 보육정책과 유아교육정책 및 관련 법의 변화, 저출산, 맞벌이 부부의 증가, 가족형태의 다양화, 노동정책의 변화 등과 같은 거시환경의 영향을 받게 된다.

보육정책은 「영유아보육법」이라는 법적 근거를 가지고 실행된다. 3차 중장기 보육계획(2018-2022)에서는 정부의 보육서비스 지원에 대한 부모 체감도를 더욱 높일 수 있도록 보육·양육에 대한 사회적 책임 강화 공공성 제고와 보육서비스 질 강화 방안 등을 집중 추진하고 있다([그림 1-3] 참조). 이를 위해 보육의 공공성 강화, 효과적 보육서비스 제공을 위한 보육체계 개편, 보육서비스의 품질 향상, 부모 양육지원 확대를 4대 목표로 설정하고 있다. 유아교육정책은 「유아교육법」이라는 법적 근거를 가지고 실행된다. 유아교육발전기본계획(2018-2022)은 공공성 강화를 통한 유아교육혁신을 목표로 하고 있다([그림 1-3] 참조).

그동안 유보통합에 대한 추진 논의는 지속적으로 이루어져 왔지만 여전히 보육정책과 유아교육정책은 보건복지부와 교육부로 이원화되어 있다. 유치원과 어린이집 설립요건이 다를 뿐더러 유치원 교사와 보육교사의 인력양성체계와 처우 등에 있어 차이가 있다. 이로 인해 영유아교육기관 현장뿐만 아니라, 학부모와 영유아, 교사양성기관 등은 혼란스럽고 어려움을 겪고 있다.

2019년 유아중심, 놀이 중심 개정누리과정이 시행되고, 2020년 표준보육과정도 영유아중심 놀이중심으로 개정되어 시행되고 있는 것도 영유아교육기관을 둘러싼 거시환경의 큰 변화라고 할 수 있다.

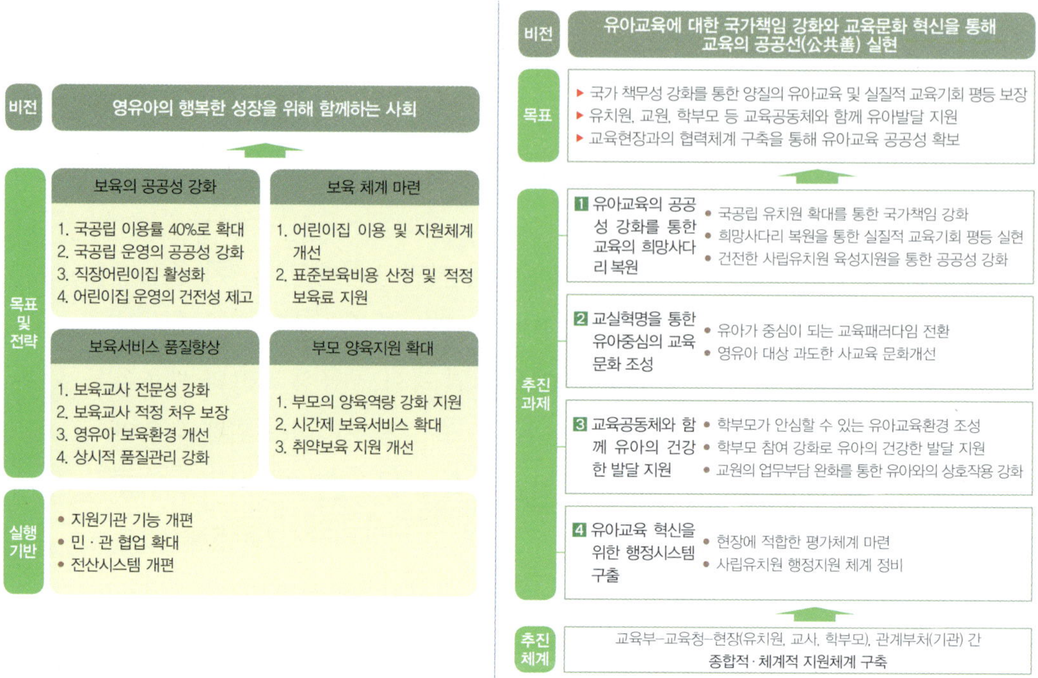

보건복지부(2017). 3차 중장기보육계획(2018-2022)　　교육부(2018). 유아교육발전기본계획(2018-2022)

| 그림 1-3 | 보육정책과 유아교육정책

2) 영유아교육기관 기관 특성

영유아교육기관도 학교의 성격을 가지고 있으므로, 그 운영관리에 있어 일반 학교의 운영관리의 원리 및 내용들이 적용될 수 있다. 그러나 영유아교육기관의 운영관리는 초·중등학교와 교육내용, 교육방법, 교육조건에 있어 상이한 면이 있으므로, 초·중등학교와 다른 특수성을 갖는다. 따라서, 영유아교육기관 운영관리의 특수성을 살펴보기 위해서는 우선 영유아교육기관의 특성을 정확히 파악할 필요가 있다.

(1) 기관유형

영유아교육기관은 〈표 1-1〉에 제시된 바와 같이 기관유형의 측면에서 볼 때 사립기관의 비중이 높다. 사립기관은 재단으로 설립된 경우가 드물고 설치자의 사유재산으로 설립된 경우가 많다. 기관 운영이 교육적 목표를 달성하는 것보다는 영리를 추구하는 방향으로 흐를 위험이 있고 운영방식이 역시 사적인 형태를 나타날 수 있기 때문에 체계적이고 효율적인 운영관리가 필요하다.

| 표 1-1 | 어린이집 및 유치원 설립유형별 기관 수

		1995		2016		2017		2018	
		개소	비중	개소	비중	개소	비중	개소	비중
어린이집 수	계	9,085	100.0	41,084	100.0	40,238	100.0	39,171	100.0
	국공립	1,029	11.3	2,859	7.0	3,157	7.8	3,602	9.2
	사회복지법인	928	10.2	1,402	3.4	1,392	3.5	1,377	3.5
	법인·단체 등	22	0.2	804	2.0	771	1.9	748	1.9
	민간	3,175	34.9	14,316	34.8	14,045	34.9	13,518	34.5
	가정	3,844	42.3	20,598	50.1	19,656	48.9	18,651	47.6
	부모협동	–	–	157	0.4	164	0.4	164	0.4
	직장	87	1.0	948	2.3	1,053	2.6	1,111	2.8
유치원수	계	8,960	100.0	8,987	100.0	9,029	100.0	9,021	100.0
	국공립	4,417	49.3	4,696	52.3	4,747	52.6	4,801	53.2
	사립	4,543	50.7	4,291	47.7	4,282	47.4	4,220	46.8

출처: e-나라지표(https://index.go.kr). 2020. 7. 27. 인출.

(2) 조직 규모

영유아교육기관은 초·중등 교육기관과는 달리 그 규모가 크지 않다. 특히 어린이집의 경우 20명 이하 어린이집이 전체의 50%를 차지하고 있다(〈표 1-2〉 참조). 법적으로 간호사, 영양사 등 전문인력을 고용할 수 있는 정원규모인 100인 이상 어린이집은 많지 않은 실정이다.

영유아교육기관이 운영되기 위해서는 영유아를 교육하는 것은 물론 학급운영, 교구교재 제작, 행사준비, 시설관리, 사무관리, 재정관리, 당직업무 등과 같은 업무를 수행해야 한다. 조직의 규모가 작은 경우 체계적, 합리적으로 운영되기보다는 느슨하고 가족적인 특성을 가진다. 규모가 작은 조직의 경우 한 명의 교직원이 여러 가지 업무를 수행해야 하기 때문에 업무 수행에 대한 부담이 클 뿐만 아니라 업무 완성에 대한 책임 소재도 불분명하고 이로 인한 교직원 간에 갈등이 발생할 소지가 많아진다. 따라서 규모가 작은 기관이라도 교직원 간의 역할분담 및 업무 분장이 분명하게 되어 있어야 필요 없는 갈등을 줄일 수 있다.

| 표 1-2 | 정원 규모별 어린이집 설치 현황(2019년 12월 31일 기준)

구분		계	20명 이하	21~39명	40~49명	50~80명	81~99명	100~160명	161~200명	201~240명	241~300명	300명 초과
합계	소계	37,371	17,826	5,503	3,447	4,766	2,930	2,074	473	185	157	10
	국공립	4,324	488	690	685	1,400	684	322	42	9	4	0
	사회복지법인	1,343	7	74	149	338	399	285	63	17	10	1
	법인·단체 등	707	12	102	119	258	125	65	17	4	4	1
	민간	12,568	19	4,426	2,191	2,489	1,586	1,299	312	135	104	7
	가정	17,117	17,117	0	0	0	0	0	0	0	0	0
	협동	159	78	47	18	9	4	3	0	0	0	0
	직장	1,153	105	164	285	272	132	100	39	20	35	1

출처: 보건복지부(2020). 2019년 보육통계.

(3) 조직구성원 및 조직의 주기

영유아교육기관의 구성원은 대부분 여성으로 이루어져 있다. 어린이집 교사의 여교사 비율(보건복지부, 2017), 유치원 교사의 여교사 비율(교육부, 2017)은 99%로 OECD 평균 97%보다도 더 높다. 여성중심의 조직은 남성 위주의 조직과 의사소통의 방식에서 차이가 난다. 영유아교사 및 관리자는 여성 특유의 의사소통방식을 서로 인식하고 그에 적절한 대처를 보이는 것이 필요하다. 이후 남자교사의 증가는 양성평등적인 역할모델을 영유아들에게 제공할 수 있다는 장점 외에도 여성지배적인 근무환경의 역동성을 향상시킬 수 있는 방법이 될 수 있다. 건강한 조직문화를 형성하기 위한 측면에서도 남자 교사의 증가가 필요하다.

또한 영유아교육기관의 교사들의 근무주기가 짧다. 교사들의 짧은 근무주기로 인해 초임교사임에도 불구하고 주임교사, 원감 등과 같은 중간 관리자의 역할을 맡는 경우가 있다. 영유아교사로서 능력을 충분히 신장시키기도 전에 또 다른 상위 역할 수행에 대한 부담을 지기 때문에 역할 갈등을 느낄 소지가 더 많아지므로, 적절한 역할분담과 효율적 업무분장이 필요하다.

3. 영유아교육기관 운영관리의 목표와 성격

1) 영유아교육기관 운영관리의 목표

운영관리의 목적은 최소비용/최대효과 효율성을 추구하는 것이 일반적이다. 그러나 영유아교육기관은 교육기관이므로 운영관리의 목적은 이윤을 추구하는 경제적 목표보다는 영유아 발달을 도모하는 사회적 목표를 우선시해야 한다. 즉 영유아교육기관의 운영관리는 영유아교육기관이 보다 더 질 높은 보육과 교육을 할 수 있는 방향으로 이루어져야 한다. 좋은 영유아교육기관을 만들고 좋은 교육을 하기 위해 교육여건을 마련하고 구성원의 동기를 유발하는 문제, 교육에 필요한 쾌적하고 안락한 시설과 설비를 갖추고 경영하는 문제, 보육 및 교육활동에 필요한 자원을 마련하고 집행하는 문제, 보육 및 교육활동이 뜻한 바 목표를 달성했는지를 평가하고 피드백을 통해서 수정 보완하는 문제 등이 포함된다(강경석 · 최기만, 2003).

영유아교육기관의 운영의 목표는 「영유아보육법」, 「유아교육법」의 목적 및 보육정책, 유아교육정책에 근거하여 설정되어야 하며 이는 기관의 운영 철학으로 제시되어 원장뿐만 아니라 교직원 전체에 공유되어야 한다. 기관의 장은 영유아 보육 및 교육에 대한 목적 및 필요성의 변화, 저출산 및 가족 형태의 다양화, 보육 및 유아교육 정책, 교직원의 법적·윤리적 책임 강화 등 보육 및 교육을 둘러싼 거시환경의 변화를 파악하고 이에 능동적으로 대응하여 이러한 변화를 운영관리에 반영하는 것이 필요하다.

2) 영유아교육기관 운영관리의 원리

(1) 합법성의 원리

합법성이라 함은 영유아교육기관 경영이 법에 의거하고 법이 정하는 범위 내에서 이루어지는 것을 원칙으로 한다는 것을 의미한다. 영유아교육기관 운영은 「헌법」 제31조의 규정을 비롯하여 「교육기본법」과 「초·중등교육법」, 「영유아보육법」, 「유아교육법」 등 보육 및 교육 관련 법률과 명령, 조례, 규칙 등에 의거하여 집행되어야 한다. 이는 국민의 교육권을 보장하고 국가예산을 효율적으로 집행하며 부당한 직무수행과 행정재량권의 남용을 방지하기 위한 것이다.

(2) 공공성의 원리

공공성이라 함은 사적 목적이나 사적 관계와는 대조되는 개념으로서 교육에 대한 국가와 지방자치단체의 관여와 개입을 의미한다. 국가와 지자체가 교육기관을 직접 경영하고 지원할 뿐만 아니라 사립학교에 대해서도 사회적 제도로서의 사명을 다하도록 지도·감독과 지원을 하고 있다. 영유아교육기관의 경우 개인에 의해 설립된 사립기관의 비중이 높다. 그러나 사립기관이라고 하더라도 영유아의 교육비, 교재교구비 지원 등 정부의 지원이 이루어지고 있으므로 영유아교육기관 운영에서 공공성의 원리를 반드시 추구해야 한다.

보육과 유아교육의 공공성은 '모든 영유아가 동일한 출발선을 보장받기 위하여 사회경제적 계층에 관계없이 일정 수준 이상의 질이 보장된 보육·교육 서비스를 제공하는 것'으로 정의내릴 수 있다(양미선·정주영·임지희, 2013). 어린이집과 유치원 운영의 공공성은 일정 수준의 보육·교육 서비스를 제공하는 '보편성', 기관 운영 및 비용, 회계 등 운영 전반에 대한 정보를 공개하고 사회와 공유하는 '공개성', 정부 지원의 적절한 편성 및 지출, 관리하는 '투명성', 교직원 및 수요자, 지역사회의 기관 운영에의 참여를 확대하는 '참여성'을 포함한다.

(3) 타당성의 원리

타당성이라 함은 바람직한 영유아교육기관 목표를 설정하고 거기에 타당한 경영활동이 되어야 한다는 것을 말한다. 영유아교육기관 운영은 교육 목표를 효율적으로 달성하기 위해 필요한 조건을 정비해 주는 봉사활동이며 수단이다. 말하자면 영유아와 교육내용과 교사가 만나는 교수·학습의 장을 잘 지원하고 유도하는 데 그 본질이 있다. 타당성의 원리는 영유아교육기관 교육 목표에 부합되도록 운영되어야 한다는 의미에서 합목적성의 원리라고도 한다.

(4) 민주성의 원리

민주성이라 함은 영유아교육기관의 목표설정과 경영계획 수립, 실천, 평가 등 경영의 제반과정과 영역에 교직원과 영유아와 부모의 광범한 참여를 통하여 공정한 의사를 반영하는 것이다. 운영의 책임은 궁극적으로 원장에게 있지만, 원장 한 사람의 지시나 명령으로 기관을 운영하는 것은 바람직하지 못하다.

상하 간의 수직적 관계와 일방통행의 하향적 행정을 지양하고 조직구성원의 자발적 참여와 수평적 협동관계를 중시하여 1인의 독점 행정보다는 집단사고에 기초한 참가적 행정이 강조되어야 할 것이다. 공개행정을 통하여 교직원, 부모들도 교육행정의 한 주체로서 이 과정에 어떠한 형태로든지 참여가 보장되어야 한다. 이뿐만 아니라 권한과 업무도 적정하게 분산·위임되어 각각의 조직단위에서 책임행정을 구현할 수 있도록 하여야 한다.

또한 영유아의 목소리에도 귀를 기울여서 영유아가 의사결정을 할 수 있는 부분에 대해서는 의견을 묻고 의사결정에 참여할 수 있도록 한다.

(5) 능률성의 원리

능률성이라 함은 활동을 전개하는 데 있어서 최소한의 경비와 노력을 통하여 최대한의 성과를 거두자는 것이다. 그러나 교육조직의 경우, 경제적 논리가 지나치게 강조될 때 교육의 본질이 손상되고, 심지어는 교육 그 자체의 성립을 어렵게 한다는 점을 잊어서는 안 된다. 따라서 교육적 적합성이라는 또 다른 가치와의 조화와 균형이 유지되어야 한다. 사실상 교육은 비용이 많이 들어가는 활동일 뿐만 아니라 교육조직 내에서 어느 정도의 제한점을 가질 수밖에 없다는 점을 인식할 필요가 있다.

교육에 있어서는 단기적인 유형의 성과보다는 장기적인 무형의 성과가 더 중요하다. 영유아교육기관 운영에 있어서 능률성의 원리를 주장할 때는 장기적 평가에 의한 능률과 단순한 경제적 능률보다는 구성원의 만족 내지 욕구충족을 높이는 사회적 능률을 더욱 강조하여야 한다.

3) 영유아교육기관 운영관리의 영역

영유아교육기관 운영관리는 영유아의 발달을 지원하고 가정의 복지를 증진하는 보육 및 교육의 목적을 실현하는 영유아교육기관 운영에 관련된 전반적인 측면을 가능한 한 모두 포괄한다(Freeman, Decker & Decker, 2012, Hearron, & Hildebrand, 2015). 영유아교육기관 운영관리는 운영방침 수립부터 원아관리,

재정관리, 사무관리, 교직원 인사관리, 가족지원 등에 이르기까지의 업무에 대한 효율적인 관리를 포괄한다.

(1) 인적 자원 관리

- **조직문화**: 원장은 기관의 리더이자 관리자로서 건강한 영유아교육기관 조직문화를 조성하는 것은 운영관리의 성패를 좌우한다. 이 책에서는 제3장 영유아교육기관 조직문화에서 다룬다.
- **교직원 인사관리**: 교직원의 채용, 복무관리, 능력발전, 전문성 지원 등을 포함한다. 이 책에서는 제4장 영유아교육기관의 인사관리에서 다룬다.
- **교직원의 책임과 윤리**: 영유아의 발달과 성장을 지원하는 전문직으로서 교직원에게 요구되는 역할 및 직업윤리가 강조되고 있으며, 이는 개인적 노력을 넘어서서 조직적 수준에서 관리될 필요가 있다. 이 책에서는 제5장 영유아교육기관 교직원의 책무와 윤리에서 다룬다.
- **서비스 수혜자 관리**: 영유아의 입학, 재학, 퇴소, 졸업 및 부모의 요구 반영 및 협력을 도모하는 내용이 해당된다. 이 책에서는 제6장 영유아와 부모지원에서 다룬다.

(2) 보육 및 교육활동 관리

- **보육·교육과정 운영**: 국가수준 보육·교육과정의 기준과 운영지침을 근거로 하여 지역의 특수성, 기관의 실정, 영유아 흥미와 요구에 알맞게 각 기관별로 구체적인 보육·교육과정을 운영한다. 보육·교육과정 운영에는 교육목표의 설정, 내용의 구성과 일과운영, 상호작용 및 평가가 포함된다. 이 책에서는 제7장 보육·교육과정 편성 및 운영에서 다룬다.
- **건강·영양·급식·안전관리**: 영유아의 발달과 성장에 직접적으로 관련되어 있는 청결위생, 감염병관리, 영양섭취, 급식관리, 시설물 및 안전사고 예방과 관

련된 내용이 포함된다. 이 책에서는 제8장 영유아교육기관의 건강 및 위생관리, 제9장 영유아교육기관의 영양 및 급식관리, 제10장 영유아교육기관의 안전관리에서 다룬다.

(3) 물리적 자원 관리

- 시설 및 설비의 설치 및 관리: 어린이집과 유치원의 설치가 가능한 입지 및 건물의 구성, 기본 시설 및 설비 등에 대한 사항을 다룬다. 이와 함께 영유아와 교직원을 위해 필요한 쾌적하고 안전한 환경의 구성 및 관리에 대해 다룬다. 이 책에서는 제2장 영유아교육기관의 설치와 운영에서 다룬다.
- 문서 및 재정관리: 기관의 예산, 집행, 결산이 투명하고 적절하게 잘 계획되어 사용되어야 한다. 이 책에서는 제11장 문서 및 재정관리에서 다룬다.

(4) 평가

- 영유아교육기관의 질적 수준이 개선되고 지속적으로 발전해 나가기 위해서는 계획이나 실행만큼이나 평가가 중요하다. 평가의 목적은 평가 결과를 운영에 반영하여 개선해 나가는 데 있다. 이 책에서는 제12장 영유아교육기관 운영 평가에서 다룬다.

4) 영유아교육기관 운영관리의 성과

영유아교육기관의 성과는 [그림 1-4]에 제시된 바처럼 영유아와 부모, 원장과 교직원이 모두 만족하며 행복한 기관 운영이 이루어지는 것이다.

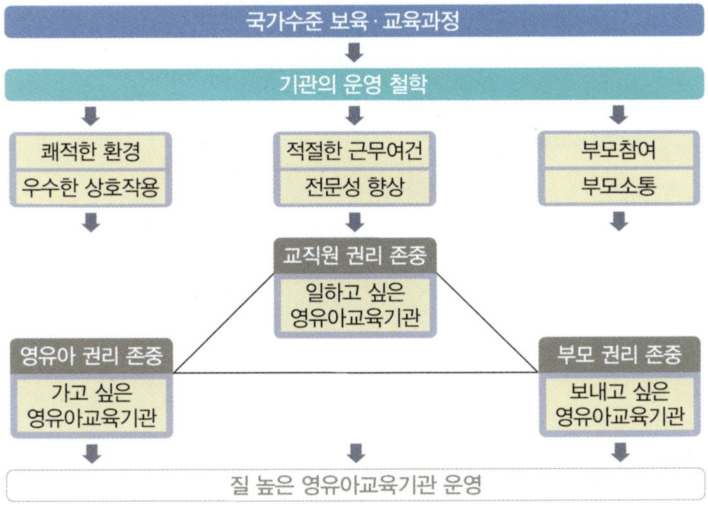

| 그림 1-4 | 영유아교육기관 운영관리 목표와 성과

영유아교육기관은 운영방침 수립부터 원아관리, 재정관리, 사무관리, 교직원 인사관리, 가족지원 등에 이르기까지의 효율적인 운영관리가 이루어져야 한다. 영유아교육기관은 기관의 운영철학에 기반하여 재정 및 사무관리 체계를 잘 갖추고, 정해진 규정이나 방침에 따라 교직원의 업무가 이루어져야 업무의 효율성과 직무만족을 높일 수 있다. 더불어 영유아와 가족을 위한 다양한 프로그램을 실시하고 지역사회와의 협력적인 관계를 맺음으로써 질 높은 프로그램을 운영할 수 있다.

ISUSSE & TALK

영유아교육기관의 공공성

유치원과 어린이집은 교육비(보육료) 및 지원금 사용에 대해 국가 관리를 받아야 할까요? 영유아교육기관의 공공성의 측면에서 관련 뉴스기사를 찾아보고 토론해 보세요.

CHAPTER 02

영유아교육기관의 설립과 운영

어린이집과 유치원은 유보통합이 시도되기는 하였지만 여전히 보건복지부와 교육부의 이원화 체제로 운영되고 있다. 따라서 설립·운영에 있어서도 상이한 법령에 의거하여 각기 다른 기준을 적용받고 있다(김은설·이진화·김혜진·배지아, 2014). 이 장에서는 어린이집과 유치원의 행정전달체계, 관련 법령, 설립 기준 및 운영기준을 각각 살펴본다.

1. 어린이집의 설립과 운영

1) 행정전달체계

어린이집을 둘러싼 보육의 행정전달체계는 복지정책을 수립·집행하는 보건복지부를 중심으로 하여, 시·도청, 시·군·구청의 가족지원, 주민생활, 여성보육 등의 부서로 연결된다. 그리고 보육사업에 대한 주요 지원체계로서 영유아보육법 제8조에 의해 설립되는 보육개발원이 있으며, 현재 육아정책연구소가 보육개발원의 역할을 수행하고 있다.

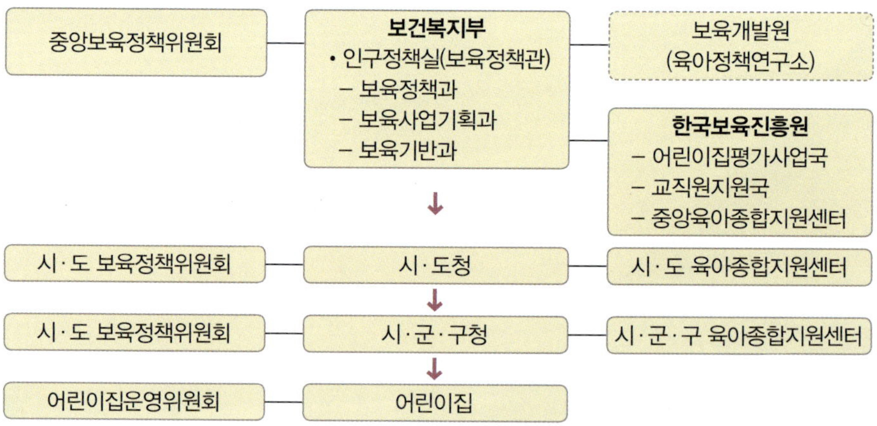

| 그림 2-1 | 어린이집 행정 전달체계

출처: 김은설 외(2014). 유치원·어린이집 운영실태 비교 및 요구분석, p. 32.

또한 2010년 출범한 한국보육진흥원이 보육업무를 지원하고 있는데, 소속 조직으로 어린이집평가사업국, 교직원지원국을 가지고 있고 위탁사업인 중앙육아종합지원센터도 함께 운영하고 있다. 어린이집평가국은 전국 어린이집의 평가업무를 맡아 보건복지부 역할의 일부를 책임지고 있으며 교직원지원국은 원장과 보육교사의 자격검정, 보수교육 등 종사자 관련 업무를 지원하고 있다. 육아종합지원센터는 한국보육진흥원 내 중앙육아종합지원센터를 중심으로 전국 시·도 센터로 확장되어 있으며 일부지역에는 기초 지자체에도 설치되어 있다. 육아종합지원센터는 평가 조력, 대체교사 지원사업, 보육교직원 교육 등의 사업으로 어린이집을 실질적으로 지원하는 역할을 한다.

2) 어린이집 설치·운영 관련 법

어린이집의 설치·운영은 6세 미만의 취학 전 아동에 대한 보육서비스에 관한 전반적인 기준을 담고 있는「영유아보육법」에 따라 이루어지고 있다. 개별 시설·설비에 대해서「주택법」,「실내공기질 관리법」,「건축법」,「화재예방, 소방시설 설치·유지 및 안전관리에 관한 법률」,「도로교통법」,「식품위생법」,「어린이놀이시설 안전관리법」,「석면안전관리법」등에 따라 설치 및 관리가 이뤄지고 있다.

한 걸음 더

어린이집 인가 관련 법령

- **어린이집 설치 및 보육교직원 관련:**「영유아보육법」,「아동복지법」,「아동·청소년의 성보호에 관한 법률」,「장애인 차별금지 및 권리구제에 관한 법률」,「남녀고용평등과 일·가정 양립 지원에 관한 법률」
- **어린이집 입지 및 설비 관련:**「건축법」,「주택법」,「개발제한구역의 지정 및 관리에 관한 특별조치법」,「화재예방, 소방시설 설치·유지 및 안전관리에 관한 법률」,「도시가스사업법」,「액화석유가스의 안전관리 및 사업법」,「전기사업법」,「도로교통법」,「자동차 및 자동차부품의 성능과 기준에 관한 규칙」,「어린이놀이시설 안전관리법」,「어린이제품 안전 특별법」,「품질경영 및 공산품안전관리법」,「실내공기질 관리법」,「석면안전관리법」,「환경보건법」,「장애인·노인·임산부 등의 편의증진 보장에 관한 법률」,「식품위생법」
- 기타:「방송법」,「개인정보 보호법」,「지방세특례제한법」,「개별소비세법」,「지방자치법」

3) 어린이집 설치과정

어린이집의 설치 과정 및 설치 기준은「영유아보육법 시행규칙」[별표 1]을 근거로 하여 보육사업안내(보건복지부, 2020)에 제시되어 있다.

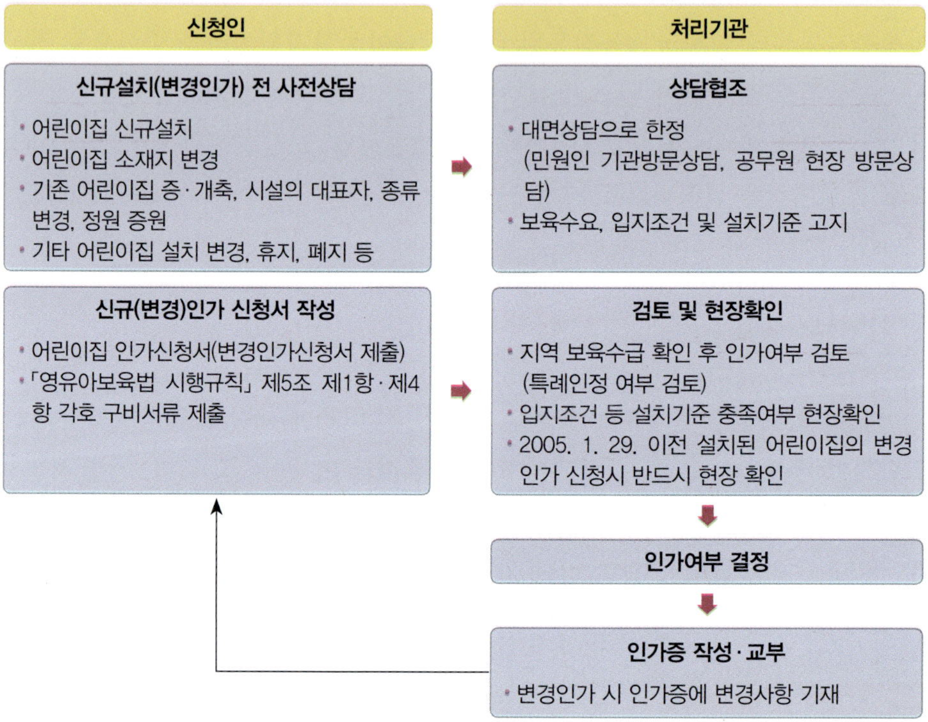

| 그림 2-2 | 어린이집 설치 과정

출처: 중앙육아종합지원센터(2018). 2018 어린이집 설치운영 길라잡이, p. 5.

어린이집의 설치는 시설의 소재지를 관할하는 시·군·구의 인가가 필요하다. 따라서 어린이집을 설치하기 전 우선적으로 보육수요 등 지역여건 및 어린이집 설치 기준에 관하여 관할 시·군·구의 사전 설치 전 상담을 받아야 한다.

사전상담을 통해 어린이집 설치가 가능한 경우 어린이집 설치를 준비하고 어린이집 인가신청서 및 첨부서류(전자문서 포함)를 관할 시·군·구청에 제출한다.

인가신청서(「영유아보육법 시행규칙」 별지 제4호 서식)에는 신청인 개인정보, 어린이집 개요, 보육정원, 시설설비, 직원, 예산 등에 관한 사항을 기록한다. 어린이집 개요에는 어린이집 명칭, 어린이집의 종류, 소재지 등과 함께 원장에 대한 개인정보를 기록한다.

어린이집 정원 책정은 어린이집 면적기준에 따라 정원을 산정한다. 산정기준은 어린이집 전용면적과 보육실 면적을 기준으로 각각 산정하여 각 면적 산정 인원 중 가장 적은 수를 정원으로 한다.

한 걸음 더

어린이집 정원 산정

면적기준 / 시설규모	어린이집 전용 면적	보육실 면적	놀이터 면적	산정기준
50인 미만 시설	영유아 1인당 4.29㎡	영유아 1인당 2.64㎡		각 면적 산정 인원 중 가장 적은 수를 정원으로 함
50인 이상 시설			영유아 1인당 3.5㎡ 원칙	

■ **어린이집 전용 면적:** 아동보육과 직간접적 관련이 있다고 인정되는 실내공간

- (산정대상) 기본시설(보육실, 조리실, 목욕실, 화장실, 교사실), 기타시설(사무실, 양호실, 식당, 자료실, 상담실, 강당 등), 정원 50인 미만 시설의 옥내놀이터, 어린이집만의 공간으로 사용하는 부분(건물현관, 복도, 계단 등)
- (산정제외) 지하층에 설치한 시설(단, 집단급식소 등 조리실로 인정받은 면적만 예외적 인정), 농산어촌 등에 설치하는 기숙시설, 정원 50인 이상 시설의 놀이터, 타 시설과 공동으로 사용하는 부분(현관, 복도, 계단 등)
- (보육정원 산정) 어린이집 전용 면적÷(영유아 1인당 4.29)

■ **보육실 면적:** 영유아가 주로 생활하는 실내공간

- (산정대상) 보육실, 거실, 공동놀이실
  *가정어린이집의 거실이 주방·식당과 구분이 곤란한 경우에도 적정하게 구분하여 산정
  (보육정원 산정) 보육실 면적÷(영유아 1인당 2.64)

출처: 보건복지부(2020). 2020 보육사업안내, p. 38.

◆ 해 봅시다! ◆

어린이집 운영계획 ① 보육정원 산정하기

어린이집 전용면적이 440㎡, 보육실 면적이 280㎡라고 가정하고 어린이집 정원을 산정해 보세요.

어린이집 인가는 「영유아보육법」을 근거로 하여 다양한 법령과 관련되어 있다. 관할 시·군·구청에서는 검토 및 현장확인을 통해 인가여부를 결정하고 인가증을 교부해 주게 된다.

4) 어린이집 설치 기준

어린이집 설치 기준은 관련 법령을 근거로 하여 보육사업안내 및 어린이집 설치운영 길라잡이에 제시되어 있다.

(1) 기본 조건

① 입지 조건

- 어린이집은 보육수요·보건·위생·급수·안전·교통·환경 및 교통 편의 등을 충분히 고려하여 쾌적한 환경을 갖춘 부지를 선정한다.
- 위험시설로부터 수평거리 50m 이상 떨어진 곳에 배치해야 한다. 위험시설에는 주유소 및 석유판매소(기계식세차설비 포함), 공장, 유독물 보관·저장·판매시설, 위험물 제조·저장·취급소, 화약류 저장소, 도료류 판매소, 액화가스 취급·판매소, 액화석유(고압)가스 충전·판매·저장소, 도시가스 공급시설(「주택건설기준 등에 관한 규정」 제9조의 2 제1항) 등이 해당된다.

② 건물 특성

어린이집을 설치할 건물은 원칙적으로 건물 전체가 건축법상 노유자 시설(어린이집)로 용도가 지정되어 어린이집으로 전용되어야 한다. 단, 20명 이하를 보육하는 가정어린이집의 경우에는 단독주택 및 공동주택에 설치가 가능하며, 국공립어린이집, 협동어린이집, 직장어린이집의 경우에도 20명 이하를 보육하는 경우에는 가정어린이집을 설치 할 수 있는 곳에도 설치가 가능하다.

어린이집은 1층 또는 건물 전체(5층 이하)에 설치하며 하나의 건물에 설치한다. 어린이집의 건물구조 및 보육실·화장실·놀이기구 등이 영유아의 안전과 이용에 편리하도록 설계·시공되어야 한다.

| 표 2-1 | 시설유형별 설치 장소

<table>
<tr><th>국공립</th><th>법인 및 민간</th><th>직장</th><th>가정</th><th>협동</th></tr>
<tr><td>(상시 영유아) 11명 이상</td><td>21명 이상</td><td>5명 이상</td><td>5~20명</td><td>11명 이상</td></tr>
<tr><td>국가 및 지방자치단체장 직접 설치</td><td colspan="4">관할 시장·군수 또는 구청장에게 인가 신청</td></tr>
<tr><td colspan="3">노유자 시설
(단, 직장어린이집은 부속용도에 설치 시 관계법령에 반하지 않는 경우 별도의 용도변경 없이 설치 가능)</td><td>단독주택 및 공동주택</td><td>노유자 시설</td></tr>
<tr><td>영유아 20명 이하인 경우 가정어린이집을 설치할 수 있는 곳에도 설치 가능</td><td></td><td>영유아 20명 이하인 경우 가정어린이집을 설치할 수 있는 곳에도 설치 가능</td><td></td><td>영유아 20명 이하인 경우 가정어린이집을 설치할 수 있는 곳에도 설치 가능</td></tr>
</table>

출처: 중앙육아종합지원센터(2018). 2018 어린이집 설치운영 길라잡이, p. 9.

③ 재산요건

민간어린이집 및 가정어린이집은 시설로 사용되는 토지 · 건물의 소유권 · 전세권 등에 대한 부채비율이 100분의 50 미만이어야 한다.

(2) 기본 시설

① 실내 시설

어린이집에는 보육실, 조리실, 목욕실, 화장실, 옥외놀이터(정원 50인 이상 시설), 급 · 배수시설, 비상재해 대비시설, 교사실 등을 기본시설로 설치한다. 시설규모에 따라 사무실, 양호실, 식당, 자료실, 상담실, 강당, 놀이터 등 설치 가능하며, 어린이집 원장실, 사무실은 보육실과 동일층 설치가 바람직하다.

설치 시 유의사항은 어린이집 내에 사적 용도를 위한 시설 등 영유아 보육 목적에 부합하지 않은 시설을 설치할 수 없다. 대표자의 주거시설, 보육교직원이 가족과 함께 거주하는 것은 불가하다. 또한, 지하실은 조리실 및 보육공간으로 사용이 불가하다. 기숙시설은 농산어촌 등 교사수급이 곤란한 경우에 한해 제한적으로 인정하고 있다.

| 표 2-2 | 실내시설 설치 기준

시설	구분	기준
보육실	원칙	• 1층에 설치(건축법령상 층수에 관계없이 층 4면의 100분의 80 이상이 지상에 노출되어 있고, 해당 층 주 출입구의 하단이 지표면으로부터 1m 이내)
	예외	• 해당 층 4면의 100분의 50 이상 100분의 80 미만이 지상에 노출되고, 해당 층 주 출입구의 하단이 지표면으로부터 1m 이내(지방보육정책위원회의 심의를 거쳐 채광 등 영유아의 건강과 안전에 문제가 없는 것으로 확인된 층에 어린이집을 설치하는 경우) • 건물 전체가 어린이집인 경우 및 사업주가 직장어린이집 설치 시, 1층부터 5층까지 보육실 설치 가능(영아반 보육실은 1층에 우선 배치) • 300세대 이상 아파트 단지 전체가 필로티나 이와 비슷한 구조인 경우 그 위층에 어린이집을 설치하는 경우 • 산업단지에 있는 건물의 1층 이상 5층 이하에 어린이집 설치
조리실	원칙	• 1층 이상에 설치
	예외	• 「식품위생법」에 의한 집단급식소 신고, 조리실 면적 이상의 선큰이 설치되어 있는 경우 지하 1층 설치 허용(단, 영유아 식당 시설을 설치할 수 없음) • 공공기관이나 사회복지관 내 어린이집은 같은 건물에 있는 조리실 사용 가능 • 유치원과 같은 건물에 설치된 어린이집은 유치원의 조리실 함께 사용 가능 • 직장어린이집과 같은 건물에 있는 집단급식소 공동 이용 가능 ※ 영유아를 위한 조리공간은 분리(벽이나 층) 또는 구획(칸막이·커튼)되어야 함
화장실	원칙	• 보육실과 동일한 층의 인접한 공간(층간 설치 지양) • 영유아용 수세식 변기는 10~15인당 1개 이상 설치 • 화장실 바닥은 미끄럼 방지 설치
	예외	• 가정어린이집의 경우, 성인용 변기에 디딤판 및 탈부착식 유아용 변기를 설치하고, 이동식 어린이용 변기를 갖춘 경우 유아용 변기 설치하지 아니할 수 있음
교사실	원칙	• 보육 정원 21명 이상 어린이집 '교사실' 설치 • 교사실에는 교육활동 준비와 행정사무, 휴식 등에 필요한 설비
	예외	• 2018년 6월 13일부터 신규 및 변경인가(정원 감원은 제외) 시설부터 적용 – 국공립어린이집: 어린이집을 설치하거나 소재지 또는 보육정원을 변경하는 경우 – 직장어린이집 및 협동어린이집: 어린이집의 설치인가를 신청하거나 어린이집의 종류·소재지 또는 보육정원을 변경하기 위하여 변경인가를 신청하는 경우 – 그 외의 경우: 어린이집의 설치인가를 신청하거나 어린이집의 대표자·종류·소재지 또는 보육정원을 변경하기 위하여 변경인가를 신청하는 경우

출처: 보건복지부(2020). 2020 보육사업안내, pp. 41-43 재구성.

어린이집 내부의 마감재료는 「건축법 시행령」 제61조 및 「건축물의 피난·방화구조 등의 기준에 관한 규칙」 제24조, 「화재예방, 소방시설 설치·유지 및 안전관리에 관한 법률」 제12조, '어린이 활동공간의 환경안전관리기준'에 따른다. 실내 설비는 안전과 관련하여 화재 및 환경유해인자 사용제한, 미끄럼 방지 등에 대한 기준을 준수하도록 되어 있다. 기관의 내부 및 외벽에 사용하는 마감 재료는 방화에 지장이 없어야 한다. 거실, 복도, 계단, 통로의 벽 및 실내부분은 불에 잘 타지 않는 재료로 해야 하며, 소방용품들은 방염성능기준 이상의 것으로 하고, 소방안전관리자 및 소방안전관리보조자를 선임하여 소방안전관리 업무를 수행하도록 해야 한다. 또한 환경유해의 원인이 되는 자재의 사용을 제한하고 환경안전관리기준을 지켜야 한다. 그리고 욕실, 화장실, 목욕장 등의 바닥 마감 재료는 미끄럼을 방지할 수 있어야 한다.

화재와 같은 대형 사고를 예방하고 영유아가 보다 안전한 보육환경에서 생활할 수 있도록 평소 보육교직원이 소방, 가스, 전기관련 시설과 물품의 점검방법과 안전수칙을 인지하고 실천하는 것이 무엇보다 중요하다.

② 놀이터 및 실외환경

실외환경은 '어린이 활동공간에 대한 환경안전관리기준'을 준수하도록 되어 있다. 어린이집의 어린이 활동공간 시설물은 녹이 슬거나 금이 가거나 도료가 벗겨지지 않아야 하며, 도료나 마감재료에 함유된 물질은 '어린이 활동공간에 대한 환경안전관리기준'을 충족시켜야 한다. 실외 어린이 활동 공간에 사용되는 목재에는 방부제를 사용하지 않아야 하고, 바닥에 사용된 토양은 심각한 피해를 유발할 수 있는 납, 카드뮴, 6가크롬, 수은 및 비소의 적합 기준을 충족시켜야 한다. 그리고 어린이놀이시설에 대해서는 안전검사기관으로부터 설치검사를 받아야 하며, 2년에 1회 이상 정기시설검사를 받도록 되어 있다. 또한 어린이집 놀이시설 안전관리 담당자는 어린이놀이시설 안전관리 지원기관에서 실시하는 교육을 의무적으로 받아야 한다.

| 표 2-3 | 놀이터 설치 기준

<table>
<tr><td rowspan="2">놀이터</td><td>원칙</td><td>
• 정원 50인 이상의 어린이집은 영유아 1인당 3.5㎡ 이상 규모의 옥외놀이터 설치 원칙(단, 정원규모별 면적기준은 달리 적용함)
<table>
<tr><th>정원</th><th>면적 산정기준</th><th>비고</th></tr>
<tr><td>50~99인</td><td>정원×45%×3.5㎡</td><td>각 정원의 45%를 기준으로 1인당 3.5㎡ 이상으로 놀이터를 설치함</td></tr>
<tr><td>100~129인</td><td>100명×45%×3.5㎡</td><td>45명 기준</td></tr>
<tr><td>130~159인</td><td>130명×40%×3.5㎡</td><td>52명 기준</td></tr>
<tr><td>160~199인</td><td>160명×40%×3.5㎡</td><td>64명 기준</td></tr>
<tr><td>200~249인</td><td>200명×35%×3.5㎡</td><td>70명 기준</td></tr>
<tr><td>250~300인</td><td>250명×35%×3.5㎡</td><td>87명 기준</td></tr>
</table>
– 어린이집 자체부지가 있는 경우, 옥외놀이터 설치
– 신축, 증·개축, 소재지 변경으로 면적 확보가 가능한 경우, 옥외놀이터 확보
– 어린이집의 지하층(1층 아래에 있는 층)에는 놀이터 설치 불가(「영유아보육법 시행규칙」[별표 1])
• 2층 이상 놀이터 설치 시 비상재해대비시설 설치
• 「영유아보육법」, 「어린이놀이시설 안전관리법」, 「환경보건법」 등에서 정한 기준 준수
• 놀이터 바닥은 모래밭, 천연 및 인공 잔디, 고무매트, 폐타이어 블록으로 설치
• 고정식 놀이기구가 설치된 부분에 대하여는 「어린이놀이시설 안전관리법」의 설치검사로 인정받은 면적만 인정
• 놀이기구는 영아용과 유아용 또는 대상 연령별로 설치
• 대근육활동 놀이기구(고정식) 1종 이상 포함, 최소 3종 이상의 놀이기구 설치, 옥외놀이터는 대근육활동 놀이기구(고정식) 1종 이상 의무 설치
</td></tr>
<tr><td>예외</td><td>• 직장어린이집은 옥외·대체놀이터(옥내·인근놀이터) 중 자유롭게 설치 가능</td></tr>
</table>

출처: 보건복지부(2020). 2020 보육사업안내, pp. 44-49 재구성.

한 걸음 더

놀이터의 종류

<table>
<tr><th colspan="3">구분</th><th>내용</th></tr>
<tr><td colspan="3">옥외놀이터(원칙)</td><td>• 어린이집의 자체 부지에 부속하여 설치</td></tr>
<tr><td rowspan="4">대체놀이터</td><td rowspan="3">옥내 놀이터</td><td>실내놀이터</td><td>• 어린이집 내부의 방(이에 준하는 공간)에 설치한 놀이터</td></tr>
<tr><td>옥내중간놀이터</td><td>• 어린이집의 중간층의 실외공간을 활용한 놀이터
– 건물 내부 공간 중 외기와 직접 접하는 공간(중간옥상, 베란다 등)</td></tr>
<tr><td>옥상놀이터</td><td>• 어린이집의 최상층 바닥면 공간에 설치하는 놀이터</td></tr>
<tr><td colspan="2">인근놀이터</td><td>• 어린이집과 인접하여 설치한 실외놀이터
• 어린이집부터 보행거리 100m 이내(왕복 2차선 이내)
• 영유아용 놀이기구가 설치되어야 함(초등학교 놀이터 불가)</td></tr>
</table>

③ 비상재해 대피시설

어린이집은 비상대피시설을 갖추어야 하며, 비상시 양방향 대피가 가능하여야 한다. 비상재해 대피시설의 설치 기준은 〈표 2-4〉와 같다.

| 표 2-4 | 비상재해 대피시설 설치 기준

구분			내용
비상재해 대피시설	원칙		• 어린이집은 양방향 대피가 가능해야 하며, 대피시설 및 기타 필요장비 구입 • '09. 7. 3. 이전에 1층에 설치된 어린이집이나 어린이집 용도로 건축허가를 받은 경우, 종전의 규정에 따름 • 시설 증·개축, 대표자, 종류, 소재지, 정원(증원) 시 현행 설치기준 적용
	층별 설치기준	1층	• 비상시 양방향 대피 가능해야 함 • 주출입구 외에 도로 등 안전한 외부 지상과 연결이 바로 가능한 1개 이상의 비상구 또는 출구 설치 • 출구는 유효폭 0.75m 이상, 유효높이 1.75m 이상, 출구의 최하단은 안전한 외부 지표면으로부터 1.2m 이하여야 함 • 출구는 주출입구 반대방향 또는 당해층 장변길이 1/2 이상 이격해야 함 • 소방청장이 고시하는 '단독경보형 감지기' 설치('18. 6. 13.부터 시행)
		2~3층	• 비상시 양방향 대피 가능해야 함 • 주계단 외 각 층별로 비상계단 또는 대피용 미끄럼대 설치 – 단, 내부 직통계단을 2개소 이상 설치하거나, 스프링클러설비(간이 포함)를 건물 전체에 설치하고 「화재예방, 소방시설 설치·유지 및 안전관리에 관한 법률」 제9조 제1항에 따른 피난기구를 설치한 경우 비상계단 및 대피용 미끄럼대 설치 제외 • 소방청장이 고시하는 '단독경보형 감지기' 설치('18. 6. 13.부터 시행)
		4~5층	• 건물 내 양방향 대피가 가능한 2개소 이상의 직통계단 설치 – 2개 이상의 직통계단 설치가 불가한 경우 직통계단 1개소는 건물 외부에 비상계단 설치 가능 • 「화재예방, 소방시설 설치·유지 및 안전관리에 관한 법률 시행령」에 따른 스프링클러설비 및 자동화재탐지설비를 건물 전체에 설치 • 보육실의 주 출입구는 직통계단 또는 비상계단까지 보행거리 30m 이내 • 건물의 천장·바닥과 벽체 등의 내부마감재는 불연재로 설치, 가연성 장식물 부착 안함 • 조리실은 내화구조로 된 바닥, 벽 및 「건축법 시행령」 제64조에 따른 방화문 설치 • 2급 이상의 방화관리자 고용(또는 직원 중 방화관리자 자격증 가진 자)

출처: 보건복지부(2020). 2020 보육사업안내, pp, 51-58 재구성.

④ 영상정보처리기기 설치 및 운영

○ 영상정보처리기기 설치

「영유아보육법」 제15조 내지 제15조의 4에 의해 어린이집의 영상정보처리기기 설치가 의무화됨에 따라 어린이집을 설치·운영하는 자는 아동학대 방지 등 영유아의 안전과 보육교직원의 권리보호 및 어린이집의 안전관리를 위하여 「개인정보 보호법」 및 관련 법령에 따른 CCTV(폐쇄회로 텔레비전)를 설치·관리하여야 한다(보건복지부, 2016).

○ 영상정보처리기기 설치조건

- 각 보육실, 공동놀이실, 놀이터 및 식당, 강당 등에 1대 이상씩 사각지대의 발생을 최소화할 수 있도록 하고 설치모니터를 통하여 그 영상을 구현할 수 있으며, 영상정보를 녹화·저장할 수 있는 기능을 갖추어야 한다.
- 화면 속 인물의 행동 등이 식별될 수 있도록 고해상도 HD(High Definition)급 이상의 성능을 보유하여야 하며 영상정보를 60일 이상 저장할 수 있는 용량을 갖추어야 한다.
- 일정한 방향을 지속적으로 촬영할 수 있도록 설치해야 하며 임의로 조작이 가능하거나 녹음기능이 있도록 설치해서는 안 된다.
- 설치목적, 설치장소, 촬영범위 및 시간, 관리책임자의 성명 및 연락처를 포함한 안내판을 출입구 등 잘 보이는 곳에 설치해야 한다.

한 걸음 더

영상정보처리기기의 용어 정의

- 영상정보처리기기 종류
  - 폐쇄회로 텔레비전(CCTV: Closed Circuit Television): 일정한 공간에 지속적으로 설치된 카메라를 통하여 사람 또는 사물 등을 촬영하거나 촬영한 영상정보를 유·무선 폐쇄회로 등의 전송로를 통하여 특정 장소에 전송하는 장치 또는 촬영되거나 전송된 영상정보를 녹화·기록할 수 있도록 하는 장치
  - 네트워크 카메라(Network Camera): 일정한 공간에 지속적으로 설치된 기기로 촬영한 영상정보를 그 기기를 설치·관리하는 자가 유·무선 인터넷을 통하여 어느 곳에서나 수집·저장 등의 처리를 할 수 있도록 하는 장치
- 영상정보처리기기 용어
  - 영상정보: 특정 목적을 위하여 영상정보처리기기로 촬영하여 광(光) 또는 전자적 방식으로 처리되는 모든 영상을 말함
  - 개인영상정보: 영상정보처리기기에 의하여 촬영·처리되는 영상정보 중 개인의 초상, 행동 등 사생활과 관련된 영상으로서 해당 개인의 동일성 여부를 식별할 수 있는 정보
  - 정보주체: 처리되는 정보에 의하여 알아볼 수 있는 사람으로서 그 정보의 주체가 되는 사람을 말함
  - 처리: 개인정보의 수집, 생성, 기록, 저장, 보유, 가공, 편집, 검색, 출력, 정정(訂正), 복구, 이용, 제공, 공개, 파기(破棄), 그 밖에 이와 유사한 행위를 말함

○ 영상정보처리기기 열람 가능한 경우

- 보호자가 자녀 또는 보호아동의 안전을 확인할 목적으로 열람시기, 절차 및 방법 등 보건복지부령 제9조의 5에서 정하는 바에 따라 요청하는 경우. 단, 피해사실이 적시되어 있는 의사소견서를 제출하거나 관계공무원, 어린이집운영위원장, 지역육아종합지원센터장이 동행하여 즉시 열람을 요청하는 경우에는 즉시 열람할 수 있도록 조치하여야 함
- 공공기관이 법령에서 정하는 영유아의 안전업무 수행을 위하여 요청하는 경우
- 범죄의 수사와 공소의 제기 및 유지, 법원의 재판업무 수행을 위하여 필요한 경우

- 그 밖에 보육 관련 안전업무를 수행하는 기관(아동보호전문기관, 어린이집안전공제회)으로서 보건복지부령으로 정하는 자가 업무의 수행을 위하여 요청하는 경우

○ 운영 시 주의사항

- 영상정보처리기기 관리자는 다음과 같은 사항이 포함된 열람대장을 작성하고 3년 동안 보관해야 한다(열람 요청자의 성명 및 연락처, 열람 요청 영상정보 파일의 명칭, 및 내용, 영상정보 열람의 목적).
- 영상정보처리기기의 관리책임자는 어린이집 원장이 된다. 다만, 지정된 직원(관리자)에게 영상정보처리기기의 일상적인 관리를 하게 할 수 있고, 관리자로 지정된 직원은 장비를 정기적으로 확인하고 적절히 유지하여야 한다.
- 아동학대 방지 등 영유아의 안전과 어린이집의 보안을 위하여 최소한의 영상정보만을 적법하고 정당하게 수집하고, 목적 외의 용도로 활용하지 않아야 한다.
- 영유아 및 보육교직원 등 정보주체의 권리가 침해받을 가능성과 그 위험 정도를 고려하여 영상정보를 안전하게 관리해야 한다.
- 영유아 및 보육교직원 등 정보주체의 사생활 침해를 최소화하는 방법으로 영상정보를 처리해야 한다.
- 어린이집을 설치 · 운영하는 자는 영상정보처리기기에 기록된 영상정보를 60일 이상 보관해야 한다.

5) 어린이집 운영기준

어린이집의 운영기준은 「영유아보육법 시행규칙」 [별표 8]을 근거로 하여 보

육사업안내(보건복지부, 2020), 어린이집 설치운영 길라잡이(중앙육아종합지원센터, 2018)에 제시되어 있다.

(1) 어린이집 운영시간과 보육시간

① 운영시간

어린이집 운영 관련 규정은 수업일수라는 개념 없이 기관의 운영시간(개원과 폐원시간)의 개념으로 제시되어 있다(최윤경 외, 2016).

어린이집은 주 6일 이상, 연중 계속 운영을 원칙으로 한다. 운영시간은 월~금요일 12시간(7:30~19:30), 토요일 8시간(7:30~15:30)이다. 그러나 미리 보호자의 동의를 받은 경우에는 보호자에게 불편을 주지 않는 범위에서 운영일 및 운영 시간 조정 운영이 가능하다. 또한 어린이집운영위원회의 결정에 따라 토요일 휴무가 가능하다.

천재지변 등 긴급한 상황 발생으로 정상적인 어린이집 운영이 어렵다고 판단될 경우 보육시간 단축 또는 휴원이 가능하다. 단, 긴급보육에 대비하여 당번 교사를 배치한다.

어린이집은 교사의 하계휴가사용 등을 이유로 임시휴원(일명 '방학')이 불가능하다. 보육공백을 최소화하고 보육에 지장을 주지 않는 범위 내에서 반을 구성하고, 교사 대 아동비율을 달리하여 운영할 수 있으며, 이 경우 반드시 보호자의 보육수요조사를 실시해야 한다. 맞벌이 가정 등 긴급보육이 필요한 아동을 위하여 당번교사를 배치해야 한다.

② 보육시간

2020년부터 어린이집 보육시간(과정)을 모든 영유아에게 적용되는 '기본보육'과 추가적 돌봄이 필요한 영유아에게 적용되는 '연장보육'으로 구분하여 운영한다(보건복지부, 2019).

| 표 2-5 | 어린이집 운영시간과 보육시간

	7:30	9:00	16:00	17:00	19:30
과정	등원지도	기본보육	연장보육		
아동	어린이집을 이용하는 모든 아동		연장보육 신청 아동 * 0~2세는 자격 필요		
반 구성	통합반	연령별 반 구성	연장반(연령 혼합)		
교사	당번 교사	담임 교사	연장보육 전담 교사		
보육료	보육료			시간당 보육료	

| 표 2-6 | 기본보육시간과 연장보육시간의 운영

구분	기본보육시간	연장보육시간
시간	9:00~16:00(7시간) * 7:30~9:00는 순차적 등원이 이루어지는 등원지도 시간 * 오전 9시~오후 4시 전후 30분까지는 탄력적 조정 가능	16:00~19:30 * 기본보육시간 탄력 편성 시 기본보육 종료 시간부터 19:30까지
대상아동	어린이집 이용을 신청한 모든 영유아	(0~2세) 장시간 돌봄이 필요하다고 인정되는 '자격'을 충족하는 부모의 영아 중 연장보육 이용을 사전에 신청한 영아 – (신청) 연장보육 이용에 대해 원장 상담 후 시·군·구에 신청
		(3~5세) 연장보육 이용을 사전에 신청한 유아 – (신청) 별도 자격이 필요 없으므로, 원장 상담 후 어린이집에 신청
보육교사	담임교사가 근무, 정기적인 대면보육 * 보육 7시간+준비시간 1시간+휴게시간 1시간	(원칙) 연장보육 전담 교사 배치

- 그 밖의 연장보육을 운영할 수 있다.
  - 야간연장보육: 19:30~24:00
    * 07:30 이전에 이용하는 경우도 야간연장보육으로 간주
  - 야간 12시간보육: 19:30~익일 07:30
  - 24시간 보육: 07:30~익일 07:30
  - 휴일보육: 일요일, 공휴일 09:00~16:00

(2) 반편성 기준

어린이집은 가능한 한 2세 미만 영아반, 2세 영아반과 3세 이상 유아반을 동시에 운영하여야 한다. 다만, 장애아가 있는 경우에는 장애아만으로 구성된 반을 운영할 수 있다.

① 연령별 정원 기준

동년도 출생아(동년도 1. 1.~동년도 12. 31. 출생아)를 함께 반편성한다. 교사 대 아동비율을 준수하는 범위에서 보육과정 및 아동 1인당 보육실 면적 등을 감안하여 1개의 보육실에서 2개 이상의 반을 함께 보육하는 것이 가능하다.

반별 정원	만 0세	만 1세	만 2세	만 3세	만 4세 이상
원칙	3명	5명	7명	15명	20명

혼합반 운영 시 교사 대 아동비율은 낮은 연령의 교사 대 아동비율을 준수한다.

혼합반 운영	만 0세와 만 1세 영아	만 1세와 만 2세 영아	만 0세와 만 2세 영아	만 2세 이하 영아와 만 3세 유아	만 3세와 만 4세 이상 유아
원칙	가능	가능	불가능	불가능	가능
교사 대 아동비율	1:3	1:5	–	–	1:15

② 집단크기

여러 반의 영유아가 한 보육실에서 보육되는 경우에도 만 0세의 경우 3배, 만 1세 이상의 경우 2배 초과하지 않는다. 혼합연령반의 경우에는 낮은 연령을 기준으로 한다. 장애아전문의 경우, 한 보육실에서 생활하는 장애영유아의 수가 최대 9명을 초과하지 않는다.

연령	만 0세	만 1세	만 2세	만 3세	만 4세 이상
기준	3배	2배	2배	2배	2배
인원수	9명	10명	14명	30명	40명

6) 재정 지원 제도

어린이집에 대한 지원은 크게 보육료, 인건비, 시설지원 및 기능 보강의 세 가지로 분류할 수 있다. 보육료 지원은 유치원 유아와 마찬가지로 보육 아동 중 만 3~5세 유아에게 지원되는 '누리과정 보육료'와 만 0~2세 영아에게 지원되는 '영아 보육료', 그리고 기타 시간연장이나 법정저소득층 아동에 대한 '보육료차액 지원', 소수지만 보육이용 초등학생에게 지원되는 '방과 후 비용 지원' 등이 포함된다.

| 표 2-7 | 설립주체별 어린이집 유형에 따른 운영비교

구분		국공립어린이집	직장어린이집	민간·가정 어린이집
설립주체		지자체	정부·공공기관·사기업	개인
설립자금·자산		정부예산, 기부금, 후원금	정부예산, 세금감면액, 후원금	개인자금, 개인자산
운영주체		개인 또는 법인에 위탁	직영, 개인 또는 법인에 위탁	설립자 개인
운영비·인건비		정부·지자체가 지원	정부·정부 또는 기업주 지원	지원 없음 (보육료로 충당)
부모부담 보육비용	영아	없음	없음	없음
	유아	없음	없음	1인당 7만 원 내외
	특별활동비	월 3~7만 원	월 3~7만 원	월 10~12만 원

인건비 지원은 교사 일인당으로 산정되어 어린이집에 지원되는 비용으로, 국공립 및 법인어린이집 교사와 영아전담 시설에 지원되는 일반 인건비 지원 등이 대표적이다.

국공립어린이집과 사회복지법인어린이집은 정부에서 보육교직원의 인건비를 지원한다. 사립기관인 민간어린이집, 가정어린이집은 정부의 인건비 지원은 없고 정부의 보조금지원과 부모의 보육료수입에 의해 운영한다. 직장어린이집은 운영주체인 직장에서 인건비 및 운영비를 지원한다.

어린이집 시설에 지원되는 시설 및 기능보강 분야 국가 지원은 매우 다양한데, 국공립시설에 대해서는 기능보강비(개보수비), 기자재 및 도서구입비 등을 지원한다. 민간 어린이집의 경우, 지자체별로 일부 인건비나 환경개선비, 교재교구비를 지원하고 농어촌소재 시설에는 차량운영비를 추가로 지원한다. 그 밖에, 지자체에 따라 아동의 안전관리 관련 비용을 지원하기도 한다.

✧ 해 봅시다! ✧

어린이집 운영계획 ② 학급편성해 보기

1. 자신이 운영하고 싶은 규모의 어린이집의 학급편성을 해 보세요. (영아반과 유아반 모두 편성할 것)

2. 학급편성에 따라 필요한 어린이집 보육실 필요면적을 산출해 보세요.

3. 보육실 외에 필요한 어린이집 공간을 생각해 보고 필요공간을 계획해 보세요.

4. 어린이집의 평면도를 그려 봅시다.

2. 유치원의 설립과 운영

1) 행정전달체계

유치원의 행정전달체계는 교육부로부터 시·도 교육청 및 지역 교육지원청으로 이어지고, 그에 연결된 유아교육지원체계로서 중앙 및 시·도 유아교육진흥원이 있다. 지역 유아교육진흥원은 현재 체험교육원을 포함하여 서울, 부산, 광주, 울산, 강원, 충남 등 총 15개 시·도에 설립되어 있으며, 교육청 업무였던 교사연수, 부모연수, 유아교육 교재연구 업무 등을 맡아 지원역할을 수행하고 있다.

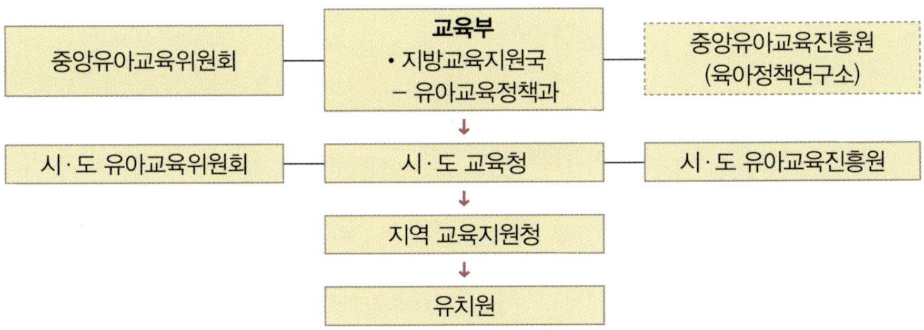

| 그림 2-3 | 유치원 행정 전달체계

출처: 김은설 외(2014). 유치원 어린이집 운영실태 비교 및 요구분석, p. 312.

2) 유치원 설치·운영 관련 법

유치원 설치 및 운영과 관련된 주요 법령은 〈표 2-8〉과 같다.

| 표 2-8 | 유치원 설치 운영 관련 주요 법령

구분	법령	관련 주요 조항
유치원	「유아교육법」	제8조(유치원의 설립 등) 제9조(유치원의 병설) 제17조(건강검진 및 급식)
	「유아교육법 시행령」	제8조(유치원의 설립기준) 제9조(사립유치원의 설립인가 신청 등 제12조(수업일수) 제13조(학급편성) 제16조(학급 수 및 학급당 유아 수) 제23조(유치원 교원의 배치기준) 제24조(직원의 배치기준)
	「유아교육법 시행규칙」	제3조(급식시설 · 설비기준 등) – 별표 1(급식시설 · 설비기준)
	「고등학교 이하 각급학교 설립 · 운영 규정」	제2조(시설 · 설비기준) 제3조(교사) 제4조(교사용 대지) 제5조(체육장) 제6조(교지) 제7조(사립학교 교사 및 교지의 소유주체 등) 제8조(교구) 제10조(급수 · 온수공급시설) – [별표 1] (교사의 기준 면적) – [별표 2] (체육장의 기준 면적)

출처: 김은설 외(2014). 유치원 어린이집 운영실태 비교 및 요구분석, p. 35.

3) 유치원 설치과정

유치원 설치 · 운영 관련 세부 기준은 앞서 언급한 다양한 법률 외에도 유치원의 경우는 각 시 · 도교육청에서 관리를 담당하고 있다(서울특별시교육청, 2018).

① 관련 법규

- 「유아교육법」 제8조 제1항 및 제2항, 같은 법 시행령 제8조 및 제9조
- 「고등학교 이하 각급 학교 설립·운영 규정」 제15조 제2항 및 같은 규정 시행규칙 제2조 내지 제5조

② 제출시기: 매년 3월 31일까지

③ 처리기한: 2개월

④ 신청서류

1. 유치원 설립계획 승인 신청서
2. 교지확보 계획서(토지등기부등본, 토지대장, 지적도)
3. 교사 건축계획서(건물등기부등본, 건축물대장)
4. 소요경비조달계획서
5. 설립자(법인인 경우 대표자) 이력서, 인감증명서, 주민등록등본
6. 설립자(법인인 경우 대표자)의 재산명세 및 재산확보계획

⑤ 심사기준

1. 유아수용계획에 따른 적합 여부
2. 위치의 적합성, 타당성
3. 명칭의 적합성, 타당성
4. 학교시설설비확보계획의 실현 가능성

4) 유치원 설치기준

(1) 기본조건

① 건물 용도

건물의 용도는 교육연구시설〔유치원 (근거규정:「건축법시행령」제3조의 5)〕이어야 한다.

② 재산요건

유치원의 교사 및 교지는 당해 유치원을 설립·경영하는 자의 소유이어야 하므로, 교지 안에는 설립주체 외의 자가 소유하는 건축물을 둘 수 없으며, 교사 및 교지에 사권(저당권 등) 설정이 되어 있지 않아야 한다. 즉 임대유치원은 인가 불허한다.

③ 입지조건

- 교지는 교사용 대지와 체육장의 면적을 합한 용지로서 교사의 안전·방음·환기·채광·소방·학생의 통학에 지장이 없는 곳에 위치하여야 한다.
- 「학교보건법」적정 여부를 검토하여 유흥업소, 숙박업소, 극장, 기타 유해업소가 없어야 한다.

④ 정원산정

- 유아교육의 수요 인원(취원대상 만 3~5세 유아수), 기설립된 유치원 시설의 정원 등 유아수용계획에 적합여부를 판단하여 적정규모의 유치원을 설립한다.

한 걸음 더

유치원 정원 산정

(1단계) 법적 정원 산정

〈정원산정〉

구분	40 이하	41명 이상
교사	5N	80+3N
체육장	160	120+N

→ 교실 →

(2단계) 학급 수 결정

- 교실 최소면적 기준(44㎡) 이상인 교실 수
- 1층부터 3층까지의 교실만 인정

→ 체육장 →

(2단계) 교실면적과의 관계

- 체육장 면적과 교실면적이 동시에 충족되어야 함

→

(3단계) 정원 결정

- 1실당 30명 적용
- 교실면적이 66㎡ 미만인 경우는 1인당 기준면적(2.2㎡)로 나눔 (각 교실당 학생구 산출가능)
- 교실면적은 충족되었으나 체육장 면적 미달 시 체육장 정원산정 기준에 따름

→

(4단계) 학급편성 기준과의 관계

- 면적에 따른 인가 정원≥학급편성기준 → 학급편성기준을 따름
- 면적에 따른 인가정원<학급편성기준 → 면적에 따른 인가정원을 따름

출처: 서울특별시교육청(2018). 사립유치원 행정실무 가이드북, p. 5.

(2) 기본시설

① 교사

- 건물의 1층 또는 2층을 사용한다. 다만, 건물의 3층 이상을 사용하는 경우 보통교실은 최대 3층에까지 설치할 수 있고, 4층 이상은 교수·학습활동에 간접적으로 필요한 지원시설(자료실, 원무실 등), 체육장, 강당으로 활용할 수 있다(단, 체육장, 강당은 4층까지로 제한).
- 유치원이 사용하는 전체 건물의 연결되는 중간층에 유치원 용도 이외의 시설은 설치할 수 없다.
- 지하실은 유치원의 시설로 사용할 수 없다. 다만, 「유치원 시설 안전관리기준」 및 위생시설, 채광시설, 조명시설, 환기시설, 냉·난방시설, 방음시설 및 소방시설 기준에 적합하고, 건축물의 바닥이 지표면 아래에 있는 층으로서 바닥에서 지표면까지 평균높이가 해당 층 높이의 2분의 1 미만이고(건축법 제2제 제1항 제5호 준용), 유사시 대피 가능한 외부출구가 2개 이상일 경우는 예외로 할 수 있다. 이 경우에도 지하에 보통교실 설립은 불허하며, 교

수·학습활동에 간접적으로 필요한 지원시설(자료실, 원무실 등)로 활용할 수 있다.

2 교사의 내부환경

- 교사의 내부환경은 조도(책상면): 300룩스 이상, 소음: 55 데시빌 이하, 온도: 섭씨 18도 이상이어야 한다.
- 교재·교구 설비 조건은 교육감이 정해 고시한 교구를 갖추어야 한다.

3 체육장(놀이터)

- 놀이터의 기준면적 산정은 40명 이하: 160㎡, 40명 이상: 120㎡+원아정원으로 한다.
- 교사의 건폐율을 적용한 면적을 제외한 교지면적 중 체육장으로 사용 가능한 일정 기준면적을 확보하여야 한다. 단, 인근 학교의 체육장 또는 공공체육시설, 어린이 놀이터 등과 인접하여 공동사용이 용이한 경우로서 접근성, 이동의 편리성, 유아의 교통안전 등을 고려하여 교육상 지장이 없다고 인정되는 경우에는 체육장을 두지 아니하거나 기준면적을 완화하여 인가할 수 있다.
- 교내에 수영장·체육관·강당·무용실 등 실내체육시설이 있는 경우 실내체육시설의 바닥면적 2배를 체육장 기준면적에서 제외할 수 있다.
- 지하 체육시설은 원칙적으로 불허하되, 「유치원 시설 안전관리기준」 및 위생시설, 채광시설, 조명시설, 환기시설, 냉·난방시설, 방음시설 및 소방시설 기준에 적합하고, 건축물의 바닥이 지표면 아래에 있는 층으로서 바닥에서 지표면까지 평균높이가 해당 층 높이의 2분의 1 미만이고(「건축법」 제2조 제1항 제5호 준용), 유사시 대피 가능한 외부출구가 2개 이상일 경우는 예외로 할 수 있다. 단, 실내수영장은 「유치원 시설 안전관리기준」 및 위생시설, 채광시설, 조명시설, 환기시설, 냉·난방시설, 방음시설 및 소방시설 기준에 적합하고, 유사시 대피 가능한 외부출구가 2개 이상일 경우 설치가

가능하다.

- 놀이시설은「어린이놀이시설 안전관리법」에 적합하도록 설치한다.

④ 조리실

○ 설비·기구

- 냉장실 또는 냉장고와 냉동고는 식재료의 보관, 냉동 식재료의 해동, 가열조리된 식품의 냉각 등에 충분한 용량과 온도(냉장고 5℃ 이하, 냉동고 -18℃ 이하)를 유지하여야 한다.
- 조리, 배식 등의 작업을 위생적으로 하기 위하여 식품 세척시설, 조리시설, 식기구 세척시설, 식기구 보관장, 덮개가 있는 폐기물 용기 등 구비, 식품과 접촉하는 부분은 내수성 및 내부식성 재질로 하여 씻기 쉽고 소독·살균이 가능하도록 한다.
- 식기구 소독용 전기살균소독기 또는 열탕소독시설을 구비하거나 충분히 세척·소독할 수 있는 세정대의 설치가 필요하다.
- 전자식 탐침(探針) 온도계를 구비한다.
- 조리 작업을 하는 곳에 두는 쓰레기통은 뚜껑이 있는 페달식이어야 한다.

○ 식품 보관실

- 환기와 방습(防濕)이 잘 되어 식품과 식재료를 위생적으로 보관하기에 적합한 곳에 두되, 해충 및 쥐의 침입을 막을 수 있는 방충망 등 적절한 설비를 구비한다.
- 식품과 소모품은 별도로 구분된 장소에서 보관하도록 하되, 부득이하게 함께 보관할 경우 서로 섞이지 않도록 분리하여 보관한다.
- 통풍을 위한 환기시설, 환기창 등 적절한 시설 혹은 조치가 필요하다.
  - 이 기준에서 정하지 않은 사항에 대해서는「식품위생법 시행규칙」제96조 및 [별표 25]에 따른 집단급식소 시설기준에 따른다.

⑤ 급배수 시설

- 급수시설을 두되, 수질검사결과 위생상 무해하다고 판명되어야 한다.
- 온수 공급 시설을 구비한다.

⑥ 비상 재해 시설

- 유치원 시설로 3층 이상의 건물을 사용하는 경우, 외부 바닥으로 통하는 직통계단 등 안전(피난)시설을 갖추고 「화재예방, 소방시설 설치·유지 및 안전관리에 관한 법률」에 따른 소방검사를 필한 경우에 한하여 허용한다.

5) 유치원의 운영기준

(1) 운영시간

유치원 운영 관련 규정은 시간이 아닌 수업일수 개념으로 제시되어 있으며, 교육과정, 방과 후 과정, 엄마품돌봄으로 구분되어 있다(최윤경 외, 2016). 유아교육법에서 언급된 교육과정은 누리과정을 의미하며, 방과 후 과정은 교육과정(누리과정) 이후부터 하원하기까지의 시간, 엄마품돌봄은 교육과정 시작 전인 아침돌봄과 방과 후 과정 이후 귀가까지 야간돌봄으로 나누어 있다(최은영·김정숙·송신영, 2013).

| 그림 2-4 | 유치원 운영시간

출처: 서울특별시교육청(2017). 유치원방과 후 과정 길라잡이, p. 3.

① 교육과정 운영시간

유치원은 연간 180일 기준으로 운영하며 방학 등 휴일은 학부모, 지역교육청과 협의하여 운영한다. 유치원의 하루 운영시간은 누리과정을 4~5시간을 적용하는 교육과정과 방과 후 과정으로 이루어진다.

② 방과 후 과정

유치원 방과 후 과정이란 교육과정 이후에 이루어지는 그 밖의 교육 활동과 돌봄 활동(「유아교육법」 제2조 제6항)을 의미한다. 방과 후 과정은 종일제, 에듀케어, 엄마품온종일돌봄교실 등으로 운영된다.

- 종일제: 교육과정 포함 1일 8시간 이상 운영
- 에듀케어: 교육과정 포함 1일 13시간(07:00~20:00) 운영 · 맞벌이 가정 유아를 위한 교육과 보육의 내실 있는 통합 서비스 연중 제공
- 엄마품온종일돌봄교실: 교육과정 포함 1일 15시간(07:00~22:00) 운영한다. 이른 아침부터 늦은 저녁까지 일하는 가정 유아를 위한 돌봄 서비스 연중 제공 · 인근 유치원 및 어린이집 유아(만 3~5세) 이용 가능하다.

(2) 학급편성

유치원의 학급편성은 같은 연령으로 한다. 다만, 원장은 교육과정의 운영에 특히 필요한 경우 혼합연령으로 학급을 편성할 수 있다. 유치원의 학급 수와 학급당 최소 및 최대 유아 수는 유치원의 유형, 지역여건 등을 고려하여 관할청이 정한다.

| 표 2-9 | 유치원 학급당 정원기준 예시(울산광역시 교육청 2020년 학급당 정원기준)

연령	만 3세	혼합연령	만 4세	만 5세
인원	18명	24명	24명	26명

출처: 울산광역시교육청(2020). 유치원 교육과정 편성운영지침.

6) 재정지원 제도

유치원에 대한 시·도 교육청의 지원은 예산 구조로 볼 때 크게 네 가지 즉, 학비, 인건비, 교육활동, 기관 운영 및 교육여건 개선에 대한 지원으로 구분할 수 있다. 학비는 유치원에 재원 중인 3~5세 유아 전체에 대한 교육비 지원으로, '누리과정 유아학비', '방과 후 과정 지원', 그리고 지역에 따라 학비에 포함되지 않고 수익자 부담으로 되어 있는 '급·간식비에 대한 차등 지원'을 포함한다.

| 표 2-10 | 설립주체별 유치원 유형에 따른 운영비교

구분	국공립유치원		사립유치원
설립주체	국가가 설립·운영 (국립대학부설)	지자체가 설립·운영 병설(초등학교 내 설치) 단설(독립설치)	개인
설립자금/자산	정부예산	정부 및 지자체 예산	설립자 개인
인건비/운영비	인건비 및 연간 유치원 운영비로 지원		교직수당, 인건비보조, 담임수당지원/학급당 운영비 일정액지원
부모부담비용 유아학비	없음	없음	(원비 – 국가지원액) 차액부담

인건비는 교사에 대한 지원으로, 교사에게 직접 비용이 지급되며, 공립유치원 교사에게는 급여 100%가 지원되고, 사립유치원 교사에게는 담임수당, 처우개선비, 교직수당이 시·도에 따라 지원에 차이가 있다. 교육활동 지원비는 유치원

기관에 지원되는 비용으로, 교육활동의 질을 향상시키기 위해 비용 면에서 지원하는 목적을 지니고 있다. 운영 및 교육여건 개선을 위한 예산 지원 역시 유치원에 기관 단위로 지원되는 비용이다.

ISUSSE & TALK

교사 대 아동 비율

현재 유치원과 어린이집의 교사 대 아동 비율은 적정한지에 대해 살펴보세요. 관련 뉴스기사를 찾아보고 교사 대 아동 비율이 적정하지 못할 경우 어떠한 문제가 발생할지에 대해 토론해 보세요.

CHAPTER 03

영유아교육기관의 조직문화

영유아교육기관은 다른 교육기관에 비해 규모가 작고 인간관계가 밀접한 조직이므로 원장의 리더십이 교직원의 업무수행에 미치는 영향이 크다. 원장은 질 높은 보육 및 교육에 대한 비전을 수립하고 교직원이 이를 실천할 수 있도록 원장 자신을 포함한 교직원의 전문성 향상을 위해 노력하여야 하며, 협력적인 조직문화 조성을 위한 리더십을 갖추어야 한다. 이 장에서는 운영관리의 주체로서 원장의 리더십의 중요성을 이해하고, 영유아교육기관에서의 의사소통, 의사결정, 갈등관리, 소진 등 조직문화와 관련된 내용을 소개한다.

1. 영유아교육기관의 조직문화와 리더십

1) 조직문화와 원장의 역할

(1) 조직문화의 개념

조직문화(organizational culture)란 조직구성원들로 하여금 다양한 상황에 대한 해석과 행위를 불러일으키는 조직 내에 공유된 정신적인 가치를 의미한다. 조직문화는 조직 구성원이 환경을 해석하는 방식을 학습하는 데 필요한 '렌즈'의 역할을 하며 조직구성원들이 공유하고 있는 '세상에 대한 관점(view of the world)'을 제공한다. 또한 조직구성원의 행동을 유도하여 구성원들이 서로를 대하는 방식, 의사결정의 질 그리고 궁극적으로는 조직의 성공 여부에도 영향을 준다(한국심리학회, 2014).

조직특성은 그 조직만의 고유한 조직문화를 형성하게 한다. 영유아교육기관이 공통적으로 가지는 조직문화의 특성도 있지만, 각 기관마다 조직구성원 간의 상호작용 속에서 고유하고 독특한 조직문화를 형성하여 조직의 운영 및 구성원의 직무수행에 영향을 주고 있다. 영유아교육기관의 조직문화는 원장의 지도성, 물리적 환경, 인간관계, 교사 간 협력 등과 같은 요인이 포함되어 있으며 이러한 요인들은 교사들의 태도와 행동에 영향을 미친다(백은주, 2006). 조직문화 중에서도 동료교사나 원장과의 인간관계는 영유아교사의 직무수행의 성패를 좌우하고 이후의 교사의 전문성 발달까지 영향을 미치는 중요한 교사외적 요인이 된다(백은주, 2006). 동료교사 간의 결속력이 강하고 협력적이며 긴밀한 유대감을 형성하고 있을 때 영유아교사의 직무만족도가 높은 반면, 그렇지 못할 때는 고립감을 느끼며 심한 경우 좌절감을 느끼고 이직을 결심하기도 한다(기순신, 2002; Rogers & Babinski, 2003). 또한, 원장과의 원만한 인간관계나 원장으로부터의 지지, 격려는 교사의 사기와 자신의 교수능력에 대한 긍정적인 인식과 관련이 있었으며, 나아가 교사의 개인적, 전문적 변화 방향 제시에까지 영향을 미쳤다(기순신, 2002).

(2) 원장의 역할

운영관리는 조직의 목적달성을 위해 협동하는 집단의 활동 또는 협동적 집단행위(남정걸, 2015)이다. 원장은 기관의 운영 목적 달성을 위해서 관리자로서의 역할뿐만 아니라 격려자 및 리더로서의 역할을 수행해야 한다.

① 관리자 역할

관리란 조직목표의 달성을 위해 조직의 협동적 노력을 지휘·조정하는 과정을 말한다. 관리는 조직목표를 설정하고 계획을 세우며, 인적·물적 자원을 조직화하고, 구성원의 활동을 지휘·조정·통제하는 과정을 통해 이루어진다(이종수, 2009).

원장은 영유아교육기관의 관리자로서 기관의 인적, 물적 자원을 적절하게 조직하고 배분하여 교직원이 업무수행을 잘할 수 있도록 지도하고 조정하는 역할을 한다. 관리자로서 원장은 현재의 상태를 유지·관리하는 것을 목표로 한다.

② 격려자 역할

원장은 구성원들이 업무를 수행하는 과정에서 지원과 도움을 필요로 할 경우 이를 지원하고 격려하는 역할을 해야 한다. 원장은 관리자의 역할에 머물지 않고 교직원의 업무수행 과정에서 적절한 피드백을 통해 교직원의 업무수행의 질을 개선할 수 있도록 지원하는 역할을 해야 한다.

③ 리더의 역할

원장은 더 나아가서 구성원들과 운영철학을 공유하고 발전의 비전을 제시하는 리더로서의 역할을 수행해야 한다(Hearron & Hildebrand, 2015). 조직 구성원들이 일의 의미를 찾고 자신의 비전과 조직의 비전을 일치시킬 수 있도록 방향성을 제시해야 한다. 리더는 구성원들이 길을 잃었을 때 이정표가 되어야 한다.

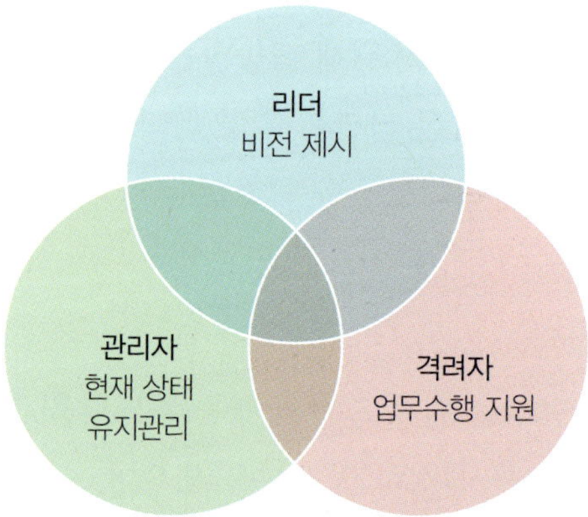

| 그림 3-1 | 원장의 역할

출처: Hearron & Hildebrand(2015), p. 5.

2) 조직문화와 리더십(leadership)

보육·교육 서비스의 질적 개선과 관련하여 리더로서의 원장의 역할과 중요성이 점차 부각되고 있다. 여기에서는 영유아교육기관 운영관리의 주체로서 원장의 리더십에 대해 살펴보고 리더십이 영유아교육기관의 조직문화에 미치는 영향을 알아본다.

(1) 리더십의 정의

리더십은 조직의 리더가 일정한 상황에서 조직 구성원들이 조직의 목표달성을 위해 자발적으로 노력하도록 그들에게 영향을 주는 과정이다(Bass, 1985). 따라서 리더십은 단순한 관리자의 운영관리행위를 넘어서는 행위이다.

리더십은 운영 또는 관리와 개념적으로 구분된다(Rost, 1993; Sciarra & Dorsey, 2002). 관리자는 행정가로 기존의 상태를 유지하고 통제하며 업무의 효율성을 높이고 계획수립에 있어서 시기와 방법에 치중한다. 반면 리더는 개혁가, 창시자로 진보적인 성향과 함께 구성원 간의 신뢰감 구축과 업무추진 방법의 윤리적 정당성 수립에 중점을 둔다(Bennis, 1994). 근본적인 변화를 추구하는 리더십의 고유한 특성들이 여러 학자들에 의해 제시되면서 기관장의 역할을 관리라는 역할 인식의 틀을 벗어나 리더십의 측면에서 살펴볼 필요가 있다.

(2) 리더십의 유형

현대사회에서 가장 빈번하게 언급되는 리더십은 거래적 리더십(transactional leadership)과 변혁적 리더십(transformational leadership)이다. 이 두 개념은 양극단의 개념이 아니라 상호보완적 개념으로 어느 한쪽으로 치우친 리더십보다 적절히 조화된 리더십을 발휘하는 것이 조직성과 및 구성원의 발전을 위해 더 적절하다고 평가되고 있다. 또한 조직의 성과와 책임이 원장 한 사람에게 집중된 지도성(focused leadership)의 한계를 극복하기 위한 대안으로 분산적 리더십(distributed leadership)과 서번트 리더십(servant leadership)에 대한 관심도 증가하고 있다.

① 거래적 리더십(transactional leadership)

거래적 리더십은 전통적 리더십 이론들을 통칭해서 사용하는 용어로 리더가 상황에 따른 보상에 기초하여 부하들에게 영향력을 행사하는 상황에서 사용된다. Burns(1978)에 의하면 거래적 리더십은 개인이 가치 있는 어떤 것을 교환할 목적으로 다른 사람과의 계약에 있어 주도권을 취할 때 발생한다. 즉 리더는 교환이라는 시각을 가지고 부하에게 접근한다는 것이다. Bass(1985)는 Burns에 비해 거래적 리더십을 좀 더 광범위하게 정의한다. 그에 따르면 거래적 리더십은 기대하는 바를 구체화하고, 책임을 명확히 하고, 기대했던 일을 수행한 것에 대해 인정하고 보상을 제공함으로써 리더와 조직구성원 체계의 기초를 마련하는 것이라고 보았다. Bass는 이러한 기존의 리더십 모델에 거래적 리더십을 범주화시키고 상황적 보상과 예외적 관리를 거래적 리더십의 하위행동 요소로서 제시하였다.

○ 상황적 보상(contingent reward)

구성원에게 노력을 한다면 그에 따르는 대가를 보상할 것이라는 것을 제시하고 실질적으로 구성원이 기대한 만큼의 노력을 하면 그에 따르는 보상을 해 준다는 것을 말한다.

예 원장은 업무성과에 따른 보상을 얻기 위해 교사들이 무엇을 해야 하는지를 알려 주고, 성과에 따라 적절하게 보상한다.

○ 예외적 관리(management by exception)

조직구성원이 자기의무를 불이행하거나 기준 성과에 미달했을 때에만 리더가 개입하여 관리하는 것을 말한다. 예외적 관리의 목적은 거래적 리더십의 핵심인 통제력, 합리성, 그리고 공정한 시스템을 유지하는 데 있다. 이 리더십을 사용하는 리더는 실패라는 부정적 결과를 피하기 위하여 분명한 기준을 따르도록 구성원의 노력을 조장한다.

예 원장은 업무내용 중 목표에 미달하고 있는 부분에 대해서만 신경을 써서 관리한다.

그러나 거래적 리더십은 몇 가지 문제점을 가지게 되는데 시간적 압박, 성과평가제도와 보상제도의 공정성에 대한 의문, 근본적인 동기부여의 부족 등으로 한계를 드러낸다는 것이다. 이런 점 때문에 변혁적 리더십이 등장하게 되었다.

② 변혁적 리더십(transformational leadership)

변혁적 리더십이라는 용어는 정치사회학자 Burns(1978)가 그의 저서 Leadership에서 최초로 사용하면서 시작됐다. 그 후 이를 Bass(1985)가 기업 상황에 맞춰 구체화시켰다. Bass에 의하면 변혁적 리더와 함께 직무를 수행하는 사람은 리더에 대하여 신뢰감, 존경심, 충성심을 갖게 된다. 리더는 추종자들이 과업결과의 중요성을 인식하게 하고 조직을 위해서 자신의 이익을 초월하게 만들며 그들의 상위욕구를 충족시켜 준다. 즉 변혁적 리더는 부하들로 하여금 과업수행 결과에 대한 중요성을 인식하게 하고 부하 자신의 개인적 이득보다는 조직이나 팀의 이득을 우선시하게끔 하고 부하가 가지는 욕구보다 더 높은 수준의 고차원 욕구 충족, 자기개발 및 학습조직을 활성화시킴으로써 예상했던 것보다 훨씬 높은 성과를 올리도록 한다(Bass, 1985). 변혁적 리더십은 카리스마, 개인적 배려, 지적 자극의 세 가지 하위 요소를 포함한다.

○ 카리스마(Idealized influence & Inspirational motivation)

구성원에게 비전과 사명의식을 제시하고 긍지심을 불어넣으며 존경과 신뢰를 얻는 수 있는 능력

예 원장은 우리 기관의 미래에 대한 비전을 제시한다.

○ 개인적 배려(Individualized consideration)

리더가 구성원의 개인적 욕구나 목표에 관심을 기울이는 능력

예 원장은 교사들의 개인적 요구를 수용하려고 노력한다.

○ 지적 자극(Intellectual motivation)

리더가 구성원을 도전하도록 하고 다른 각도에서 문제를 볼 수 있도록 하며 새로운 방식으로 그 문제를 해결하도록 자극하는 능력

예 원장은 교사들이 수행하는 업무에 대해 항상 새로운 관점으로 보도록 자극한다.

③ 분산적 리더십(distributed leadership)

분산적 리더십은 조직의 성과와 책임이 기관장 한 사람에게 집중된 리더십(focused leadership), 즉 한 지도자가 모든 것을 담당하고 책임을 지는 권위적, 영웅적 지도성의 한계를 극복하기 위한 대안으로 주목받고 있다(Grubb& Flessa, 2006). 분산적 리더십은 조직 구성원의 능동적 참여와 공조행위를 통한 다수의 지도자들의 집단지도성을 강조하는 이론이다.

분산적 리더십은 조직효과성, 개인의 전문성과 역량의 극대화를 위해 조직 내 다수의 공식적/비공식적 지도자들이 네트워크를 형성하여 조직의 상황과 맥락에서 목표 및 이슈에 대한 의사결정을 공유하고, 상호협력과 전문성 공유를 통해 공동실행을 촉진하는 '지도성 실행'과 '지도성 분산'에 초점을 두고 있다(주영효 · 김

규태, 2009). 분산적 리더십은 다양한 전문적 지식과 기술을 지닌 구성원 간의 공유, 상호의존, 신뢰를 바탕으로 리더십이 공동으로 구성되고 실행되며 이 과정에서 창출된 조직 학습을 통해 확대된 지도자들이 조직 개선과 책무성을 도모한다는 점을 강조한다(Harris, 2009; Hargreaves & Fink, 2009). 그러나 분산적 리더십이 기관장의 권한과 지위를 배격하거나 부정하는 것이 아니라 조직 구성원들과의 밀접한 상호관계 속에서 리더십 실행을 강화하고자 하는 것이다(Harris, 2008).

분산적 리더십은 최근 대두되고 있는 이론이지만 실제로는 교육현장에서 이미 실행되어 왔다. 예를 들면 수업 및 교육과정에 대해 다수의 선임교사 또는 멘토들이 후임교사를 코칭하는 경우, 학교운영에 관한 계획을 학교운영위원회를 통해서 공동으로 수립하고 이행하는 경우, 해당분야 전문성을 지닌 교사가 주된 역할을 수행하는 경우 등이 있다(주영효 · 김규태, 2009).

④ 서번트 리더십(servant leadership)

서번트 리더십은 조직에서 인간관계가 중시되면서 조직구성원 간의 상호작용 개선을 도모하고, 인간관계의 향상을 강조하게 되면서 등장하게 된 새로운 리더십이다. 서번트 리더십에서 리더는 관리자나 서비스 수혜자로서의 리더십이 아닌, 변화의 담당자 혹은 서비스 제공자로서의 리더십을 발휘하게 된다(최남례, 2005). 특히, 영유아교육기관은 서비스의 대상이 되는 영유아와 학부모에 대한 세심함, 배려, 사랑, 봉사, 가족과 같은 분위기를 강조하기 때문에 기존의 전통적인 리더십보다 구성원들의 자발적인 헌신과 참여, 주인의식과 책임감 고취를 특징으로 하는 서번트 리더십이 필요하다. 섬김의 문화 속에서의 리더는 지시보다는 지원과 대화를 더욱 중요한 도구로 사용함으로써 구성원이 잠재력을 발휘할 수 있도록 한다. 서번트 리더십에서 리더는 먼저 보고 앞서는 사람으로 리더에게는 방향제시의 측면과 섬김의 측면이 반드시 공존해야 한다고 주장했다. Laub(1999)은 인간존중, 성장지원, 공동체형성, 도덕성, 리더십 발휘, 리더십 공유를 서번트 리더십의 구성요소로 보았다(최남례, 2005).

5 셀프 리더십(self-leadership)

오늘날처럼 급변하는 현대 사회에서는 셀프 리더십이 주목받고 있다. 셀프 리더십이란 조직구성원이 자기 스스로 리더가 되어 자기 자신을 이끌어 가는 리더십을 발휘하는 것을 의미한다.

셀프 리더십은 스스로 자신을 리드하기 위해 취하는 행동으로서, 책임 있는 행동이라고 말할 수 있으며, 자율과 책임이 주어질 때 개인이 스스로 책임지고 행동하는 독특한 행동이라고 할 수 있다(Manz, 1986). 셀프 리더십 이론은 지시, 명령, 통제, 보상, 처벌 등에 의해 발휘되는 전통적인 리더십보다는 자기 스스로의 목표설정, 자기통제 등과 같이 자율성을 중심으로 하는 내적 리더십이 조직 구성원들의 헌신과 열정을 불러일으켜 조직의 목적을 보다 쉽게 달성시키는 데 효과적이라는 것에 주안점을 두고 있다.

조직의 리더가 구성원들 스스로 판단하고 행동하며 그 결과도 책임지는 자율적 리더를 만드는 리더십을 슈퍼 리더십이라고 정의하고, 이 리더십은 셀프 리더십(self-leadership)또는 자율관리 리더십(self-management leadership)에서 출발한다고 했다(Manz & Sims, 2002). 리더 스스로 자신을 스스로 통제하고 행동하는 리더십을 가져야 한다. 외부의 힘과 통제에 마지못해 일하는 것이 아니라, 자기 스스로가 자신의 리더가 되어 스스로 통제하고 행동하는 것을 말한다.

셀프 리더십은 어떠한 상황에서 특정한 일을 수행하기 위해 자신에게 스스로 영향력을 행사하는 과정으로 자기 지시(self-direction)와 자기 동기화(self-motivation)를 포함한다. 셀프 리더십은 자기 스스로 목표를 설정하고 목표 달성에 따른 내적 보상을 얻거나 목표를 달성하지 못했을 경우 자율적으로 수정하고 조절하는 능력을 의미한다(Manz, 1986).

셀프 리더십은 효과적인 행동을 위한 행동중심 전략과 효과적인 사고와 태도를 위한 건설적 사고 전략, 그리고 내적 보상을 활용하는 자연적 보상 전략(조부경·서윤희, 2011; Houghton & Neck, 2002)을 활용한다.

(3) 영유아교육기관에서의 리더십

① 기관장의 리더십

행복한 조직은 조직의 윤리적 목표에 대한 '공유된 비전', 위협이나 위험, 착취로부터 보호해 주는 '안정성', 보상과 처벌에 대한 공정한 규칙과 일관된 적용의 '공정성', 조직 구성원 간의 상호 돌봄과 관심을 의미하는 '인간애', 마지막으로 조직의 모든 구성원들을 한 사람의 개인으로 존중하는 '존엄성' 5가지 미덕을 가지고 있다(Cameron, 2016). 행복한 조직의 리더는 구성원의 주체적인 참여와 협력을 이끈다. 교육조직이라 할 수 있는 영유아교육기관에도 적용될 수 있으며, 영유아교육기관이 어떻게 행복한 조직으로 변모하는가의 여부는 관리자의 리더십에 따라 결정될 수 있다(김은정·황해익, 2019).

영유아교육기관장들은 주로 관리자로서의 역할을 수행하고 있으며 리더의 역할을 수행하는 기관장은 소수에 불과하다(Sciarra & Dorsey, 2002). Sciarra와 Dorsey(2002)에 의하면 관리자는 기관의 재무와 인사관리, 재원의 확보와 관련된 역할을 담당하며 주로 기관 내부적인 사항들 즉 일간, 주간, 연간, 단위별로 지속적으로 보육·교육 프로그램을 운영해 갈 수 있도록 관리하는 책임이 있다. 반면에 리더로서의 영유아교육기관장의 역할은 기관의 유지 및 관리를 넘어서서 기관 및 구성원의 갱신과 발전에 대한 책임이 있다. 따라서 기관 운영의 본질적인 변화를 위해 리더의 주도권을 과감히 구성원들에게 이양하여 수평적 의사결정체계를 구축하고 그러한 변화의 과정에서 예상되고 요구되는 위험 부담을 감수할 수 있어야 한다.

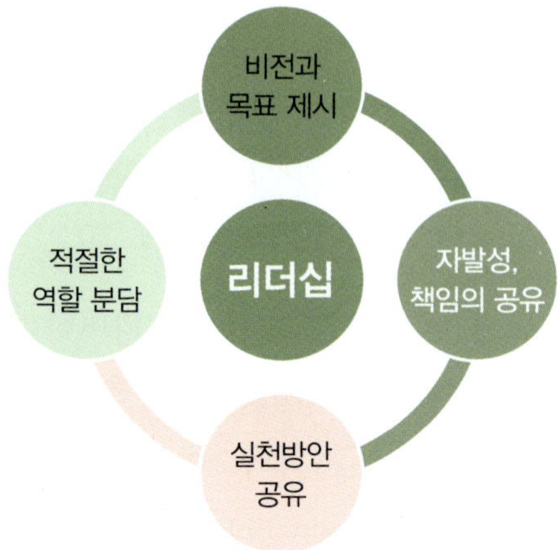

| 그림 3-2 | 영유아교육기관 원장의 리더십

우리나라 영유아교육기관 원장의 기관 운영은 리더십보다는 관리적 특성이 두드러졌으며 이러한 관리적 특성은 기관차원의 이해추구와 밀접한 관련성이 있었다(정지현·문선화, 2004). 영유아교육기관 원장의 변혁적 리더십과 거래적 리더십은 교사의 주관적 삶의 질과 조직헌신에 긍정적 영향을 준다. 영유아교육기관의 기관장이 교사의 조직헌신을 이끌어내기 위해서는 성과에 따른 적절한 보상을 제공하는 거래적 리더십과 교사들에게 비전과 성취동기를 제공하는 변혁적 리더십을 적절하게 조화시킨 리더십을 발휘하는 것이 바람직함을 시사한다(권기남·민하영, 2009). 기관장의 서번트 리더십이 높은 집단에서는 기관장의 서번트 리더십이 낮은 집단에서보다 교사와 동료교사들과의 관계와, 교사와 기관장과의 관계 및 직무 자체에 대한 만족도가 더 높았다(허영림·정선영, 2009).

Manz와 Sims(2002)는 교육기관의 기관장의 가장 중요한 역할은 교사들의 자신감을 증대시키게끔 유도하는 것이며 이를 위해 기관장은 슈퍼 리더십을 발휘하는 것이 필요하다고 하였다. 기관장은 교사들 스스로가 셀프 리더십을 고취시키게끔 하기 위해 지시, 교훈, 명령에 집중하는 언어의 사용을 줄이고, 더 많이 경청하고, 교사들로 하여금 실패나 실수에서 무엇을 배울 수 있었는가 묻는 등과 같은 '일상의 대화'를 활용하여야 한다고 하였다. 이렇듯 변화와 혁신이 필요한 시대에 새로운 리더십으로서 기관장의 슈퍼 리더십은 기관의 조직목표의 달성을 위하여 한 사람의 기관장 능력에 의존하는 것이 아니라 많은 교사들과 함께 조직목표를 달성하도록 교사들을 셀프 리더화시킬 것이다. 셀프 리더십 수준이 높을수록 직무만족과 성과가 높게 나타나 셀프 리더십의 수준을 향상시키기 위한 교육을 실시하고 시스템화하는 것이 궁극적으로 조직의 성과를 높이는 역할을 하는 것으로 보고하였다. 따라서 셀프 리더십은 지도자와 구성원 간에 신뢰를 바탕으로 자율적이고 헌신적인 조직문화를 형성하게 되고 구성원의 조직에 대한 태도와 성과를 극대화시키고, 구성원의 조직에 대한 만족도를 상승시키게 된다(강경석 · 박용진, 2008).

② 교사의 리더십

기관장뿐만 아니라 교사의 리더십 실행도 영유아교육기관의 발전을 위해 중요한 요소이다. 교사 리더십은 교사가 리더로서 다른 교사들과 협력하고 영유아와 학부모를 이끌고 긍정적인 영향을 주는 형태의 개념을 의미한다. 전통적으로 리더로서의 교사는 다른 동료들과 기관의 변화에 영향을 주는 교사의 역량강화의 측면에서 이해되기보다는 공적인 위치를 갖고 역할을 수행하는 리더로 이해되어왔다. 그러나 최근에 교사의 전문성 발달과 관련하여 효율적인 교육적 리더십으로서 분산적 리더십에 대한 관심이 증가하였다(이진화, 2006). 영유아교육기관에서 분산적 리더십이 성공하기 위해서는 다음과 같은 조건이 필요하다(이진화, 2006).

- 단선적이고 수직적인 관점의 리더십 유형에서 다양하고 상호작용적이며 협력적인 형태의 리더십으로의 변화가 필요하다.
- 원장은 교사와 함께 리더십과 권위를 공유할 수 있는 준비가 되어 있어야만 한다.

- 영유아교육기관의 교사문화가 보다 협력적인 풍토로 전환되어야 한다.
- 리더로서의 교사들은 도덕성과 책임감을 가져야 하며 이를 위한 적절한 교육훈련 프로그램의 제공이 필요하다.

◈ 해 봅시다! ◈

영유아교사의 리더십

영유아교사로서 원장, 동료교사, 영유아, 학부모와의 관계 속에서 자신은 리더십 발휘를 어떻게 할 것인지 생각해 보세요.

2. 협력적 조직문화

협력적 조직문화를 형성하기 위해서는 교직원 간에 열린 의사소통이 이루어지고, 기관 운영에 참여할 수 있는 공식적인 통로가 마련되어 있어야 한다. 협력적 조직문화는 기관 운영의 기본이 되고 이를 동력으로 교직원은 자발적으로 질 개선을 위한 노력을 하게 된다.

1) 열린 의사소통

구성원 간에 의사소통이 원활하지 않을 경우 이로 인하여 상호 간의 의사가 제대로 전달되지 않아 갈등을 야기할 수 있다. 영유아교육기관에서 의사소통의 장애로 인해서 구성원이나 학부모, 원아들의 의견이 충분히 반영되지 못할 수 있다. 일방적 의사전달이나 일부 구성원들의 의견만을 수용하는 방식에서 탈피하여 직원회의, 학부모회의, 각종 위원회활동 등을 통해서 관계자들의 의견을 다양한 통로를 통해서 수렴함으로써 조직에의 참여의식을 높이고 구성원 간에 소통할 수 있는 방안을 모색하여야 할 것이다.

열린 의사소통이 되려면 신속한 정보전달과 관련되어 있는 의사소통의 신속성, 정확한 정보전달과 관련되어 있는 의사소통의 정확성, 원활한 정보 교류와 관련된 의사소통의 원활성, 긍정적 의견수용, 의견수렴과 관련된 의사소통의 수용성, 의사소통의 활성도와 관련된 의사소통의 개방성 등과 같은 요소를 가지고 있어야 한다.

교육기관의 협력은 동료애, 개방적인 의사소통, 신뢰에서 출발한다(Lieberman & Lynne, 2004). 조직 관리체계에 따라 조직 풍토가 달라지며 이러한 조직 풍토를 결정하는 하위요인들 중 구성원 간의 '의사소통과 의사결정 과정'이 건강한 조직 분위기 형성에 있어 중요한 요인이다(윤종건, 1986; Likart, 1987). 더군다나 영유아교육기관은 다른 교육기관과 달리 조직의 특성 면에서 보면 소규모의 관계 중심적 운영이 많은 관계로 더욱 의사소통의 건강성이 조직의 성과에 미치는 영향력이 크다.

영유아교육기관에서 바람직한 의사소통 방안은 원장의 일방적인 지시에 의한 하향적인 의사소통 흐름이 아닌, 비공식적인 통로가 공식적인 통로와 함께 적극적으로 활성화되면서 쌍방적이고 상향적인 의사소통이 이루어지는 것이다. 원장과 교사들 사이의 의사소통이나 교사들 사이의 수평적 의사소통이 원활히 이루어지는 영유아교육 기관의 조직 풍토 내에서는 구성원 간의 오해에서 비롯된 직무스트레스가 적고, 직무만족도가 높아 교육의 대상자인 영유아들에게 긍정적인 영향을 미칠 수 있다. 따라서 영유아교사 사이의 '열린 의사소통' 문화를 만들기 위해 의사소통의 장애 요인을 극복하고 효율적인 의사소통을 위한 노력을 하는 동시에 문화적 측면에서의 방안도 함께 강구되어야 할 것이다(조혜선, 2008).

2) 의사결정 참여

의사결정은 원하는 결과를 얻기 위해 선택 가능한 대안 중에서 최선의 대안을 선택하는 문제해결 행위이다. 구성원들의 의사결정과정의 참여수준 및 참여내용과 같은 조직의 의사결정 방식은 조직의 성과 및 구성원의 사기 등에 중대한 영향을 준다. 조직에 따라 구성원의 의사결정 참여수준은 완전한 참여에서 거의 참여하지 못하는 수준에 이르기까지 차이가 있다. 마찬가지로 의사결정참여 영역도 조직의 특성에 따라 다양하며, 의사결정 참여 영역에 따라 의사결정 참여 수준도 차이가 있다.

영유아교육기관의 의사결정의 주요영역은 목표 및 비전, 근무규정, 교육과정, 예산영역, 교사배치, 운영, 절차와 구조개선 등 8개 하위영역으로 구분될 수 있는데 하위영역별 참여 내용은 아래와 같다(홍혜정 · 안선희, 2004).

- 목표/비전: 교육기관의 목표와 사명을 결정하는 영역
- 근무규정: 교사들의 행동을 위한 기준
- 교육과정: 교사들이 교육 프로그램, 교육자료, 교수방법을 결정하는 영역
- 예산영역: 기관의 예산을 계획하고 수행하는 일과 관련된 영역
- 교사배치: 교사채용이나 교사배치를 결정
- 운영: 건물관리와 관련된 것
- 절차와 구조 개선: 집단적인 의사결정을 수행하기 위해 교사들이 업무량을 줄이거나 규칙을 유동적으로 준수하거나 스케줄을 변경할 수 있는 정도를 포함하는 영역
- 교사연수: 교사의 전문성을 발달시키기 위한 활동을 계획하고 수행할 수 있는 정도를 결정하는 영역

영유아교사들의 적극적인 의사결정 참여가 교사 개인의 교수 효능감을 향상시키고 영유아교육기관 운영에도 영향을 미친다. 영유아교사가 기관의 정책을 수립하고 행정적인 절차를 결정하는 과정에의 참여정도가 높으면 영유아교사의 직무만족과 사기를 높일 수 있으며 교사효능감과 관련이 있다(홍혜정 · 안선희, 2004). 목표비전사명, 근무규정, 교사연수, 교육과정, 교수요인과 같은 의사결정 하위영역은 교사의 성취목표 성향을 예측하는 중요한 변인이었으며, 의사결정참여도는 전문성 인식을 예측하는 중요한 변인이었다(최미숙 · 박지영 · 윤유중, 2009).

교수 · 학습 상황에서 세분화된 교육목표와 교과영역별 시수가 있는 초등학교 이상의 교사들과는 달리, 영유아교사들은 교수 · 학습 상황뿐 아니라 영유아행동지도, 일상적 돌봄, 학부모 상호작용 등 다양한 상황에서 즉각적이고 구체적인 의사결정을 해야 하는 상황에 더 많이 직면한다. 그러나 영유아교육기관에서 결정이 이루어지는 제반 과정에 영유아교사들의 참여는 비교적 낮은 수준이며, 여러 하위 요인 중에서는 교육과정 영역에서의 참여수준이 가장 높았고 예산과 교사배치영역에서의 의사결정 참여수준이 가장 낮게 나타났다(홍혜정 · 안선희, 2004). 영유아교사가 근무하는 조직이 건강하다고 지각할수록 의사결정과정에 더 많이 참여하였다. 영유아교사의 의사결정 참여도와 조직건강과의 관계에 대한 연구에 따르면 의사결정 참여도 상집단의 교사들이 하집단의 교사들보다 조직몰입을 더 많이 하였다(조성연 · 최미숙, 2009).

또한 영유아교사는 영유아가 자신의 의사표현을 잘 할 수 있도록 개방적이고 수용적인 태도를 가지는 것이 중요하며, 영유아가 자신의 삶과 밀접한 일과, 놀이 등에 의사결정을 할 수 있도록 하는 것이 중요하다.

3. 갈등관리와 조직문화

1) 갈등관리의 중요성

조직은 다양한 구성원으로 이루어져 있다. 조직의 목표와 구성원의 목표에는 차이가 있을 수 있으며, 이로 인해 조직과 구성원 간, 구성원들 사이에 크고 작은 갈등이 일어난다. 갈등이란 개인 간이나 집단 간, 조직내부에서 의견 불일치, 모순, 불화로 인해 나타나는 상호작용 상태로 정의된다(Rahim, 1985). 갈등은 조직의 운영과 목표달성에 장애요인이 될 수 있으나 구성원의 다양한 의견이 개진되고, 능력이 발휘되며 새로운 변화를 가져오는 등 순기능적 면도 가지고 있다. 갈등발생은 조직의 보편적인 현상이므로 갈등발생 그 자체보다는 갈등을 어떻게 관리하는가에 따라 교사의 직무수행결과나 영유아교육기관의 교육목표 달성의 성패가 달라질 수 있다.

2) 영유아교육기관에서의 갈등관리

영유아교사의 역할갈등은 주로 교육과 관련된 갈등, 원장 및 관리자와의 갈등, 동료교사와의 갈등, 학부모와의 갈등, 업무수행과 관련된 갈등에서 비롯된다(김희태, 2004). 특히 원장의 갈등인식과 갈등관리전략은 교육성과에 영향을 미친다(김현경·신동주, 2009). 영유아교육기관에서 효과적으로 갈등을 관리할 수 있는 방안은 다음과 같다(류운석, 2005).

(1) 자율성 확보를 위한 의사소통 체계 개선

구성원 간에 의사소통이 원활하지 않을 경우 이로 인하여 상호 간의 의사가 제대로 전달되지 않아 갈등을 야기할 수 있다. 영유아교육기관에서 의사소통의 장애로 인해서 구성원이나 학부모, 원아들의 의견이 충분히 반영되지 못할 수 있다. 일방적 의사전달이나 일부 구성원들의 의견만을 수용하는 방식에서 탈피하여 직원회의, 학부모회의, 각종위원회활동 등을 통해서 갈등의 원인을 분석하고 관계자들의 의견을 다양한 통로를 통해서 수렴함으로써 조직에의 참여의식을 높이고 구성원 간의 갈등을 해소할 수 있는 방안을 모색하여야 할 것이다.

(2) 참여적 의사결정을 통한 갈등해소

의사결정의 과정에 교사나 학부모의 개인적인 이해관계와 관련성, 전문성 등을 고려하여 참여형태와 방법을 결정함으로써 구성원들의 공감대를 형성하여 조직의 갈등을 줄일 수 있다.

(3) 원장 리더십 발휘를 통한 갈등해소

영유아교육기관에서의 리더인 원장은 조직 내에서의 갈등은 불가피한 것이며 갈등이 존재한다는 것은 그만큼 조직이 건강하다는 표시임을 인식하고(Sciarra & Dorsey, 2002), 권위에 의존하기보다는 갈등을 해결하기 위해서 구성원들을 지도하고 격려하여야 한다. 영유아교육기관에서 리더는 구성원의 신념, 가치관, 목적을 변혁시켜 기대 이상의 직무수행을 하도록 동기를 유발시키고 개인적 배려를 아끼지 않는 리더십을 발휘함으로써 조직에서의 갈등을 해소시킬 수 있다.

(4) 구성원 간 상호 이해 제고를 위한 공동연수 기회제공

조직에서의 구성원 간 갈등은 상호 간 이해의 부족에서 시작되는 경우가 많다. 구성원 각자의 주관적인 인식의 차이로 인한 갈등을 해소하기 위해서는 상호 간의 상황을 이해하고 공감대를 형성하기 위한 공동연수 또는 대화의 장을 마련하여야 한다. 교직원 공동연수의 기회를 통해서 원장의 경영방침, 교사의 자율권 행사의 범위 및 한계, 학부모의 요구 및 협조사항, 행정지원의 범위와 한계 등에 대한 토론의 장을 마련함으로써 상호 간 이해와 공감대를 형성하고 갈등을 해소할 수 있다.

4. 영유아교사의 직무스트레스와 완충요인

1) 직무스트레스 정의

직무스트레스란 직무수행과정에서 경험하고 느끼게 되는 긴장, 좌절, 불안, 분노와 의기소침과 같은 불쾌한 정서를 말한다. 스트레스는 정서나 심리적 측면에만 영향을 주는 것이 아니라 신체 증상으로도 나타나며, 결과적으로 직무수행에도 영향을 미친다. 스트레스는 긍정적 효과와 부정적 효과를 동시에 가지고 있다. 적당한 수준의 스트레스는 업무에 긴장감을 주고 성취에 대한 동기를 제공해 주지만 지나친 스트레스는 심신을 소진시킨다. 영유아교사직은 권한은 작은 반면 책임이 크고, 사람들과의 관계를 다룬다는 특성상 스트레스가 많은 직업이다. 스트레스를 받으면서도 그 스트레스에 대한 완충장치나 지원체계를 갖지 못할 경우 심리적으로 소진되고 조직몰입이 떨어지며 이직과 같은 결과를 가져온다. 영유아교사직과 관련된 직무상 스트레스는 업무관련 요인, 조직문화적 요인, 물리적 환경요인, 사회적 보상요인 등 다양하다.

2) 직무스트레스 발생요인

영유아교사들은 장시간 영유아를 돌보아야 하는 육체적·정신적 노동에 더하여 영유아 및 학부모와의 지속적이고 잦은 접촉 등에서 비롯되는 정서노동으로 인한 긴장과 스트레스, 동료와의 관계, 낮은 임금, 낮은 사회적 인식 등의 열악한 근무조건에서 일하고 있다. 우리나라 영유아교사들의 근무환경은 시간적·물리적 환경, 사회적 보상체계 측면 등에서 그다지 만족할 만한 수준에 있다고 보기에 어렵다(유희정 · 이미화, 2004). 직무환경은 물리적인 환경, 근무시간, 급여와 같은 구조적인 환경뿐 아니라 참여, 동료관계, 상사의 지지, 자율성, 과제 지향, 일에 대한 압력, 명확성, 통제, 개혁, 안정 등과 같은 근무환경의 과정적 측면을 포함한다(Jorde-Bloom, 1989). 교사들이 근무하는 환경이나 조직의 풍토, 의사소통방식 등은 교사들의 근무여건에 직접적 영향을 준다. 긍정적인 영향을 줄 경우 교사의 교사 효능감, 직무만족감, 성취감을 향상시키지만, 부정적으로 작용할 경우 직무스트레스, 심리적 소진 등을 경험하게 하며 이직 또는 전직으로 나타나 영유아교육기관의 안정적 운영에 어려움을 초래하기도 한다.

| 표 3-1 | 영유아교사의 직무스트레스 발생 요인

직무스트레스 발생요인	내용
업무관련 요인	교육활동에 관련된 업무수행, 일반 잡무수행, 학급통솔 문제, 과다한 근무시간과 이로 인한 피로, 활동 준비시간의 부족, 돌봐야 할 많은 영유아의 수, 영유아 요구의 긴급성, 학부모와의 긴장, 많은 행사 준비
조직문화적 요인	원장과의 관계, 동료교사와의 관계, 학부모와의 관계, 학부모와의 긴장, 의사결정과정, 업무분장, 역할갈등, 행정적 지원
물리적 환경요인	교사의 신체크기에 맞는 않는 설비, 교수 및 교재 준비 공간 부족, 교수자료의 부족 및 이용 가능성, 휴식공간의 부족
사회적 보상요인	보수 및 근무 여건, 경력체계, 휴가, 연수기회부족, 사회적 인식

3) 직무스트레스 대처전략

인간은 스트레스 상황으로부터 피해를 최소화하고 그 상황을 벗어나기 위해 노력한다. 이때 개인마다 대처하는 방식이 차이가 있으며 이 대처방식의 차이가 부정적 결과를 가져올 수 있고 긍정적 결과로 연결될 수 있다. Lazarus(2000)는 스트레스 대처방식을 스트레스성 요인으로 평가된 내부적이고 외부적인 개인과 환경의 상호작용의 요구를 관리하기 위한 인지적, 행동적 노력으로 정의하였다.

개인의 지각과정과 평가과정이 스트레스에 중요한 영향을 미치는데 환경적 요구와 개인의 대처자원 간에 불균형을 이룰 때 스트레스로 작용한다. 즉 어떤 사건이 일어날 때 그 외부사건에 대하여 개인이 어떻게 인지적으로 평가하느냐에 따라서 스트레스성 여부가 결정된다.

스트레스 대처방식에 대한 적극적 대처유형으로는 문제 중심적 대처, 사회적 지지 대처가 있고 소극적 대처유형으로 정서 완화적 대처, 소망적 사고 대처가 있다(Lazarus, 2000).

영유아교사를 대상으로 한 스트레스 대처 방식 연구 결과 직무스트레스 대처 방식은 다양한 심리적·환경적 특성에 따라 차이가 있지만, 적극적 스트레스 대처방식 중 문제 중심적 대처방식을 사용하는 경우 직무스트레스에 대하여 효과적으로 대처하고 직무수행을 잘하는 것으로 나타났다(석은조·신성철, 2008; 지명원·이주연, 2012).

| 표 3-2 | 스트레스 대처방식

스트레스 대처 방식		정의
적극적 대처	문제 중심적 대처	스트레스가 유발된다고 생각되는 문제에 직면하여 이를 제거하거나 변화시키려는 적극적인 문제해결에 초점을 두는 대처방식
	사회적 지지 대처	스트레스 사건이나 상황을 해결하기 위하여 누군가의 도움을 처하는 대처방식
소극적 대처	정서 완화적 대처	스트레스에서 비롯되는 감정 상태를 통제하려고 노력하는 대처방식
	소망적 사고 대처	스트레스나 그것을 유발하게 되는 상황, 사건에 거리를 두고 바람직한 상황을 생각하거나 상상함으로 대처하는 소극적인 대처방식

4) 직무스트레스와 사회적 지지

사회적 지지란 개인이 대인관계로부터 얻을 수 있는 모든 긍정적인 자원이다(Cohen & Hoberman, 1983). 일상생활의 스트레스가 주는 부정적 영향에 대한 중재요인으로 사회적 지지의 중요성은 많은 선행연구에서 밝혀진 바 있다(Himle, Jayaratne, & Thyness, 1991; 김용미, 2003). 사회적 지지의 원천은 직장 내에서는 직장의 동료, 상사 등이며 직장 외에서는 가족과 친구 등이다. 사회적 지지의 하위영역에는 정보적 지지, 정서적 지지, 물질적 지지, 평가적 지지가 있다.

영유아교사의 사회적 지지에 대한 연구에 따르면 업무에 있어 실제적인 도움이나 사회적 서비스를 활용하도록 돕는 물질적 지지와 정보적 지지보다 타인으로부터 받게 되는 신뢰와 배려와 같은 정서적 지지와 교사의 행위에 대해 구성원으로부터 받게 되는 칭찬, 인정과 같은 평가적 지지가 직무만족도에 더 영향을 미치는 것으로 나타났다(채승희·김정희, 2020). 이는 사회적 지지가 직무스트레스를 줄이고 직무만족도를 높이는 중요한 요인임을 보여 주는 것이다. 원장과 동료교사들 간의 유대를 강화시키는 프로그램이나 소모임, 선후배 교사를 대상으로 이루어지는 멘토링 등과 같은 직장 내 사회적 지지를 높일 수 있는 방안을 통해 직무스트레스를 감소시킬 수 있다.

| 표 3-3 | 사회적 지지 유형

사회적 지지 유형	정의
정서적 지지(인간관계)	존경, 애정, 신뢰, 관심의 행동에 관련된 요인
도구적 지지(물질적 지지)	시간, 돈, 물건, 노동 등을 제공하는가와 관련된 요인
정보적 지지(정보제공)	개인의 문제에 이용할 수 있는 정보를 제공하는가와 관련되는 요인
평가적 지지(승인)	인정, 칭찬, 존중 등과 관련된 지지를 제공하는 것과 관련되는 요인

5. 조직문화와 직무수행결과

영유아교사는 직무수행과정에서 직무와 관련된 의사소통과 의사결정을 요구받으며 직무스트레스와 갈등도 경험한다. 또한 직무수행과정에서 성취감과 효능감을 경험하기도 한다. 이러한 직무수행은 긍정적 결과로 귀결될 수도 있고 부정적 결과로 귀결되기도 한다. 직무수행의 긍정적 결과는 자신의 일에 대해 만족하고 조직에 몰입하는 것이라면 직무수행의 부정적 결과는 심리적으로 소진되고, 다른 기관이나 또는 다른 직업으로의 이직을 결정하게 되기도 한다.

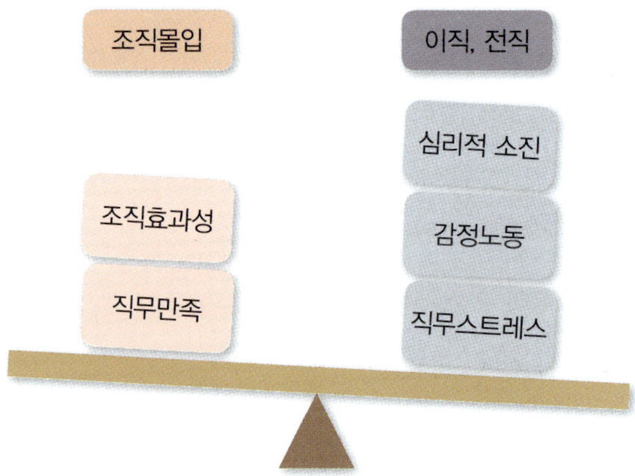

| 그림 3-3 | 조직문화와 직무수행

1) 긍정적 직무수행 결과

(1) 직무만족

일반적으로 직무만족(job satisfaction)이란 한 개인이 자신이 종사하고 있는 직무와 관련하여 가지고 있는 감성적이고 정서적인 태도로 특히 자신의 일에 만족할 수 있도록 하는 심리적·생리적·환경적 여건들의 결합이라고 정의할 수 있다. 직무만족은 일을 얼마나 열심히 그리고 잘하는가의 문제가 아니라 일정한 업무에 대해서 선호하는 정도로 자신의 직무 또는 직무경험을 평가한 결과에서 나오는 즐겁고 긍정적인 정서 상태이다.

직무만족도는 동료와의 관계, 직무 자체의 특성, 보수, 승진 기회, 일반적인 근무환경 등으로 평가될 수 있다(Jorde-Bloom, 1989). 우리나라의 영유아교사들은 동료교사와의 관계, 원장과의 관계와 같이 대인관계 측면에서는 대체적으로 만족하지만 직무 자체, 근무환경, 특히 사회적 지위 등과 관련해서는 만족도가 낮은 것으로 나타났다. 교사들이 장시간의 근로와 저임금에도 업무에 대한 보통 정도의 만족(문채련 · 이소은, 2005; 유희정 · 이미화, 2004)을 나타낸 것은 교사로서의 동기와 신념 등이 작용하였기 때문으로 분석된다. 일반적으로 직무만족도가 높을 경우 이직률은 낮아지는 것으로 보고되고 있다(이진화 · 이승연, 2006; 조성연, 2005). 또한 원장의 지도성과 교사와 원장과의 긍정적 인간관계가 직무만족에 영향을 주는 것으로 나타났고 그중에서도 원장의 친밀성, 원장의 민주성 등이 특히 중요 요인으로 조사되었다(이명환, 2009; 정효정, 2003).

(2) 조직몰입(organizational commitment)

조직몰입은 조직에 대한 개인의 동일시와 전념의 강도(강경석 · 정우영, 2006)를 말한다. 조직몰입은 규범몰입(normative commitment), 감정몰입(affective commitment), 근속몰입(continuance commitment)으로 구분된다(Allen & Meyer, 1991).

- 규범몰입: 조직이 구성원에게 얼마나 많은 만족감을 주고 지위를 향상시켜 주는가에 관계없이 조직에 남는 것이 도덕적으로 옳은 것이라는 생각을 하는 것
- 감정몰입: 조직에 대해 느끼는 심리적 애착으로 조직에 대한 동일시, 관여, 애착 등으로 조직에 남아 있으려는 욕구가 중심이 되는 것
- 근속몰입: 이미 자신의 재화를 투자했기 때문에 계속 투입하게 되는 것

조직몰입이 높은 사람은 외재적 보상과 관계없이 일을 할 의사가 높으며 직무 수행을 위해 노력을 많이 한다. 또한 구성원들이 직무에 만족할수록 조직몰입 정도가 더 높으며, 조직몰입을 할수록 근무태만, 소진, 이직 등의 부정적 결과가 덜 나타난다(조성연 · 최미숙, 2009).

2) 부정적 직무수행 결과

(1) 감정노동

영유아교사의 활동은 어린 영유아와 그 가족을 대상으로 하며, 직접 접촉을 통한 온정적이고 반응적인 상호작용이 지속적으로 일관되게 이루어지는 것이 기대된다. 또한 영유아교사의 활동의 결과는 영유아의 발달 및 심리적 복지와 매우 밀접한 관련을 갖는다는 점에서 영유아교사는 적절한 상호작용을 수행하지 못한 경우 발생하는 부정적인 결과에 대한 심리적 책임감(Hargreaves, 1998)을 강하게 느끼게 된다. 영유아교사의 전문성 발휘 및 역할 수행은 영유아와 교사 간의 정서적 애착관계, 학부모와 교사 간의 정서적 지지 및 의사소통, 보육시설의 구성원들과 다양한 인간관계 맺기 등과 같은 정서적 측면과 밀접한 관련이 있다(염지숙, 2005; Day, 2007; Isenbarger & Zembylas, 2006).

고객과 직접 접촉하는 부분에서 노동자의 감정 상태나 감정적인 표현을 조절하는 능력이 활용되는 노동을 감정노동이라고 한다. 감정노동(emotional labor)은 조직구성원들이 자신이 실제로 경험하는 감정과 일치하지 않더라도 직무와 관련되어 기대되는 정서적 행동에 따르기 위해 특정한 감정을 표현하는 과정을 의미한다(Hochschild, 1983). 일반적으로 노동으로 정의되어 있는 육체노동과 정신노동 외에 감정노동은 인간의 감정이 임금의 대가로 통제되고 관리될 수 있다는 점에서 또 하나의 노동으로 개념화되고 있다. 감정노동은 직무수행과정에서 필수적으로 개인의 감정을 조절하는 것이 요구되며, 이는 자연스럽게 이루어지는 것이 아니라 개인의 노력이 추가적으로 요구된다.

감정관리는 조직의 구성원이 조직의 감정표현규범에 맞게 자기 자신의 감정을 관리하는 노력을 의미한다. 따라서 구성원 측면에서의 감정노동은 업무를 수행하는 구성원의 행동이나 감정조절에 초점을 둔다. 이러한 감정관리 및 조절은 표면행동(surface acting)과 내면행동(deep acting)을 통해 일어난다(Brotheridge & Lee, 2002; Hochschild, 1983).

① 표면행동(surface acting)

표면행동은 부정적 감정에도 불구하고 미소를 짓는 것과 같이 주로 부정적 경험정서를 긍정적 표현정서로 수정하는 과정이다. 조직구성원들은 조직의 감정표현규범을 따르기 위해 실제로 느끼지 않는 감정을 얼굴표정, 제스처, 목소리 톤과 같은 언어적 또는 비언어적 표현으로써 자기감정을 조절하는 표면행동(Brotheridge & Lee, 2002)을 통해 자신의 감정을 조절하고자 노력한다. 감정노동이 필요한 직업, 특히 표면행동이 필요한 직업은 구성원의 건강 및 심리적 복지에 부정적 영향을 미치며 그 결과 정서적 고갈, 직무스트레스 등의 부정적 결과와 관련되는 경향이 있다(권혜진, 2008; 신강현 · 이랑 · 허창구 · 김재연, 2006; Brotheridge & Lee, 2002). 영유아교사는 실제로 자신이 느낀 감정이 기관의 표현규칙에 부합하지 않을 때 자신의 감정을 조절하거나 규제하여 기관의 표현규칙에 적합한 감정을 표현하게 된다. 이는 교사들이 내면과 외면이 다른 감정을 갖고 있으나 교사로서 적합한 감정표현을 하기 위해 가장을 하는 형태이다. 표면적 행동은 "내가 느끼는 감정과 관계없이 긍정적인 감정을 갖고 있는 것처럼 꾸며서 표현한다"와 같은 내용으로 교사들이 실제로 느끼는 감정이 부정적이더라도 그 상황에서 긍정적인 감정으로 가장하는 것이다.

② 내면행동(deep acting)

내면행동은 표현하고자 하는 감정을 실제로 경험하기 위하여 적극적으로 자신의 경험감정을 바꾸고자 노력하는 것이다. 내면행동이 표면행동과 다른 점은 내면행동은 단순히 겉으로 드러나는 표현만을 바꾸는 것이 아니라 자신이 경험하는 감정을 바꾸고자 한다는 점이다. 내면행동은 조직이 요구하는 감정을 실제로 느끼기 위해서 자신의 감정을 적극적으로 조절하는 과정으로, 이 과정을 성공적으로 수행할 경우 직무성취나 직무만족과 같은 긍정적인 결과와 관련될 수 있다(문혜미 · 유태용 · 신강현, 2007). 교사로서의 내면행동은 "교사로서 기대되는 긍정적인 감정을 실제에서도 나타내기 위해 노력한다"와 같은 내용으로 영유아교사들이 자신들에게 기대되는 긍정적인 감정을 표현하기 위해 노력하는 것을 말한다.

(2) 심리적 소진

심리적 소진(burnout)은 일 때문에 피곤하고 지치고 탈진되는 현상이다. 영유아교사의 심리적 소진은 감정표현과 감정관리에 대한 요구가 큰 직무특성과 깊은 관련이 있다. Maslcah와 Jackson(1981)은 소진의 특성을 정서적 고갈, 비인간화, 성취감의 결여라는 세 가지 특성으로 정의하였다.

① 정서적 고갈(emotional exhaustion)

정서적 고갈은 일 때문에 지치고 고갈되고 탈진되어 전처럼 자기 일에 애착을 갖지 못하여 심리적으로 남을 도울 수 없는 상태를 말한다. 정서적 고갈은 동료관계, 전문성 증진, 원장의 지지, 명확성, 보상체제, 의사결정, 업무수행, 개혁성 등과 관련이 있었으며, 이러한 근무환경 변인들에 대해 불만족할수록 교사가 느끼는 정서적 고갈의 정도가 높았다. 즉 동료관계가 비협조적이고 갈등을 겪으며 전문성을 증진하기 어렵고 원장의 지지가 부족하고 역할 분담이나 지시가 불명확하고 의사결정에 참여가 배제되어 있으며 업무가 과다하고 보수체계가 만족스럽지 못할 경우 교사는 일 때문에 지치고 탈진된다는 것이다.

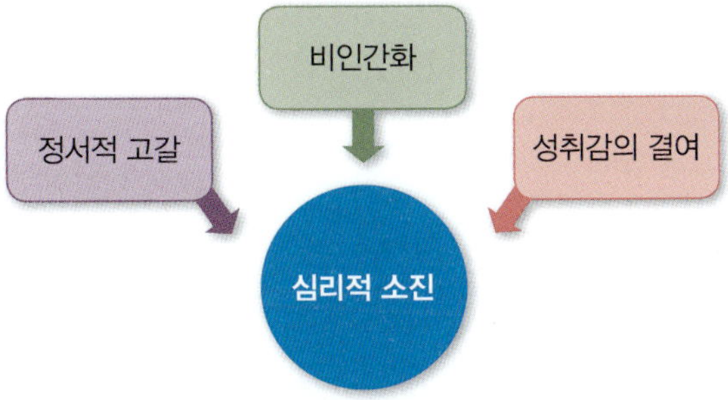

| 그림 3-4 | 심리적 소진의 특성

② 비인간화(depersonization)

비인간화는 활동대상 특히 영유아에게 점점 감정이 없어지고 무관심해지며 냉정해지는 것을 말한다. 근무환경에서 느끼는 불만이 클수록 영유아에게 비인간화 정도가 높았다.

③ 성취감의 결여(feeling of reduced personal accomplishment)

소진된 사람은 자신을 부정적으로 평가하는 경향이 있는데, 특히 자신의 일과 관련하여 자신을 불행하게 여기고 직업의 성취에 불만을 느끼게 되는 '성취감의 결여(feeling of reduced personal accomplishment)' 상태가 된다. 성취감의 결여는 동료관계, 원장의 지지, 명확성, 보상체제, 목표의 일치, 업무수행, 개혁성 등과 관련이 있었으며, 이러한 근무환경 변인들에 대해 만족이 적을수록 교사가 느끼는 성취감도 적었다.

소진은 조직의 효율성을 감소시키며, 근무와 관련하여 이직, 도덕성 결여, 결근, 대인관계 문제 등을 초래하였다(Boyd & schneider, 1997; Manlove, 1993). 또한 소진한 교사는 영유아에게 발달적으로 적합한 최적의 환경을 제공하기 어렵기 때문에 영유아발달에 부정적인 영향을 미치며 프로그램의 질을 저하시키는 원인으로 작용하였다. 객관적인 근무조건뿐만 아니라 인간관계 측면의 근무여건은 교사의 소진에 많은 영향을 미친다.

(3) 이직 및 전직

일반적으로 이직은 현재의 직장을 떠나는 것을 말한다. 즉 조직 구성원이 자발적 의지로 조직을 떠나려는 의도로서 직장을 옮기고 싶다는 생각, 또는 직종을 바꾸고 싶다는 의지 등으로 현재 자신이 하고 있는 일에서 벗어나고 싶은 정도를 의미한다(김식현, 1999). 동일직종 내에서 이동하는 경우와 다른 직종으로 이동하는 경우를 모두 포함하는데, 엄밀하게 정의하자면 전자의 경우를 이직, 후자의 경우를 전직이라고 할 수 있다. 자신의 현 직무에는 만족하지만 현재 소속되어 있는 조직에 대해 불만족할 경우 이직을 고려하는 경향이 있으며, 자신의 현 직무 자체에 대해 불만족할 경우 현 직무에서 벗어나서 다른 직업을 찾고자 하는 전직 의도를 갖는 경향이 있다. 이직과 전직이 현 직장을 떠나고 싶어 한다는 점에서는 동일하지만 원인에는 차이가 있다(권혜진, 2009). 좀 더 근무환경이 좋은 기관으로 옮겨서 영유아교사를 계속하고 싶다는 이직 의도와 영유아교사를 그만두고 다른 직종으로 변경하고 싶다는 전직 의도는 다른 개념이다.

영유아교사가 현재 근무하는 시설이 권한에 비해 너무 많은 책임을 부여하거나, 교사들을 위한 행정적 지원이 부족한 경우, 의사결정 참여가 부족한 경우, 원장의 운영방식에 대한 불만들이 스트레스의 원인이 되거나 교육 및 보육활동 및 활동 외의 과외 업무, 시간 외 근무 등 과중한 업무 부담을 느끼는 경우 좀 더 활동을 잘 지원하는 기관으로 옮기기를 희망하였다. 반면 영유아교사들이 영유아교사를 그만두고 다른 직종으로 전직하고자 하는 의도를 갖게 만드는 요인들은 인간관계에서 오는 스트레스와 소진이 가장 일차적이었다(권혜진, 2009).

ISUSSE & TALK

교사의 감정노동과 직무스트레스

영유아교육기관에서 교사가 감정노동으로 인한 직무스트레스를 경험하는 사례를 이야기해 보고 관련 뉴스검색을 해 보세요. 감정노동자 보호법에 대해 알아보고 감정노동으로 인한 직무스트레스를 예방할 수 있는 방안과 교사의 직무스트레스가 극심할 경우 어떠한 문제가 발생할지에 대해 토론해 보세요.

CHAPTER 04
영유아교육기관의 인사관리

영유아교육기관의 운영을 위해서는 기관에 필요한 자격을 갖춘 적절한 인력을 확보하는 것이 중요하다. 영유아교육기관은 우수한 교직원을 채용하고 이들이 직무수행을 잘 할 수 있는 직무환경을 조성해 주는 것이 중요하다. 이 장에서는 어린이집과 유치원의 교직원 자격, 배치, 임면, 복무관리에 대해 살펴본다.

1. 어린이집의 인사관리

1) 보육교직원 자격과 배치기준

어린이집의 보육인력은 원장, 보육교사, 양호교사, 영양사, 사무원, 취사부, 관리인, 위생원 등이 있으며 이들 각자가 자신의 임무와 역할을 성실하고 효과적으로 수행할 때 보육의 효과가 극대화될 수 있다.

| 표 4-1 | 보육교직원의 배치기준(「영유아보육법」 제17조 및 같은 법 시행규칙 제10조)

구분	배치기준	자격기준	비고
원장	전 어린이집별 1인 ※ 다만, 영유아 20인 이하를 보육하는 어린이집은 어린이 집의 원장이 보육교사를 겸임할 수 있음	「영유아보육법 시행규칙」 제10조 [별표 2]	정원기준
보육교사	• 만 1세 미만 ⇒ 영아 3인당 1인 • 만 1세 이상 만 2세 미만 ⇒ 영아 5인당 1인 • 만 2세 이상 만 3세 미만 ⇒ 영아 7인당 1인 • 만 3세 이상 만 4세 미만 ⇒ 유아 15인당 1인 • 만 4세 이상 미취학 유아 ⇒ 유아 20인당 1인 ※ 유아 40인당 1인은 보육교사 1급 자격자여야 함 • 취학아동 ⇒ 20인당 1인 • 장애아 3인당 1인 ※ 장애아 9인당 보육교사 1인은 특수교사 자격 소지자여야 함 • 연장반 만 3세 미만 ⇒ 영아 5인당 1인 • 연장반 만 3세 이상 ⇒ 유아 15인당 1인 ※ 연장반의 만 1세 미만 및 장애아 ⇒ 3인당 1인	「영유아보육법 시행규칙」 제10조 [별표2]	현원기준
간호사	• 영유아 100인 이상을 보육하는 어린이집	–	현원기준
영양사	• 영유아 100인 이상을 보육하는 어린이집	–	현원기준
조리원	• 영유아 40인 이상을 보육하는 어린이집	–	현원기준 (방과 후 제외)

보육인력의 배치 및 자격기준에 대해서는 「영유아보육법」에 규정되어 있다. 2004년 1월 29일 「영유아보육법」 개정으로 보육교사 국가자격증 제도의 법률적 근거가 마련됨에 따라 어린이집에서 보육교사나 원장으로 근무하기 위해서는 원칙적으로 보건복지부장관이 수여하는 국가자격증을 교부받아야 한다.

(1) 원장의 자격과 배치기준

어린이집 원장의 자격기준(「영유아보육법 시행령」 제21조 [별표 1])에 해당하는 자로서 보건복지부 장관이 검정·수여하는 국가자격증을 발급받은 자는 어린이집에서 원장으로 근무할 수 있다.

① 자격기준

- 보육교사 1급 자격을 취득한 후 3년 이상의 보육 등 아동복지업무 경력이 있는 사람
- 「유아교육법」에 따른 유치원정교사 1급 자격을 취득한 후 3년 이상의 보육 등 아동복지업무 경력이 있는 사람
- 유치원 원장의 자격을 가진 사람
- 「초·중등교육법」에 따른 초등학교 정교사 자격을 취득한 후 5년 이상의 보육 등 아동복지업무 경력이 있는 사람
- 「사회복지사업법」에 따른 사회복지사 1급 자격을 취득한 후 5년 이상의 보육 등 아동복지업무 경력이 있는 사람
- 「의료법」에 따른 간호사 면허를 취득한 후 7년 이상의 보육 등 아동복지업무 경력이 있는 사람
- 국가 또는 지방자치단체에서 7급 이상의 공무원으로 보육 등 아동복지업무에 5년 이상 근무한 경력이 있는 사람

원장 자격증을 발급받기 위해서는 원장자격기준을 갖추고 원장사전직무교육을 받아야 한다.

② 배치기준

어린이집별로 원장은 1인이 있어야 한다. 다만, 영유아 20인 이하를 보육하는 어린이집은 어린이집의 원장이 보육교사를 겸임할 수 있다. 정원 21~39인 어린이집의 경우 시장·군수·구청장이 특례를 인정할 경우 원장이 보육교사를 겸임할 수 있다. 원장이 보육교사 겸직 시 원장 자격증과 보육교사 자격증을 모두 소지하여야 한다.

(2) 보육교사의 자격과 배치 기준

① 자격기준

어린이집에서 보육교사로 근무하려면 보육교사 자격기준(「영유아보육법 시행령」 제21조 [별표 1])에 해당하는 자로서 보건복지부장관이 검정·수여하는 국가자격증을 발급받아야 한다. 보육교사 자격은 3급, 2급, 1급으로 나뉘어 발급되고 있다.

| 표 4-2 | 보육교사의 등급별 자격기준(「영유아보육법 시행령」 제21조 [별표 1])

등급	자격기준
보육교사 1급	가. 보육교사 2급 자격을 취득한 후 3년 이상의 보육업무 경력이 있는 사람으로서 보건복지부장관이 정하는 승급교육을 받은 사람 나. 보육교사 2급 자격을 취득한 후 보육 관련 대학원에서 석사학위 이상을 취득하고 1년 이상의 보육업무 경력이 있는 사람으로서 보건복지부장관이 정하는 승급교육을 받은 사람
보육교사 2급	가. 전문대학 또는 이와 같은 수준 이상의 학교에서 보건복지부령으로 정하는 보육 관련 교과목 및 학점을 이수하고 졸업한 사람 나. 보육교사 3급 자격을 취득한 후 2년 이상의 보육업무 경력이 있는 사람으로서 보건복지부장관이 정하는 승급교육을 받은 사람
보육교사 3급	고등학교 또는 이와 같은 수준 이상의 학교를 졸업한 사람으로서 보건복지부령으로 정하는 교육훈련시설에서 정해진 교육과정을 수료한 사람

보육교사의 자격검정은 보육교사의 자격기준에 따른 서류심사에 의해 자격인정 여부를 결정한다. 이때 서류심사의 주요내용은 소정의 교육과정 및 보육 관련 교과목 및 학점을 이수하고 졸업했는지를 판단하게 된다.

또한 보육교사의 출산휴가, 육아휴직, 장기병가 등의 사유 발생 시 채용하는 대체교사도 보육교사 자격을 갖추어야 한다.

현직에 근무하는 보육교사는 매 2년이 경과한 경우마다 40시간의 일반직무교육을 받아야 하며 3회 이상 직무교육에 불참 시에는 보육교사 자격이 정지될 수 있다. 또한 취약보육으로 구분되고 있는 영아보육, 장애아보육 및 방과 후 보육교사는 채용 전 또는 채용 후 6개월 이내에 20과목 40시간의 특별직무교육을 받아야 한다.

② 배치기준

보육교사는 연령별 영유아와 교사의 법정 비율을 준수하여 배치한다. 교사 대 영유아비율을 준수하는 범위에서 보육과정 및 아동 1인당 보육실 면적 등을 감안하여 1개의 보육실에서 2개 이상의 반을 함께 보육하는 것이 가능하다. 유아반의 경우 유아 40인당 1인은 보육교사 1급 자격자이어야 한다. 연령별 배치기준은「영유아보육법 시행규칙」제10조 [별표 2]에 제시되어 있다.

| 표 4-3 | 영유아 연령별 교사 배치기준(「영유아보육법 시행규칙」제10조 [별표 2])

반별정원	만 0세	만 1세	만 2세	만 3세	만 4세 이상
원칙	3명	5명	7명	15명	20명

※ 교사 대 아동비율을 준수하는 범위에서 보육과정 및 아동 1인당 보육실 면적 등을 감안하여 1개의 보육실에서 2개 이상의 반을 함께 보육하는 것이 가능

(3) 특수교사 및 장애영유아를 위한 보육교사 자격과 배치기준

① 자격기준

장애아동복지지원법령(「장애아동복지지원법 시행령」제5조 제1항)에 따른 특수교사(유치원 과정 특수교사)는「초·중등교육법」제21조 제2항에 따른 특수학교 정교사 2급 이상의 자격증(유치원 과정만 해당한다)을 소지해야 한다.

장애아동복지지원법령(「장애아동복지지원법」시행령 제5조 제2항)에 따른 장애 영유아를 위한 보육교사는 보육교사 2급 이상의 자격증을 소지하고 보건복지부령으로 정하는 특수교육 또는 재활 관련 교과목 및 학점을「고등교육법」제2조에 따른 학교에서 이수하거나「학점인정 등에 관한 법률」제7조에 따라 인정받은 사람이어야 한다. 한국보육진흥원 보육사업지원국 자격관리팀에서 자격검정 및 자격확인을 한 후 '장애영유아를 위한 보육교사 자격확인서'를 발급하고 있다.

② 배치기준

「장애아동복지지원법 시행령」제6조에 근거하여 특수교사 및 장애영유아를 위한 보육교사의 수는 장애영유아 수의 3분의 1이상 이어야 하며, 이 경우 배치된 교사 2명 당 1명 이상은 특수교사이어야 한다.

한 걸음 더

특수교육 및 재활 관련 기본 교과목 및 학점

• 특수교육 및 재활 관련 기본 교과목 및 학점(「장애아동복지지원법 시행규칙」 [별표 3])

기본 교과목	특수교육학개론, (특수아)통합교육, 개별화 교육계획, 언어치료학개론, 장애영유아교수방법론, 특수아(장애아)부모교육론, 특수아 행동지도, 정신지체아교육, 청각장애아교육, 정서장애아교육, 학습장애아교육, 지체부자유아교육, 언어발달장애, 자폐장애교육, 특수아 상담 및 가족지원, 특수교육 측정 및 평가, 시각장애아교육, 장애아동보육론, 감각장애아교육, 특수교구교재제작, 장애아보육실습, 장애아보육교사론, 발달지체영유아 조기 개입
학점	8과목(24학점) 이상

• **유사 교과목 인정 기준:** 과목의 기본 교과목 명칭과 동일하지 아니한 교과목이더라도 유사 교과목에 해당하는 경우에는 그에 해당하는 기본 교과목을 이수한 것으로 본다.

기본 교과목	유사 교과목
특수교육학개론	재활 및 특수교육, 유아특수교육개론, 특수아동교육, 특수교육개론, 특수교육학, 유아특수교육학, 특수아동지도
(특수아)통합교육	장애영유아통합교육, 통합교육, 특수아 통합 및 보육 세미나
개별화 교육계획	개별화교육 프로그램
언어치료학개론	언어지도 및 치료, 언어치료학, 언어치료 및 실습, 언어장애아교육
장애영유아 교수 방법론	장애영유아 교수법, 장애아동 보육론, 특수아동지도, 특수아동 프로그램 개발 및 평가, 특수교육공학
특수아 행동지도	아동관찰 및 행동연구, 행동수정, 학습이론과 행동수정, 장애아문제행동지도
정신지체아교육	정신지체교육, 정신지체아교수방법 및 실습, 정신지체인 교육과 재활, 정신지체아심리 및 교육
청각장애아교육	언어청각장애아교육, 청각장애, 청각장애인교육과 재활, 청각장애교육, 청각장애아심리 및 교육
정서장애아교육	정서장애교육, 정서 및 행동장애아 교육, 정서학습장애아교육, 정서 및 사회부적응아 교육, 정서행동장애인 교육과 재활, 정서 및 행동장애아 심리 및 교육
학습장애아교육	정서학습장애아교육, 학습장애인 교육과 재활, 학습장애아 심리 및 교육, 경도장애아 교육
지체부자유아교육	지체아동교육, 지체부자유교육, 지체장애인 교육과 재활, 지체부자유아 심리 및 교육
언어발달장애	언어청각장애아교육, 언어지도 및 치료, 의사소통장애개론, 언어장애아교육
자폐장애교육	자폐스펙트럼장애 교육
특수아 상담 및 가족지원	재활상담, 장애가족상담, 특수아 상담, 가족상담
특수교육 측정 및 평가	장애 유아 진단평가, 장애진단 및 평가, 장애아 심리 및 검사, 장애진단과 평가, 특수아(장애아) 진단 및 평가
시각장애아교육	시각장애인교육과 재활
장애아동보육론	장애아 보육과정 운영
감각장애아교육	감각장애아동교육
특수교구교재제작	특수교구 및 교재개발
장애아보육실습	장애아 전문 어린이집 혹은 장애아 통합 어린이집 실습

(4) 기타인력

① 간호사

100인 이상 영유아를 보육하는 경우 간호사 1인을 배치한다. 간호사의 경우 간호조무사 채용도 가능하며, 이 경우 간호조무사 자격증 소지자이어야 한다. 원장이 간호사 자격이 있는 경우에는 겸직이 가능하다.

② 영양사

영유아 100인 이상을 보육하는 경우 영양사를 채용해야 한다. 어린이집 단독으로 영양사를 두는 것이 곤란한 때에는 동일 시·군·구의 5개 이내 어린이집이 공동으로 영양사를 둘 수 있다. 원장이 영양사 자격이 있는 경우에는 겸직이 가능하다.

③ 조리원

영유아 40인 이상 80인 이하를 보육하는 어린이집의 경우 조리원 1인을 두어야 한다. 영유아 매 80인을 초과할 때마다 1인씩 증원한다. 보육교직원 배치기준에 따라 근무하는 조리원의 경우에는 취사 업무에 지장을 주지 않는 범위 내에서 8시간 미만 근무도 가능하다. 또한 상시 1회 50인 이상에게 식사를 제공하는 어린이집의 조리원 중 1인 이상은 조리사 면허 소지자(「식품위생법」 제51조 및 제53조)이어야 한다.

2) 보육교직원의 임면

영유아교육기관 인력의 질은 기관의 질을 좌우하는 결정적 요인이다. 그러므로 기관이 적합한 능력과 자질을 갖춘 인력을 임용하고, 이들을 위한 근무여건에 관심을 가지고 지원을 하는 것은 기관의 질을 높이는 지름길이다. 임용이란 일정한 자격요건을 갖춘 사람 가운데서 기관의 업무수행에 필요한 사람을 선발하여 일정한 직무를 수행하도록 하는 모든 행위를 말한다. 영유아교육기관 인력의 임용은 공개경쟁을 원칙으로 하는 것이 업무에 대한 자부심과 책임감을 높이는 데 도움이 된다(Sciarra & Dorsey, 2002). 영유아교육기관의 교직원에 대한 임용과 복무는 법적으로 규정되어 있다.

(1) 보육교직원 채용

1 채용 절차

보육교직원채용 (원장, 보육교사, 특수교사, 조리원 등)	• 채용 주체: 어린이집 설치자 • 채용 조건: 자격 기준을 갖춘 자 ※ 채용 시 구비서류 – (공통) 인사기록카드, 주민등록등본, 채용신체검사서, 성범죄 경력 및 아동학대 범죄 전력 조회 회신서, 개인정보제공 및 고유식별정보 처리동의서, 보수교육 수료증 – (자격이 필요한 자) 자격증 또는 면허증 사본
⬇	
보육교직원임면보고	• 임면보고 절차: 어린이집 → 시·군·구청장(채용 후 14일 이내) • 임면보고 시 구비서류 ※ 인사기록카드, 채용신체검사서, 자격증사본, 성범죄 경력 및 아동학대 범죄 전력 조회 회신서, 개인정보제공 및 고유식별정보 처리 동의서, 보수교육 수료증 – 자격증 사본 및 보수교육 수료증은 보육통합정보시스템으로 확인 가능한 경우 제출 제외 – 인사기록카드는 '임신육아종합포털(아이사랑)', '보육통합정보시스템'을 통해 임면보고 가능('15. 2. 2.~) – 어린이집 및 시·군·구에서는 교직원 임면보고를 시스템을 통해 실시하고 적극 지도
⬇	
보육교직원 자격의 적격성 확인	• 확인주체: 시·군·구청장 • 확인대상: 어린이집 원장, 보육교사, 특수교사, 장애영유아를 위한 보육교사, 치료사, 간호사, 영양사, 조리원 중 조리사 • 확인방법: 각 자격별 자격증명 서류, 보수교육 수료증 및 보육통합정보시스템
⬇	
보육교직원 결격사유조회 및 범죄경력조회	• 결격사유조회 및 범죄경력조회 주체: 시·군·구청장 • 내용: 교직원 결격 사유(법 제20조)
⬇	
경력관리시스템 입력 관리	보육교직원 임면 사항을 경력관리시스템에 입력 관리

| 그림 4-1 | 보육교직원채용 및 임면보고 절차

출처: 보건복지부(2020). 2020 보육사업안내, p. 178.

○ 채용방법

보육교직원의 채용은 공개경쟁을 원칙으로 한다. 특히 국가 또는 지자체로부터 보육교직원의 인건비를 보조받는 어린이집의 경우 공개채용을 원칙으로 한다. 채용공고는 육아종합지원센터, 임신육아종합포털 아이사랑, 지자체 홈페이지 등을 활용한다. 지원자는 서류심사와 면접 등의 객관적이고 공정한 절차를 통해 채용한다. 서류심사 및 면접은 인사위원회를 구성하고 보다 객관적인 심사가 될 수 있도록 한다. 면접 방법은 인터뷰와 실기 시험 등을 통해 보육인력의 업무 능력과 인성 및 자질을 평가한다.

○ 임용 및 적격성 확인

보육인력을 선발하고 나면 임용에 필요한 서류를 구비하고 정식으로 임용을 하게 된다. 「영유아보육법」 제19조의 규정에 의한 보육교직원의 임면에 따른 구비서류는 인사기록카드(별지 제7호 서식), 최종학교 졸업증명서, 성적증명서, 자격증 사본, 경력증명서(경력자에 한한다), 주민등록등본, 채용신체검사서, 기타 임용에 필요한 서류 등이 필요하다. 「영유아보육법」 제19조 제2항의 규정에 의하여 어린이집 원장은 시장·군수·구청장에게 인사기록카드 사본을 첨부하여 보육교직원 임면사항을 지체 없이 보고하여야 한다. 이 경우 시장·군수·구청장은 신원조회 등을 통하여 어린이집 보육교직원이 「영유아보육법」 제20조의 규정에 의한 결격사유에 해당되는지 여부를 확인하여야 한다.

○ 근로계약

어린이집 대표자(원장)와 모든 보육교직원 간에 근로계약서를 작성한다. 교직원 채용 시 임금, 계약기간 등 근로조건을 명시한 근로계약을 체결하여야 하며, 이 경우 부당한 내용이 포함되어서는 안 된다. 근로계약서를 작성하여 이를 직원이 1부, 기관에서 1부를 각각 보관한다. 근로계약서 작성 시 복무규정 및 보수 및 후생복지를 규정한 운영규정 및 운영세칙을 제시하여 이를 충분히 살펴본

다음 근로계약서를 작성하도록 한다. 근로계약서에는 임금, 근로시간 및 기타 근로조건 등을 명시하고, 근로계약과 관련하여 부당한 내용(결혼, 출산, 육아휴직 등으로 인한 퇴직요구 등)이 포함되어서는 안 된다. 또한 대표자와 원장이 다를 경우 고용되어 있는 원장도 근로계약서를 작성한다.

(2) 보육교직원 임면관리

보육교직원의 채용, 퇴직 등의 임면사항을 보육통합정보시스템에 즉시 등록하고, 이를 14일 이내에 관할 시·군·구청장에게 보고한다. 보육교직원이 퇴직할 경우에는 사직서를 제출받아 퇴직 처리하고 퇴직 사실을 관할 시·군·구청에 보고한다. 보육교직원 임면보고는 시스템으로 하는 것이 원칙이므로 어린이집에서는 시스템을 통해 임면보고를 실시하고 보관한다. 다만, 불가피할 경우 서류로 직접 제출하되 관련 서류를 보관·비치한다.

(3) 보육교직원 경력관리

보육교직원의 출산휴가, 육아휴직, 자격정지, 자격취소 등의 사항도 경력 관리시스템에 입력·관리한다. 보육교직원(또는 교직원으로 근무하였던 자)으로부터 경력(재직)증명서 발급 요청이 있는 경우 시장·군수·구청장은 경력(재직)증명서를 발급한다. 경력관리프로그램에 의하여 경력(재직) 증명서 발급은 온라인 홈페이지 정부24(http://www.gov.kr)에서도 발급 가능하다.

3) 보육교직원의 복무관리

보육교직원의 보수, 근무 및 휴게시간, 휴가 등의 근무조건과 근무 중 기대되는 역할은 적절한 수준으로 합의한 후 명문화되어야 한다. 모든 보육교직원은 근로계약서를 작성하며, 근로계약서에는 보수, 근로 및 휴게시간, 휴일, 연차(유급휴

가) 등이 명시되어 있어야 한다. 기관의 취업규칙(복무규정)을 문서화하여, 교직원이 접근 가능한 공간에 비치하고 게시한다. 또한 후생복지 등의 향상을 통해 보육교직원이 자신의 직무 및 소속된 조직에 대한 만족감을 경험할 수 있도록 한다.

(1) 보육교직원의 겸임 제한

보육교직원(원장, 보육교사 등)은 전임이어야 하며, 다른 업무를 겸임할 수 없다. 다음의 조건에서는 겸임이 가능하다.

- 보조교사, 야간연장 보육교사는 근무시간을 달리하는 경우 연장보육 전담교사 겸임이 가능하다.
- 어린이집 원장이 간호사 또는 영양사 자격이 있는 때에는 간호사 또는 영양사를 겸임할 수 있다.
- 정원 20인 이하 어린이집의 원장은 보육교사를 겸임할 수 있다. 이 경우에도 원장이 보육교사, 간호사, 영양사를 동시에 겸임할 수 없다.
- 도서 · 벽지 · 농어촌지역의 21~39인 이하 어린이집은 시 · 군 · 구 승인 시 원장의 보육교사 겸임이 가능하다.

(2) 근무시간

원장 및 보육교사는 휴일, 휴가 등으로 근무를 하지 않는 날을 제외하고는 근무시간 동안 어린이집에 상주하며 상시 해당 직무에 종사해야 한다. 특별한 사유(회의참석 등)로 외출할 경우에는 근무상황부에 기록 · 관리하고, 이 경우 증빙서류(공문, 리플릿 등)를 첨부하여 관리한다. 업무 외의 외출 시에는 개인 연간 휴가일수에서 차감한다.

① 원장

원장의 근무시간은 평일 8시간을 원칙으로 한다. 다만, 어린이집의 운영시간

(평일 12시간 원칙)을 고려하여 연장 근무가 가능하다. 원장은 특별한 경우를 제외하고는 근무시간 중에 대가를 받고 월 12시간을 초과하는 세미나, 공청회, 토론회, 발표회, 심포지엄, 교육과정에 참석하여 강의·강연·발표·토론하는 것은 불가하다. 어린이집 원장(교사겸직원장 포함)이 휴가, 병가, 보수교육 참여 등 불가피한 사유로 직무를 수행할 수 없는 경우 보육교사가 그 직무를 대행할 수 있는 기간은 15일(연속, 휴일 제외) 이내로 제한하며 실제 대행 시작일을 기준으로 15일을 초과할 경우 대체원장을 배치해야 한다.

② 교직원

보육교사 등 기타 교직원은 평일 8시간 근무를 원칙으로 하되, 연장보육 전담교사의 근무시간은 평일 4시간을 원칙으로 한다. 보육교사 등 보육교직원의 근무시간 및 근로조건 등은 「근로기준법」 등 노동관계법령에 따라야 하며 이를 위반하는 경우가 발생하지 않도록 주의해야 한다.

(3) 휴게시간

「근로기준법」 제54조(휴게)에 따라 사용자(어린이집 원장 또는 대표자)는 근로자(보육교직원)의 근로시간이 4시간인 경우에는 30분 이상, 8시간인 경우에는 1시간 이상의 휴게시간을 근로시간 도중에 주어야 한다.

휴게시간은 근로자가 작업시간 중에 실제로 작업에 종사하지 않은 대기시간이나 휴식, 수면시간 등으로 사용자의 지휘·감독으로부터 근로자의 자유로운 이용이 보장된 시간을 의미한다. 사용자로부터 자유롭다는 의미가 연락 자체가 단절된 상태를 의미하는 것은 아니며, 또한 휴게시간은 업무의 시작으로부터 종료 시까지로 제한된 시간 중의 일부이므로, 업무의 연속성을 유지하고 업무와 관련한 긴급 상황에 효율적으로 대응할 수 있도록 하는 등 최소한의 질서유지를 위하여 휴게시간의 이용장소와 이용방법에 관한 제한이 가능하다(보건복지부 보도자료, 2018. 6. 22.). 휴게시간은 조기퇴근, 수당지급으로 대체할 수 없다.

담임교사가 휴게시간을 사용하는 동안 원장 또는 보조교사가 담임교사의 업무 대행이 가능하다.

(4) 휴가

보육교직원의 휴가는 보육 공백을 최소화할 수 있도록 순번제로 실시하고, 보수교육, 출산휴가 등으로 어린이집의 원장, 보육교사 또는 그 밖의 보육교직원의 공백이 생기는 경우에는 이를 대체할 수 있는 대체원장, 대체교사 또는 그 밖의 인력을 각각 배치해야 한다.

보육교직원의 휴가, 휴일, 휴식 등 근로시간과 관련이 있는 사항에 대하여서는 「근로기준법」 등 노동관련 법령에 따른다. 고용, 산전후휴가, 육아휴직 등과 관련이 있는 사항에 대하여서는 「남녀 고용평등과 일·가정 양립 지원에 관한 법률」의 규정을 준용한다.

(5) 보수 및 사회보험

① 보수

교직원의 보수 책정을 위해서는 호봉 획정과 경력, 최고 호봉기준, 호봉 승급, 각종 수당이 고려되어야 한다. 보육교직원의 보수기준은 보육교사 등의 호봉, 근무성적과 시설의 운영 여건 및 「해당 연도 보육교직원 인건비 지급기준」을 참고하고, 보육교직원의 보수 관련 일반 사항은 근로 관계법령(「근로기준법」, 근로자 퇴직급여보장법 등)을 준수한다.

원장, 보육교사, 조리원으로 교직원을 구분하여 보수를 지급하며, 간호사, 영양사, 특수교사, 치료사는 보육교사 인건비 지급기준을 적용한다. 보육교직원의 급여는 '어린이집 봉급표'의 기준에 따라 지급하며 기관의 재정적 사정이 허락하는 경우 각종 수당을 지급할 수 있다.

- 정부지원어린이집은 「보육교직원 인건비 지급 기준」에 따라 인건비를 산정한다.
- 정부미지원어린이집은 자체적으로 마련한 보육교직원의 보수 관련 규정을 따르되, 이 경우에도 「근로기준법」 및 「최저임금법」을 준수한다.
- 초임호봉의 획정 및 경력 산정은 초임호봉은 1호봉으로 하되 어린이집 근무 경력 1년과 군복무기간 1년을 1호봉씩으로 하여 초임 호봉을 정하며 호봉 승급에 필요한 기간은 1년으로 한다. '시간 외 수당'은 연장·야간·휴일근로에 대한 초과근무수당이며, 「근로기준법」에 따라 별도 지급한다.

② 퇴직급여제도

어린이집은 보육교직원 대상으로 「근로자퇴직급여 보장법」의 퇴직급여제도 중 하나 이상의 제도를 설정한다. 퇴직급여제도는 근로계약 기간이 1년 이상인 경우 해당한다. 1년 이상 근무한 보육교직원에게 퇴직금을 지급할 수 있도록 별도의 퇴직적립금을 관리·운영하여야 한다. 어린이집을 설치·운영하는 자는 시장·군수·구청장에게 매 회계연도의 결산 보고 시(매년 5월 31일까지) 퇴직 급여제도 관련 통장사본, 예금잔액증명서 등 증빙서류와 함께 적립금 퇴직급여제도 운영 관련 현황을 보고해야 한다.

교직원이 1년 이상 근로하고 퇴직하였을 때에는 근속년수 1년에 대하여 평균임금의 30일분의 퇴직금을 지급한다. 다만, 근속년수가 1년 미만일 때에는 그러하지 아니한다.

③ 사회보험

어린이집에서는 어린이집 교직원을 위한 사회보장보험으로 국민건강보험, 장기요양보험료, 국민연금, 산재보험, 고용보험에 의무적으로 가입해야 하며 보험료 부담은 법정 부담비율에 의한다.

(6) 보육교직원을 위한 공간 및 설비

① 업무용 공간 및 설비

교사회의나 활동자료를 준비할 수 있는 교사실이나 별도의 공간을 마련한다. 교사의 업무 지원을 위한 자료 및 설비를 충분히 구비한다. 교사의 참고자료를 연령별, 영역별로 다양하게 구비하고 있으며, 교사가 손쉽게 언제든지 이용가능하도록 비치한다. 또한 교사가 개별 또는 공동으로 사용할 수 있는 업무용 책상, 의자, 컴퓨터, 프린터 등을 교사가 손쉽게 사용할 수 있는 보육실, 교사실, 자료실 등에 비치해 준다.

② 휴식 및 개인 공간 및 설비

어린이집 내 영유아 활동공간이 아닌 실내공간에 교사가 편안히 쉴 수 있는 교사의 휴식을 위한 공간과 설비(탁자, 휴식용 의자 등)를 마련한다. 또한 교사가 개별로 사용할 수 있는 사물함을 제공한다. 어린이집 내 성인용 화장실을 별도로 둔다.

4) 보육교직원 현직교육

교직원의 임용을 마치고 나면 기관의 운영에 필요한 각종 업무를 각각의 적성에 적합하게 배정하고 원활한 업무수행을 위한 교육의 과정이 필요하다. 성공적인 인력 관리는 조직 목표의 공유, 동기부여, 의사소통, 지도·감독, 평가 그리고 적절한 보상에 의해 이루어진다(Taylor, 2002). 보육에 필요한 지식과 능력을 유지·개발하고, 보육교직원의 자질 향상을 위해 다양한 방법으로 정기적인 교육을 실시한다. 교사는 재교육을 통해 현재 자신이 수행하고 있는 역할과 실제를 영유아 발달 및 보육과정 등 이론적 측면을 토대로 재확인해 보고 현장에서 경험하는 어려움과 문제의 해결을 위한 폭넓은 시각과 다양한 방안들을 생각해 보는 기회를 가지며 전문성 향상과 자기개발을 지속적으로 해 나간다. 교직원 교육 지원은 교육내용, 방법, 일정 등에 대해 연간계획을 수립하여 운영한다.

| 표 4-4 | 연간 교사 교육 지원 계획 예시

교사 교육	신입교사 교육	연 1회	신입교사의 직무 수행을 돕는 교육 실시
	교사세미나	월 1회	교육활동과 영유아 지도에 관한 정기적인 세미나를 통해 교사 전문성 강화
	교사특강	연 2회	전문 강사 특강을 통해 교사의 자질 강화
	자율장학	연중	교사 사기 향상 및 동료의식 함양
	교사연수 참여	월 1회 이상	교사 외부연수를 통해 재교육의 기회 제공
교사 평가	보육일지	매일	일일 보육 실행 및 일상적인 보육활동의 평가
	보육활동 평가회	연 2회	상반기, 하반기 보육활동 평가 및 자기 평가를 통해 보육 활동 평가 및 신규 계획 수립

(1) 신입 교직원 교육

신입 교직원을 대상으로 오리엔테이션을 실시한다. 보육교사, 대체교사, 기타 보육교직원(영양사, 조리사, 간호사, 운전사 등), 실습생, 자원봉사자 등 새로운 보육인력을 위한 오리엔테이션 자료를 마련하여, 이를 체계적으로 안내하도록 한다. 오리엔테이션에서는 기관의 운영철학 및 보육목표, 보육과정의 내용과 프로그램 특성, 직무(복무규정) 및 근로계약 내용(근로조건, 연차사용, 노사갈등 해결을 위한 처리절차와 방법 등), 영유아 안전 및 건강관련 지침, 비상 상태 발생 시 대처방법 등에 대해 상세하게 안내함으로써 어린이집에 대한 전반적인 이해와 협력을 도모하고 보육교직원으로서의 체계적이고 전문적인 업무수행을 지원한다(보건복지부·한국보육진흥원, 2017).

- 신입 보육교사(대체교사, 기타 보육교직원 포함): 운영철학 및 보육목표, 보육과정 내용, 프로그램 특성, 직무, 고용과 관련된 조건과 용어, 영유아 건강과 안전 지침, 비상사태 대처방법, 아동학대예방 등 교육
- 보육실습생: 운영철학 및 보육목표, 보육과정 내용, 프로그램 특성, 보육실습생 역할 등 교육
- 자원봉사자: 어린이집의 보육 철학, 근무 내용 등 교육

(2) 법정 보수교육

보육교직원의 자질향상을 위해 실시하는 교육으로서, 보육에 필요한 지식과 능력을 유지·개발하기 위하여 보육교직원이 정기적으로 받는 직무교육과 보육교사가 상위 등급의 자격(3급→2급, 2급→1급)을 취득하기 위해 받아야 하는 승급교육 및 어린이집 원장의 자격을 갖추기 위하여 받아야 하는 사전직무교육을 말한다. 교육구분별 보수교육대상 및 교육시간은 〈표 4-5〉와 같다.

| 표 4-5 | 교육구분별 법적 보수교육 대상 및 교육시간

교육구분			교육대상	교육시간	비고
직무교육	일반직무교육	보육교사	현직에 종사하고 있는 보육교사로서 보육업무 경력이 만 2년을 경과한 자와 보육교사 직무교육(승급교육 포함)을 받은 해부터 만 2년이 경과한 자	40시간	매 3년마다
		원장	어린이집 원장의 직무를 담당한 때부터 만 2년이 지난 경우	40시간	매 3년마다
		장기미종사자	만 2년 이상 보육업무를 수행하지 아니하다가 다시 보육업무를 수행하고자 하는 보육교사 또는 원장 자격 취득자	40시간	이수하고자 하는 자
	특별직무교육	영아보육	영아보육을 담당하고 있는 일반직무교육 대상자와 영아보육을 담당하고자 하는 보육교사 및 어린이집 원장	40시간	이수하고자 하는 자
		장애아보육	장애아보육을 담당하고 있는 일반직무교육 대상자와 장애아보육을 담당하고자 하는 보육교사 및 어린이집 원장	40시간	이수하고자 하는 자
		방과 후 보육	방과 후 보육을 담당하고 있는 일반직무교육 대상자와 방과 후 보육을 담당하고자 하는 보육교사 및 어린이집 원장	40시간	이수하고자 하는 자
승급교육	2급 승급교육		보육교사 3급의 자격을 취득한 후 보육업무 경력이 만 1년이 경과한 자	80시간	이수하고자 하는 자
	1급 승급교육		보육교사 2급의 자격을 취득한 후 보육업무 경력이 만 2년이 경과한 자 및 보육교사 2급의 자격을 취득한 후 보육 관련 대학원에서 석사 학위를 취득한 경우 보육업무 경력이 만 6개월이 경과한 자	80시간	이수하고자 하는 자
원장사전직무교육	–		「영유아보육법 시행령」 [별표 1] 제1호의 가목부터 라목(일반, 가정, 영아전담, 장애아전담 어린이집 원장)까지 어느 하나의 자격을 취득하고자 하는 자	80시간	이수하고자 하는 자

출처: 보건복지부(2020). 2020 보육사업안내, p. 225.

보수교육을 연속하여 3회 이상 받지 아니하는 경우 어린이집 원장 또는 보육교사 자격이 정지될 수 있으므로 보수교육 대상자는 필히 보수교육을 이수하여야 한다. 어린이집 원장 또는 어린이집을 설치·운영하는 자는 특별한 사정이 없는 한 보육교사 등 보육교직원이 보수교육을 이수할 수 있도록 지원·허락한다.

1 일반직무교육

| 표 4-6 | 보육교직원 일반직무교육

보육교사 직무교육	• 현직에 종사하고 있는 보육교사로서 보육업무 경력이 만 2년이 지난 사람 • 보육교사 직무교육(승급교육을 포함)을 받은 해부터 만 2년이 지난 사람
어린이집 원장 직무교육	• 현직에 종사하고 있는 어린이집 원장으로서 어린이집 원장의 직무를 담당한 때부터 만 2년이 지난 사람 • 어린이집 원장 직무교육을 받은 해부터 만 2년이 지난 사람
장기 미종사자 직무교육	• 어린이집 원장 또는 보육교사의 자격을 취득한 사람으로서 만 2년 이상 보육업무를 수행하지 아니하다가 다시 보육업무를 수행하려는 사람

현직에 근무하는 보육교사는 매 2년이 경과한 경우마다 40시간의 일반직무교육을 받아야 하며 3회 이상 직무교육에 불참 시에는 보육교사 자격이 정지될 수 있다. 원장 및 보육교사 일반직무교육에서 기본 및 심화교육과정은 보육업무경력 등을 감안하여 교육대상자가 선택하여 이수할 수 있다. 어린이집에서 특수교사나 치료사로 근무하는 자도 일반·특별직무교육대상으로서 보수교육을 이수하여야 한다.

2 특별직무교육

취약보육으로 구분되고 있는 영아보육, 장애아보육 및 방과 후 보육교사는 채용 전 또는 채용 후 6개월 이내에 20과목 40시간의 특별직무교육을 받아야 한다. 영아·장애아·방과 후 담당 보육교사로 근무하고자 하는 자는 사전에 특별직무교육을 받아야 하는 것이 원칙이나, 불가피하게 받지 못한 경우에는 채용 후 6개월 이내에 받아야 한다. 특별직무교육을 받은 사람은 일반직무교육을 이수한 것으로 본다.

- 영아·장애아·방과 후 보육을 담당하고 있는 일반직무교육 대상자
- 영아·장애아·방과 후 보육을 담당하고자 하는 보육교사 및 어린이집 원장

어린이집 원장 및 보육교사의 보수교육은 「영유아보육법」에 따라 집합교육이 원칙이나, '특별직무교육'에 한해 인터넷 방식에 의한 온라인 교육을 받은 경우 보수교육을 이수한 것으로 인정한다.

③ 보육교사 승급교육

○ 2급 보육교사 승급교육

3급 보육교사 자격 취득 후 보육업무 경력이 만 1년이 지난 사람

○ 1급 보육교사 승급교육

2급 보육교사 자격 취득 후 보육업무 경력이 만 2년 이상이 경과한 사람

「영유아보육법」 제23조 제2항의 기준에 의한 승급교육을 받은 자에 대해 자격검정을 하게 된다. 승급교육은 인성소양(11시간), 건강안전(12시간), 전문지식기술(55시간), 총 21과목 수강 및 평가시험으로 이루어진다. 출석시간을 충족하고 평가시험에서 80점 이상을 획득한 경우에 교육을 이수한 것으로 인정한다.

보육교사 2급 자격을 취득한 후 보육 관련 대학원에서 석사 학위 이상을 취득한 자는 보육업무경력이 만 6개월 이상 경과한 경우 1급 승급교육을 받을 수 있다. 승급교육을 받은 사람은 일반직무교육을 이수한 것으로 본다.

④ 어린이집 원장 사전직무교육

「영유아보육법 시행령」 [별표 1] 제1호의 가목부터 라목(일반, 가정, 영아전담, 장애아 전문 어린이집 원장)까지 어느 하나의 자격을 취득하고자 하는 자는

어린이집 원장 사전직무교육을 받아야 한다.

(3) 원내 장학활동

교직원의 전문성 발달을 지원하기 위해서는 교직원들의 자율적이고 자발적인 참여를 전제로 연간, 월간, 주간, 일일 자율장학 계획을 세우고 다양한 형태의 장학활동이 이루어질 수 있도록 추진한다. 무엇보다도 교사의 이해와 요구를 충분히 반영하고, 어린이집의 제반 사정을 충분히 고려하여 적합하도록 계획하고 실천한다.

교사교육은 전체 모임 및 분반 모임으로 실시할 수 있다. 전체 교사들이 한 주제에 대해 세미나 및 토론을 하거나 주제에 따라 영·유아반으로 분반하여 교육을 한다.

| 그림 4-2 | 원내에서 이루어지는 다양한 동료장학

(4) 교직원 평가

보육교직원의 근무태도 및 업무수행에 대한 평가를 실시하여, 이를 토대로 더 나은 업무수행이 될 수 있도록 지원해 준다. 개별 보육교사의 교수법 관찰 및 지도, 업무 수행 평가를 정기적이고 체계적으로 실시하도록 하는 보육교직원 평가 관리 내용을 포함한다. 원장, 경력교사, 외부전문가 등이 보육교사의 보육활동 및 놀이 진행, 영유아와의 상호작용 등을 관찰하고 지도한 후 기록한다. 근무평가의 내용은 업무태도, 전문성, 동료관계 등원 상황에 맞는 내용을 포함한다.

보육교직원 평가 관리(예시)

1. 교수법 관찰 및 지도

교사명		담당 반(연령)	
일시		관찰자	
주제			
보육활동			
관찰내용			
평가 및 지도내용			

2. 근무평가

평가내용		매우 좋음	약간 좋음	보통	약간 미흡	미흡
업무 태도	계획된 보육활동의 실행을 위해 성실히 수업자료를 준비하는가?	⑤	④	③	②	①
	담당영역의 교구 등록·관리 및 공동구역의 청결유지를 위해 노력하는가?	⑤	④	③	②	①
	맡은 일에 대해 책임을 전가하지 않고 의욕적으로 해내려고 하는가?	⑤	④	③	②	①
전문성	보육지식의 함양을 위해 보육 관련 재교육 및 세미나 등에 자발적으로 참여하는가?	⑤	④	③	②	①
	전문성 있는 보육계획 및 실행을 위해 다양한 보육프로그램의 자료를 참고하며 연구하는가?	⑤	④	③	②	①
	연구수업 등 장학수업 과정에 충실히 임하며, 장학수업 평가사항을 보육활동에 반영하기 위해 노력하는가?	⑤	④	③	②	①
원아 관리	영유아를 존중하며 요구에 민감하고 적절히 반응해 주는가?	⑤	④	③	②	①
	영유아의 문제행동을 영유아의 입장에서 이해하려고 노력하며, 적절한 개입을 하는가?	⑤	④	③	②	①
	매일 아침 등원하는 영유아의 건강 상태 및 정서 상태 등을 파악하기 위해 노력하는가?	⑤	④	③	②	①
부모와의 관계	아동의 어린이집 생활에 관하여 부모와 공유하거나 개인별 아동의 발달과업이 잘 이루어질 수 있도록 가정연계를 위해 노력하는가?	⑤	④	③	②	①
	부모와 신뢰감 형성을 위해 노력하는가?	⑤	④	③	②	①
	부모면담, 부모참여수업 등 참여활동에 적극적으로 참여를 유도하는가?	⑤	④	③	②	①
동료 관계	보육교사로서 상하 간, 동료 간의 인간관계를 원활히 유지하기 위해 노력하는가?	⑤	④	③	②	①
	동료교사의 도움과 요청이 있을 때, 적극적으로 도와주려고 노력하는가?	⑤	④	③	②	①
	동료교사의 고충을 듣고 진심으로 이해하려고 노력하며 격려해 주는가?	⑤	④	③	②	①

2. 유치원의 인사관리

1) 유치원 교직원의 자격과 배치기준

「유아교육법」에서는 유치원 운영에 필요한 인력의 종류 및 자격, 수에 대해 규정하고 있다. 유치원에는 교원으로 원장·원감·수석교사 및 교사를 두되, 대통령령이 정하는 일정 규모 이하의 유치원에는 원감을 두지 않을 수 있도록 되어 있다(「유아교육법」 제20조). 또한 유치원에는 교원 외에 촉탁의사, 영양사, 간호사 또는 간호조무사, 행정직원 등을 둘 수 있다.

또한 유치원 교육과정 운영상 필요한 경우에 「유아교육법」 제20조 제1항의 규정에 따른 교원 외에 강사, 기간제 교사 또는 명예교사 등을 두어 유아 교육을 담당 또는 보조하게 할 수 있다.

(1) 원장 및 원감의 자격기준

「유아교육법」 제22조 제1항에 따르면 "원장 및 원감은 [별표 1]의 자격기준에 해당하는 자로서 대통령령이 정하는 바에 따라 교육부장관이 검정·수여하는 자격증을 받은 자이어야 한다."고 규정되어 있다.

| 표 4-7 | 원장·원감 자격기준(제22조 제1항 관련)

자격종별	자격기준
원장	1. 유치원의 원감 자격증을 가지고 3년 이상의 교육경력과 소정의 재교육을 받은 자 2. 학식·덕망이 높은 자로서 대통령령이 정하는 기준에 해당한다고 교육부장관의 인정을 받은 자
원감	1. 유치원 정교사(1급) 자격증을 가지고 3년 이상의 교육경력과 소정의 재교육을 받은 자 2. 유치원 정교사(2급) 자격증을 가지고 6년 이상의 교육경력과 소정의 재교육을 받은 자
비고: 1. 원장·원감, 초·중등교육법의 규정에 의한 교장·교감, 교육장·장학관·장학사·교육연구관·교육연구사의 경력연수는 교육 경력 연수로 볼 수 있다.	

(2) 유치원 교사의 자격기준

「유아교육법」 제22조 제2항에 따르면 "교사는 정교사(1급 · 2급) · 준교사로 나누되, [별표 2]의 자격기준에 해당하는 자로서 대통령령이 정하는 바에 따라 교육부장관이 검정 · 수여하는 자격증을 받은 자이어야 한다."고 규정하고 있다.

| 표 4-8 | 유치원 교사 자격 기준(제22조 제2항 관련) [별표 2]

자격급별	자격기준
정교사 (1급)	1. 유치원 정교사(2급) 자격증을 가진 자로서 3년 이상의 교육경력을 가지고 소정의 재교육을 받은 자 2. 유치원 정교사(2급) 자격증을 가지고 교육대학원 또는 교육과학기술부장관이 지정하는 대학원의 교육과에서 유치원 교육과정을 전공하여 석사학위를 받은 자로서 1년 이상의 교육경력이 있는 자
정교사 (2급)	1. 대학에 설치하는 유아교육과 졸업자 2. 대학(전문대학 및 이와 동등 이상의 각종학교와 「평생교육법」 제31조 제4항에 따른 전문대학 학력인정 평생교육시설을 포함한다) 졸업자로서 재학 중 소정의 보육과 교직학점을 취득한 자 3. 교육대학원 또는 교육과학기술부장관이 지정하는 대학원의 교육과에서 유치원 교육과정을 전공하고 석사학위를 받은 자 4. 유치원 준교사 자격증을 가진 자로서 2년 이상의 교육경력을 가지고 소정의 재교육을 받은 자
준교사	1. 유치원 준교사 자격검정에 합격한 자

유치원 교사 자격의 검정은 무시험검정으로 이루어진다. '교육자격검정령'에 따르면 전공과목 50학점 이상, 교직과목 22학점 이상을 취득하고 졸업평점 환산점수가 100분의 75점 이상인 경우 자격검정에 합격한 것으로 간주하고 교육부령이 정하는 교원자격증을 수여한다.

'수석교사'제도는 2011년에 신설되었다. 수석교사는 제2항의 자격증을 소지한 사람으로서 15년 이상의 교육경력(「교육공무원법」 제2조 제1항 제2호 및 제3호에 따른 교육전문직원으로 근무한 경력을 포함한다)을 가지고 교수·연구에 우수한 자질과 능력을 가진 사람 중에서 대통령령으로 정하는 바에 따라 교육부장관이 정하는 연수 이수 결과를 바탕으로 검정·수여하는 자격증을 받은 사람이어야 한다.

(3) 유치원 교원의 배치기준(「유아교육법 시행령」 제23조~제24조)

① 유치원 교원의 구분

「유아교육법」 제20조에 따르면 유치원에는 교원으로 원장·원감·수석교사 및 교사를 두되, 대통령령으로 정하는 일정 규모 이하의 유치원에는 원감을 두지 아니할 수 있다. 유치원에는 교원 외에 촉탁의사, 영양사, 간호사 또는 간호조무사, 행정직원 등을 둘 수 있다.

② 배치기준

유치원에 두는 교원과 직원(이하 '교직원'이라 한다)의 정원·배치기준 등에 관하여 필요한 사항은 「유아교육법 시행령」 제23조, 제24조에 규정하고 있다.

○ 유치원 교사

- 「유아교육법」 제20조에 따라 유치원에는 원장·원감 외에 학급마다 교사 1명 이상을 배치하여 학급을 담당하게 한다. 다만, 2학급 이하인 유치원의 경우에는 원장 및 원감이 학급을 담당할 수 있다.
- 방과 후 과정을 운영하는 유치원에는 각 학급 담당교사 외에 방과 후 과정 운영을 담당할 교사를 1명 이상 둘 수 있으며, 유치원별 방과 후 과정 운영 담당 교사의 배치기준은 관할청이 정한다.

- 유치원에는 교사 중에서 다음 각호의 구분에 따른 수의 보직교사를 둘 수 있다. 보직교사의 명칭은 관할청이 정하고, 유치원별 보직교사의 종류 및 그 업무분장은 원장이 정한다.
  - 3학급 이상 5학급 이하의 유치원: 1명
  - 6학급 이상 11학급 이하의 유치원: 2명
  - 12학급 이상의 유치원: 3명 이상

○ 수석교사의 배치

수석교사는 유치원별로 1명씩 두되, 유아 수가 100명 이하인 유치원 또는 학급 수가 4학급 이하인 유치원에는 수석교사를 두지 아니할 수 있다. 수석교사는 학급을 담당하지 아니한다. 다만, 유치원 규모 등 유치원 여건에 따라 학급을 담당할 수 있다.

2) 유치원 교사의 임면

유치원 교사의 채용 및 임용은 국공립유치원 교원의 경우 「국가공무원법」과 「교육공무원법」에, 사립유치원교원의 경우는 「사립학교법」에 따르도록 되어 있다.

(1) 국공립유치원 교사

국공립유치원 교사는 임용고사를 통해 공개 채용한다. 임용고사를 통해 선발되는 국공립유치원 교사는 국가 교육공무원으로서 「교육공무원법」의 적용을 받는다. 2008년부터 시행된 임용고사는 우수한 교사를 선발하기 위한 목적으로 종전의 임용고사보다 3단계의 심층적인 선발과정을 거치고 있다. 즉 1차 객관식, 2차 전공논술, 3차 면접 및 수업실기를 통해 선발하고 있다. 응시연령에는 제한이 없으나 채용 예정직에 해당하는 교사 자격증 취득자 또는 취득예정자에 한해 응시자격이 부여된다(「국가공무원법」 제28조, 「교육공무원법」 제11조, 「교육공무원 임용령」 제9조 및 제11조의 제2항, 제3항).

국공립유치원의 경우 임명권자는 교육감이다. 임용고사 합격자를 대상으로 교육청을 통한 외부공개방식을 통해 교사를 선발하게 된다. 경쟁시험에 의하여 교육공무원을 신규로 채용하고자 할 때에는 그 시험성적순위로 작성된 임용후보자명부의 고순위자순으로 그 채용예정 인원수의 3배수의 범위 안에서 임용 또는 임용 제청한다(「교육공무원임용령」 제10조). 국공립유치원 교사는 「교육공무원법」 및 관계규정에 의거하여 보수와 임용에 있어서 교육공무원으로서의 처우와 신분을 보장받고 있다.

(2) 사립유치원 교사

사립유치원 교사의 경우에도 교사로서의 자격 취득은 국공립유치원 교사와 동일한 규정의 적용을 받지만, 임면에 있어서는 「사립학교법」에 의해 설립된 사립유아교육기관의 경우 학교 법인 또는 사립학교 경영자의 의해 임면된다(「사립학교법」 제53조 제2항). 사립유치원은 교사 양성기관에의 추천의뢰, 다른 유치원 원장 및 교사의 추천, 실습생 등과 같은 비공개적 지원자 모집에 의해 이루어지는 경우가 많다. 사립유치원에서는 교사를 선발하기 위해서 주로 서류심사, 면접, 수업시연이 가장 기본적으로 사용된다(박은혜, 2009).

유치원 교사로 임용된 후에는 인사기록카드, 신원조회증명서, 채용신체검사서, 신원조회서, 교사 자격증 사본 등을 준비하여 유치원에 제출하면 7일 이내에 관내 교육청에 임용보고를 해야 한다.

교원 임용보고 제출 서류 안내(임용한 날부터 7일 이내 보고)

- 교육공무원 인사기록카드
- 임용제청서(원장은 취임승낙서로 대신함) 및 임용장 사본
- 교원자격증 사본(원본 지참)
- 성범죄경력 및 아동학대 관련 범죄전력 조회 회신서 사본
- 결격사유조회 회보서 사본
- 경력증명서(경력이 있는 교사에 한함): 전임 유치원(어린이집) 면직 기록된 것
- 이사회 회의록(법인에 한함)
- 공무원 채용 신체검사서(유효기간: 판정일로부터 1년)
- 주민등록표초본(병역 확인용) 1부: 해당자만 제출

3) 유치원의 복무관리

(1) 보수 및 사회보험

교직원 채용 시 임금, 계약기간 등 근로조건을 명시한 근로계약을 체결하여야 하며, 이 경우 부당한 내용이 포함되어서는 안 된다. 근로계약서를 작성하여 이를 직원이 1부, 기관에서 1부를 각각 보관한다. 고용계약서 작성 시 복무규정, 보수, 후생복지 등을 규정한 운영규정 및 운영세칙을 제시하여 이를 충분히 살펴본 다음 고용 계약서를 작성하도록 한다. 교직원의 임용을 마치고 나면 기관의 운영에 필요한 각종 업무를 각각의 적성에 적합하게 배정하고 원활한 업무수행을 위한 교육의 과정이 필요하다.

교직원의 보수 책정을 위해서는 호봉 획정과 경력, 최고 호봉기준, 호봉 승급, 각종 수당이 고려되어야 한다. 국공립 유치원 교사의 호봉책정과 승급은 공무원 보수규정에 따라 결정되며 이는 사립유아교육기관에도 적용된다. 유치원 교사의 초임 호봉의 획정은 학력과 경력 등을 고려하여 정해지며 한 호봉의 단위는 1년으로 되어 있다.

국공립유치원인 경우 공무원 연금을, 사립유치원인 경우 사립학교 교직원연

금을 가입하게 된다. 그밖에 건강보험, 고용보험, 산재보험, 학교공제회 등을 통해 교원의 건강 및 안전, 복지를 지원한다.

(2) 휴가

유치원 교사의 휴가는 '교원휴가에 관한 예규'에 제시되어 있는 휴가 외 실시 원칙에 따른다. 교원의 휴가는 연가·병가·공가·특별휴가로 구분하며, 유치원의 장은 휴가를 승인함에 있어 소속 교원이 원하는 시기에 법정휴가일수를 사용할 수 있도록 보장하되, 연가는 수업 및 교육활동 등을 고려하여 특별한 사유가 없는 한 수업일을 제외하여 실시하도록 한다.

한 걸음 더

휴가의 종류

- 연가: 정신적·신체적 휴식을 취함으로써 근무능률을 유지하고 개인생활의 편의를 위하여 사용하는 휴가
- 병가: 질병 또는 부상으로 직무를 수행할 수 없는 경우 또는 감염병에 걸려 다른 교직원, 유아 등의 건강에 영향을 미칠 우려가 있을 때 부여받는 휴가
- 공가: 교원이 일반국민의 자격으로 국가기관의 업무수행에 협조하거나 법령상 의무의 이행이 필요한 경우에 부여받는 휴가
- 특별휴가: 사회통념 및 관례상 특별한 사유(경조사 등)가 있는 경우 부여받는 휴가

4) 유치원의 현직교육

(1) 연수구분

교사직을 수행하는 전 기간동안 계속적으로 전문적 및 자질향상을 위한 현직 교육(In – Service Education)을 받아야 한다. 「유아교육법 시행령」 제28조에서는 교원의 교육 및 연수에 대해 "① 교육부장관과 교육감은 유치원 교원의 자질 향상을 위한 교육 및 연수를 정기적으로 실시하여야 한다. ② 교육부장관과 교육감은 교원의 각종 교육 및 연수 계획을 수립하거나 집행할 경우 유치원 교원을 다른 교원과 같게 대우하여야 하며 차별해서는 아니 된다."고 규정하고 있다.

교육부에서 제시하고 있는 연수 개요는 다음과 같다.

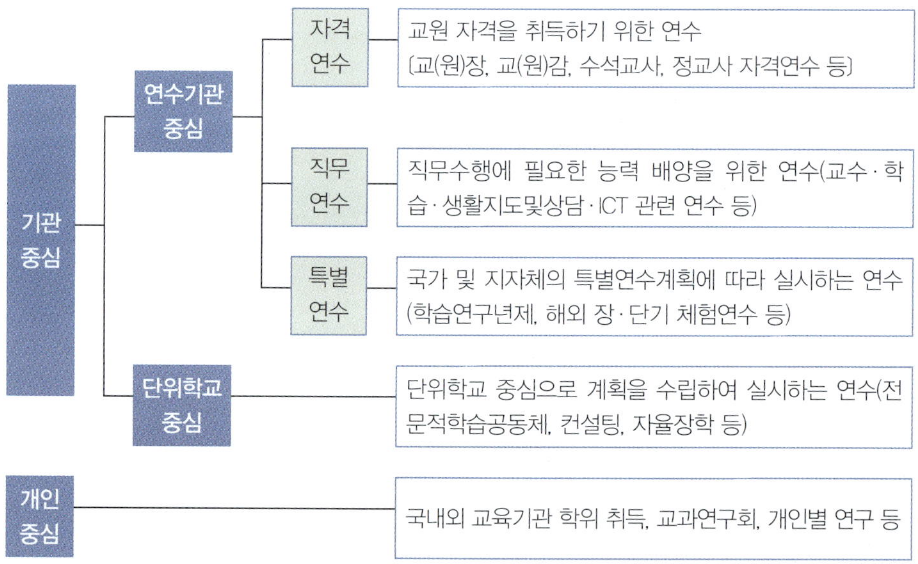

| 그림 4-3 | 교원연수 개요

출처: 교육부(2018). 2019년도 교원 연수 중점 추진방향, p. 2.

유치원 교직원의 연수는 직무연수와 자격연수로 구분한다. 직무연수는 교원능력개발평가 결과 직무수행능력 향상이 필요하다고 인정되는 교원을 대상으로 실시되는 연수, 교육의 이론·방법 연구 및 직무수행에 필요한 능력 배양을 위한 연수 등이 이루어진다. 연수 대상의 선발에 관한 사항 및 연수의 내용은 교육부령인 「교원 등의 연수에 관한 규정」에서 규정하고 있는데, 직무연수의 연수과정과 내용은 연수원장이 정하는 것으로 되어 있다.

(2) 자격연수

자격연수는 교원의 자격을 취득하기 위해 실시되는 연수이다. 유치원 교직원의 자격연수과정은 「유아교육법」 제22조 제1항부터 제3항까지, 같은 법 [별표 1] 및 [별표 2]에 의거하여 정교사(1급)과정, 정교사(2급)과정, 수석교사과정, 원감과정, 원장과정이 있다.

유치원 1급 정교사 자격연수는 2급 정교사 자격 취득 후 3년 경력 이후, 원감 자격연수는 1급 자격 취득 후 3년 경력 이후에 신청 가능하다.

원장자격연수는 원감자격 취득 후 3년 경력 이후에 신청가능하다. 시·도교육청의 예산 범위 내에서 연수가 진행되므로 선정기준(예: 유치원 2급 자격 취득 후 교육경력 장기자순, 교육 총경력 장기자 순 등)에 의하여 순위명부를 작성하여 연수대상자를 선정하고 있어 연수기회가 연수자격 충족기간 3년 이상을 넘는 경우가 많다. 자격별 연수 시수 및 영역별 배정비율은 〈표 4-9〉와 같다.

| 표 4-9 | 자격별 연수 시수 및 영역별 배정비율(제2조 관련)

총시수	교원 자격	총시수의 영역별 배정 비율	
		기본역량	전문역량
90~135시간	정교사·수석교사·교감·원감	30~50%	50~70%
180~270시간	교장·원장		

출처: 교(원)장·교(원)감·수석교사·정교사 자격연수 표준교육과정 행정규칙 [별표 1][시행 2019. 4. 1.]

유치원 1급 자격연수 교육과정은 15일 이상, 90시간 이상 실시되며, 교육영역은 교원으로서 요구되는 교육관·교직관 등 기본적인 소양 및 자질을 기르기 위한 기본역량영역과 정교사(1급)로서 전문적인 직무수행에 필요한 지식이나 기술을 심화시킬 수 있는 전문역량영역으로 구성되어 있다.

ISUSSE & TALK

교사의 휴게시간

영유아교육기관에서 교사의 휴게시간이 어떻게 이루어지고 있는지 알아보세요. 교사의 휴게시간과 관련된 뉴스검색을 해 보고, 교사의 휴게시간의 필요성에 대해서 토론해 보고, 휴게시간이 잘 지켜질 수 있는 방안에 대해서도 토론해 보세요.

CHAPTER 05

영유아교육기관 교직원의 책무와 윤리

영유아교육기관의 원장 및 교직원의 책임과 직업윤리에 대한 인식은 영유아교육기관에서의 영유아의 경험의 질에 영향을 미치는 중요한 요소이다. 영유아의 권리를 존중하는 영유아교육기관 운영을 위해서는 교직원이 자신의 책임과 임무를 명확하게 인식하며 윤리적인 직무수행을 하는 것이 매우 중요하다. 이 장에서는 영유아교육기관 교직원의 임무, 법적 책임, 윤리강령에 대해 다룬다.

1. 영유아교육기관 교직원의 임무

1) 법령에 명시된 임무

영유아교육기관은 영유아를 보호자로부터 인계받은 시점부터 다시 보호자에게 인계할 때까지 영유아에 대한 일차적인 보호의 책임을 지닌다.

(1) 어린이집 보육교직원의 임무

「영유아보육법」은 어린이집 교사, 원장 및 관계자들이 영유아들을 지도·감독하고 보육할 의무를 규정하고 있고, 영유아는 언제 어디서 위험에 노출될지 알 수 없으므로 그만큼 각별한 주의의무를 요구하고 있다. 또한 보육교직원은 영유아에게 아동학대행위를 해서는 안 된다고 명시하고 있다.

보육교직원의 직무와 책무는 「영유아보육법」 제18조에 다음과 같이 제시되어 있다.

> **제18조(보육교직원의 직무)**
> ① 어린이집의 원장은 어린이집을 총괄하고 보육교사와 그 밖의 직원을 지도·감독하며 영유아를 보육한다.
> ② 보육교사는 영유아를 보육하고 어린이집의 원장이 불가피한 사유로 직무를 수행할 수 없을 때에는 그 직무를 대행한다.
>
> **제18조의 2(보육교직원의 책무)**
> ① 보육교직원은 영유아를 보육함에 있어 영유아에게 신체적 고통이나 고성·폭언 등의 정신적 고통을 가하여서는 아니 된다. 〈개정 2017. 3. 14.〉
> ② 보육교직원은 업무를 수행함에 있어 영유아의 생명·안전보호 및 위험방지를 위하여 주의의무를 다하여야 한다. 〈신설 2017. 3. 14.〉
> [본조신설 2015. 5. 18.]

(2) 유치원 교원의 임무

「유아교육법」 제21조에 규정된 유치원 교원의 임무는 다음과 같다. 유치원 교원의 임무와 함께 유아의 인권보장을 제시하고 아동학대 행위를 해서는 안 된다는 것을 명시하고 있다.

> **제21조(교직원의 임무)**
> ① 원장은 원무를 총괄하고 소속교직원을 지도·감독하며 해당 유치원의 유아를 교육한다.
> ② 원감은 원장을 보좌하여 원무를 관리하고 해당 유치원의 유아를 교육하며, 원장이 부득이한 사유로 직무를 수행할 수 없을 때에는 그 직무를 대행한다. 다만, 원감을 두지 아니하는 유치원은 원장이 미리 지명한 교사(수석교사를 포함한다)가 그 직무를 대행한다.
> ③ 수석교사는 교사의 교수·연구활동을 지원하며, 유아를 교육한다.
> ④ 교사는 법령에서 정하는 바에 따라 해당 유치원의 유아를 교육한다.
> ⑤ 행정직원 등 직원은 법령에서 정하는 바에 따라 유치원의 행정사무와 그 밖의 사무를 담당한다.
>
> **제21조의 2(유아의 인권 보장)**
> ① 유치원의 설립자·경영자와 원장은 헌법과 국제인권조약에 명시된 유아의 인권을 보장하여야 한다.
> ② 교직원은 제21조에 따라 유아를 교육하거나 사무를 담당할 때에는 도구, 신체 등을 이용하여 유아의 신체에 고통을 가하여서는 아니 된다.
> [본조신설 2016. 5. 29.]

2) 직책에 따른 교직원의 임무

(1) 원장의 임무

원장은 영유아교육기관의 전체적인 운영관리를 담당하며 이에 대한 법적인 책임을 진다. 원장은 영유아 및 그 가족에게 통합적 서비스를 제공하는 소규모 공동체를 운영하는 역할을 수행한다. 소규모 조직의 장으로서 조직 운영에 따르는 제반 업무를 담당하고 교육 및 보육 철학 제시, 예산 계획 및 집행, 교육 및 보육 운영 계획 수립 및 평가, 영유아 보호와 교육, 교직원 임용, 영유아 교육 및 교직원전문성 증진을 위한 교육, 부모 교육, 가정과 지역사회 간의 연계 및 교류, 교직원 및 기타 인사와의 의사교환 및 회의 참여 등의 영역과 관련된 역할을 수행한다.

따라서 원장은 교직원 특성에 관한 지식, 인사조직 이론에 관한 지식, 영유아 발달에 관한 지식, 영유아교수방법에 관한 지식, 가족체제에 관한 지식 및 운영 기술에 대한 전반적인 전문성을 지니고 있어야 한다. 원장은 기관의 운영자로서 요구되는 직무역량은 다음 〈표 5-1〉과 같이 매우 다양하며 복합적이다(조혜진·김수연, 2013).

| 표 5-1 | 원장에게 요구되는 직무역량

역량명	역량지표
1. 비전 및 목표 관리	1.1 보육 관련 정치, 경제, 사회 등의 주변 환경 변화 인식 1.2 국가의 교육정책 및 교육관련 법규의 이해 1.3 보육 환경변화에 기초한 기관의 비전 제시 1.4 교육공동체와 함께하는 비전 설정과 공유 1.5 미래지향적 중장기 발전계획 수립 추진 1.6 목표도달에 대한 정기적 평가 및 결과환류
2. 보육 과정 운영	2.1 국가 수준 보육과정에 대한 이해 2.2 개별 기관의 여건을 반영한 보육과정 계획 및 지원 2.3 영유아의 수준과 요구에 맞게 보육과정 재구성 2.4 효과적인 보육과정 운영을 위한 수업운영 지원 2.5 보육과정 평가 및 환류 관리

역량명	역량지표
3. 영유아 관리	3.1 연령별 영유아의 발달 특성 이해 및 지원 3.2 영유아의 보육활동 전반에 대한 기록 관리 3.3 다양한 요구를 가진 영유아에 대한 이해 및 지원
4. 교직원의 전문성 신장	4.1 교수·학습이론 및 장학기법, 교사발달에 대한 이해 4.2 수업개선을 위한 수업사후지원 장학 및 지원 4.3 교직원의 전문성 개발을 위한 연수기회 제공 4.4 원내 자율 장학 활성화
5. 인사 및 조직 관리	5.1 인사 및 조직관리 관련 법규 이해 5.2 효율적인 업무분장 5.3 공정한 근무평가 및 보상체계 마련 5.4 협력적이고 민주적인 조직문화 조성
6. 행·재정 및 시설 관리	6.1 기관회계·재정 및 시설·설비 관련 법규 이해 6.2 교육행정정보시스템의 이해 및 활용 6.3 체계적이고 투명한 예산 집행 6.4 기관 운영에 필요한 재정확보와 효율적인 예산 계획 6.5 합리적이고 투명한 예산 집행 6.6 체계적인 비품 및 교재교구 관리 6.7 시설설비의 설치·유지 및 차량관리
7. 건강·위생 및 안전 관리	7.1 보건·위생, 식품, 소방·안전 관련 법규 이해 7.2 질병예방 및 건강검진 등의 건강증진을 위한 건강관리 7.3 식자재 구입, 조리, 배식 전체 과정의 위생적인 급·간식관리 7.4 실내·외 환경의 위생 및 안전관리 7.5 안전사고 처리 절차 및 대책 마련 7.6 영유아와 교직원의 정기적인 안전교육 관리
8. 부모 및 대외 협력 관계	8.1 다양한 부모참여프로그램 운영으로 기관과의 협력 증진 8.2 운영위원회의 민주적 운영 8.3 기관과 가정 간의 의사소통 및 부모의견 수렴 반영 8.4 기관의 보육활동에 대한 대외적인 공개와 홍보 8.5 기관과 지역사회 및 유관기관과의 물적·인적 협력체제 구축
9. 윤리의식과 공정성	9.1 보육지도자로서 윤리강령 및 관련 법규 준수 9.2 원장으로서의 품위유지와 청렴 추구 9.3 긍정적 사고와 합리적 기준에 따른 공정한 업무 수행 9.4 원장의 역할과 임무를 책임감 있게 완수
10. 의사소통 및 문제해결	10.1 갈등관리 및 의사소통기법 이해 10.2 구성원 간 갈등요인에 따른 다양한 해법 마련 10.3 다양한 의사소통 채널 확보로 구성원 간의 의사소통 촉진 10.4 문제해결을 위한 합리적인 의사결정 10.5 돌발 상황에 신속대처할 수 있는 문제해결과정 수립 및 적용

출처: 조혜진·김수연(2013). 어린이집 신규 원장의 직무역량 교육요구에 따른 직무교육과정 분석.

(2) 원감(주임교사)의 임무

「유아교육법」에는 원감(주임교사)에 대한 역할과 자격에 대한 근거가 명시되어 있으나, 「영유아보육법」에는 원감(주임교사)에 대한 역할이나 자격에 대한 법적 근거가 없다. 그러나 많은 어린이집에서도 최소 1명 이상의 중간관리자를 두고 있으며, 그 명칭은 주임, 선임, 원감, 수석 등 다양하게 부르고 있다.

중간관리자는 대체로 원장이 임명하기 때문에 원장을 보좌하고 업무를 대행하는 직책으로 업무능력 만큼이나 교사들을 다독이고 조력하는 인화자나 촉진자로서의 역할을 요구한다. 즉 원장과 교사 사이에 머무르면서 때론 서로의 고충을 대변하고, 효율적인 업무로 나아갈 수 있도록 힘을 한 방향으로 정렬시키는 등 수직적 · 수평적 관계에서 모두의 만족을 이끌어내야 하는 일이 중간관리자의 주된 역할이다(김은정 · 황해익, 2019).

원감은 교사로서의 역할과 교육행정가로서의 역할을 동시에 수행하는 중간관리자이다. 원감은 원장과 교사의 의견을 조율하는 교육적 조율사이자, 초임교사를 끌어올리고 교사와의 조정적 관계를 맺는 교육적 연출가이며, 유아와 학부모, 교직원과 포용적 관계를 맺는 교육적 통신망으로서의 역할을 한다(정은경, 2009). 어린이집의 경우도 중간관리자의 역할이 어린이집이라는 조직에서 필수적인 부분이며, 유치원의 '원감'과 같이 어린이집도 중간관리자의 지위와 역할을 법제화할 필요성이 있다(모아라 · 이소현, 2017).

(3) 영유아교사의 임무

영유아교사가 수행하는 직무 수행에 대한 선행연구들(박순호 · 고은미, 2008; 김은영 · 권미경 · 조혜주, 2012)에 따르면 영유아교사들은 교수 · 학습 준비, 교수 · 학습 실제, 교수 · 학습 평가, 전문성 신장, 영유아보호 관련 업무, 학부모 관련 업무, 행사 관련 업무, 사무 관련 업무, 시설설비 관련 업무, 대인관계 업무 등 매우 다양한 직무를 수행하고 있다. 다양한 직무 중에서도 영유아교사들은 건강 · 안전 · 영양지도 등의 영유아 이해 및 생활지도 · 상담 등의 영유아보호 관련 직무들의 직무중요도와 수행도를 높게 인식하고 있었다.

| 표 5-2 | 영유아교사의 직무수행내용

직무 영역	항목
교수 · 학습 준비	보육 · 교육 계획 수립, 교재교구 제작 및 관리, 영역 구성하기, 환경 꾸미기, 정보 검색, 교수자료 준비, 역할 분담, 공동시설 협의 등
교수 · 학습 실제	등원지도, 기본생활습관 관련 지도, 놀이지원, 놀이관찰, 수준에 따른 개별지도, 자조기술 지도, 화장실 지도, 실외놀이지도, 긍정적 상호작용, 대소집단 활동, 귀가지도 등
교수 · 학습 평가	놀이관찰, 대소집단 평가, 영유아 포트폴리오 제작, 저널 쓰기 등
전문성 신장	원내연수 참여, 자격 직무연수 참여, 교생지도, 자기장학, 연구 참여하기 등
영유아 보호 관련 업무	영유아 시진하기, 건강검진 계획, 휴식, 씻기기, 교실 청소, 투약 및 확인, 아픈 영유아 간호, 응급상황 훈련, 응급처치 등
학부모 관련 업무	학부모 상담, 학부모와 정보 교환, 부모 교육
행사 관련 업무	행사 계획, 준비, 진행, 정리, 평가
사무 관련 업무	문서작성, 생활기록부 작성, 공문서 관리, 사진 관리, 증명서 발급, 홈페이지 관리 등
시설 설비 관련 업무	실내외 시설 안전 점검, 소독 및 계획, 기자재 점검 및 사용 익히기, 기기 세척 등
대외관계 및 사회적인 업무	경조활동 참여, 교사 친목활동 참여, 상사업무 보조, 손님 접대, 지역사회 활동 참여 등

출처: 박순호 · 고은미(2008). 유치원교사와 보육교사의 경력에 따른 직무수행비교연구.

영유아 교사는 영유아의 성장·발달의 자연스런 과정에 있어 보호와 교육적 측면의 전문가이다. 신체적·사회적·정서적·지적 발달을 균형 있게 격려할 수 있도록 교육방법을 연구하고 적용하며, 교실환경을 구성하고 영유아를 지원하는 교육자로서 영유아의 연령과 발달수준, 흥미와 관심 등을 반영하여 적절한 지원을 제공한다. 나아가 부모들이 자녀걱정 없이 안심하고 사회 경제 활동을 할 수 있도록 부모와의 정보교환 교류자로서 원활한 의사소통을 통해 교사나 기관에 대한 신뢰감을 형성하도록 하는 역할을 담당하게 된다. 자애로움, 영유아와 공감력, 희망적이고 긍정적인 사고, 원만하고 조화로운 대인관계 능력, 심신의 건강 등 교사로서의 자질과 전문지식과 기술, 영유아 교사로서의 자부심을 갖추어야 한다.

교육 및 보육 관련 업무는 교직원들의 직책에 따른 고유 업무와 교직원들이 공동으로 분담해야 하는 공동업무로 나누어진다. 영유아교사의 고유 업무는 자신의 담당 학급의 운영을 위한 교육활동의 진행 및 준비, 활동일지 작성, 교실 환경 구성 및 청결관리, 영유아관찰일지 및 일일보고서 작성, 학부모 상담 등이다. 공동 업무란 기관의 청결을 유지하기 위한 공동 공간의 청소, 실외놀이공간의 관리, 현관의 환경구성 등이 해당된다. 교직원들의 직책에 따른 고유의 역할을 성실하게 수행하는 것은 물론 다른 교직원들과 협력하고 자신에게 분담된 업무(〈표 5-3〉 참조)를 충실하게 수행하는 것도 요구된다.

| 표 5-3 | 보육교직원 업무분장 예시

구분	담당	업무내용	비고
주요 업무	원장	• 원의 전반적인 교육 및 운영 계획/견학 및 행사계획 • 업무분장, 감독, 근무평정 등 업무관리 • 시설설비 및 재정 관리/운영 및 교육 정보 수집 • 행정당국 및 단체와의 관계유지/일지 취합 검사	• 전체 청소구역 관리
	교사	• 보육활동 진행 및 준비/보육일지 작성 • 각 보육실의 환경 구성 및 청결 관리/학부모 상담 • 영유아에 대한 관찰일지 및 보고서 작성 • 영유아 건강 및 안전관리/영유아 영양 및 급식관리	• 담당 교실 관리
기타 업무	교사 ○○○	• 영아반의 전반적인 교육내용 관리 • 소모성 교재 점검 및 신청 • 시청각 기자재관리(OHP, 빔프로젝터, 비디오 카메라 등) • 안전관리(소화기 점검), 비상 대피 훈련 담당	• 계단 청소 • 외부 청소
	교사 ○○○	• 입학상담 및 자원봉사자 담당/위생 소독 • 식단표작성 및 주문 담당/화분 관리 • 게시판(주간식단표, 월행사) 담당 및 관리	• 화장실 청소 • 화장실 수건관리
	교사 ○○○	• 유아반의 전반적인 교육내용 관리 • 원아 관리 및 관찰지도/교재교구 정리 및 관리 • 행사 일지 작성	• 실외 놀이터 청소
	교사 ○○○	• 사무실 도서 정리 및 관리/업무 일지 작성 • 종이, 시트지, 코팅지, 복사지(복사기) 등 지류 정리 및 관리 • 약품장 관리 및 약품사용 대장 담당/생일잔치 계획 및 준비	• 현관 청소
	운전사	• 차량안전 준수사항 • 차량 내 소화기관리	• 차량청결
	조리사	• 1층 물컵 관리/식자재 주문 및 관리 • 2층 정수기 물컵 관리	• 수족관, 화초 • 세탁기관리

출처: 한국보육진흥원(2016). 2016 어린이집 평가인증 안내.

2. 영유아교육기관 교직원의 법적 책임

1) 영유아 보호에 대한 책임

영유아교육기관은 영유아를 보호자로부터 인계받은 시점부터 다시 보호자에게 인계할 때까지 영유아에 대한 일차적인 보호의 책임을 지닌다. 교사는 영유아들이 기관에서 생활하는 동안 법적 의무감독자인 부모를 대리하여 보호감독의 책임을 지게 된다(박은혜, 2006). 대리감독자로서의 교사의 보호감독의 범위와 책임은 교육활동의 관련성과 사고발생 예측 가능성에 따라 제한적으로 적용된다.

영유아교육기관 안전사고는 다양한 원인으로 발생할 수 있으며 일단 사고가 생기면 자구노력에 의해 해결을 하거나, 어린이집안전공제회, 학교안전공제회를 이용하여 해결하는 것이 일반적이지만 경우에 따라 법적인 소송으로 이어지는 경우도 있다.

영유아교육기관이 영유아에 대한 주의의무를 소홀히 하여 아이가 다친다면 형법상·민법상 처벌 및 책임을 지게 된다. 영유아에게 발생한 안전사고에 대한 법적 책임소재는 안전사고의 교육활동과의 관련성과 교직원의 주의의무와의 관련성에 근거하여 판단된다.

첫째, 안전사고 발생과 교육활동과의 관련성이다. 영유아교육기관의 경우 영유아의 발달 특성상 교육활동의 범위가 매우 광범위하고 안전사고가 상시적으로 발생할 가능성이 높다는 특성이 있기 때문에 초·중등학교에 비해 안전사고에 대한 교사나 원장의 책임 범위가 상대적으로 광범위하다. 영유아교사는 보호자로부터 영유아를 인계받는 순간부터 보호자에게 영유아를 인계하는 순간까지 영유아의 발달 특성과 활동 상황을 감안하여 위험 가능성을 예측하여 사전에 사고 발생 가능성을 최소화하고 영유아와 부모에게 안전에 대한 주의의무를 다해야 한다. 안전사고에 대한 책임도 물리적 손해배상책임뿐만 아니라 도의적 책임을 수반해야 한다. 그러므로 이에 대한 지식과 대처 능력을 원장과 교사가 숙지해야 한다.

둘째, 안전사고 발생과 교사의 주의의무와의 관련성이다. 유치원이나 어린이집 등 영유아교육기관에서 발생하는 인신사고의 대부분은 교사의 폭행 등 적극적인 가해행위에 기인하는 것보다는 사고방지의무를 게을리 하여 발생하는 부작위에 의한 침해사례가 압도적으로 많다. 따라서 교사의 과실을 인정하기 위한 전제로서 보호감독의무의 존재나 그 범위가 특히 문제된다. 교사의 주의의무의 범위는 유치원 교육 및 이에 수반하는 생활관계에 미치고, 전혀 예견할 수 없었던 특별한 사정이 없는 한 사고에 대한 책임을 면할 수 없게 된다(이재목, 2016). 영유아교육기관에서 안전사고가 발생했을 때 교사는 교육활동과 관련하여 영유아가 직면하게 될 위험 가능성을 예측 또는 예견할 수 있는 상황이었거나 또는 교사의 통상적 주의로 사고를 방지할 수 있음에도 사고가 발생한 경우에 한하여 개인적인 책임을 진다(박은혜, 2006). 판례에 따르면 교사의 평소 주의의무 태도와 안전교육의 실시정도는 교사의 배상책임 정도를 감해 주는 기준이 된다(김혜금, 2008; 박은혜, 2006). 특히 영아의 경우 고도의 주의의무를 기울여야 하겠지만, 발달 특성상 사고가 불가피한 경우도 있으므로 과실이나 고의성이 없어도 책임을 질 수밖에 없다.

2) 형법상 책임

영유아 안전사고가 발생하면 책임 소재에 따라 형법상 '업무상과실치상'죄로 처벌될 수 있다. 「영유아보육법」과 「유아교육법」에서는 교직원의 아동학대행위를 금지하고 있다. 고의로 학대한 결과 영유아가 다친다면 아동학대범죄의 처벌 등에 관한 특례법(아동학대처벌법)상 '아동학대중상해'죄로 더 무겁게 처벌된다.

3) 민법상 책임

안전사고로 인한 배상책임은 민법의 적용을 받는다. 안전사고로 인한 생명, 신체, 재산상의 손해를 누가 어떻게 적절하게 보상할 것인가의 문제가 발생하는데 운영자, 교사, 학부모 사이에 책임소재와 보상을 둘러싸고 분쟁이 발생할 수 있다. 특히 현재 치료로써 끝나지 않고 영구적인 장애를 입을 가능성이 있다면 그에 수반하는 비용까지 배상을 청구할 수 있다. 이때 교사뿐만 아니라, 교사를 고용한 원장 및 관계자도 함께 사용자(고용인)로서의 배상책임을 지게 된다. 안전사고로 인한 배상책임은 민법의 적용을 받는다. 민법에 따르면 안전사고에 대한 원장과 교사의 법적 배상책임은 일반불법행위와 특수불법행위로 구분된다(오석규, 2014).

(1) 민법상의 일반불법행위에 대한 책임

민법상의 일반불법행위는 고의, 과실로 인한 위법행위와 더불어 그 결과 손해가 발생한 경우에 해당된다. 영유아교육기관 안에서는 고의 또는 과실로 인하여 안전사고가 발생하고 그 때문에 상해를 입은 사람이 있다면 가해자는 기본적으로 민사상 그 피해에 대한 손해를 배상할 책임을 진다. 교사의 부주의나 과실에 의한 안전사고와 같이 과실이 분명하게 드러나는 사고로 교사에게 업무상 과실 책임이 있다.

(2) 민법상의 특수불법행위에 대한 책임

영유아교육기관 안전사고의 대부분이 영유아 자신의 부주의나 영유아 간의 다툼으로 인한 것으로 보고되고 있는데, 이러한 안전사고는 교사나 원장의 고의 또는 과실에 의해 발생한 것이 아니다. 이렇게 교사나 원장의 고의 또는 과실에 의해 발생하지 아니한 손해에 대해서 배상책임이 인정되는 경우를 특수불법행위라고 한다. 영유아의 부주의나 영유아 간의 다툼으로 인한 안전사고의 경우 과실이나 책임소재를 가리는 것에는 많은 어려움이 있고 책임 소재가 확인이 된다고 하더라도 책임능력이 없는 영유아들이기 때문에 이들에 대한 감독과 관리의 책임이 있는 교사와 원장의 행위는 특수불법행위로 간주되어 법적 책임을 지게 된다. 영유아교육기관의 안전사고는 민법에 규정된 특수불법행위 중 원장과 교사와 관련 있는 부분은 '책임무능력자의 감독자 책임'과 '사용자의 책임' 등이다(오석규, 2014).

1 책임무능력자의 감독자 책임

책임능력이 없는 미성년의 경우 친권자인 부모에게 책임이 있지만 영유아교육기관에서 생활하는 동안은 교사가 법적 의무감독자인 부모를 대리하는 자이기 때문에 영유아교육기관의 원장과 교사가 책임을 지게 된다. 책임무능력자가 그의 위법행위에 대한 배상책임을 부담하지 않는 경우 그 책임무능력자를 감독하는 자가 감독을 게을리하지 않았음을 입증하지 못하면 책임무능력자가 제3자에게 가한 손해를 배상할 책임이 있다고 명시하고 있다(김혜금, 2008). 따라서 영유아교육기관의 원장과 교직원은 부모를 대신하여 일정 시간 영유아를 안전하게 보호해야 할 의무가 있으므로 영유아의 감독자로서 주의의무의 책무를 성실히 이행해야 함에도 불구하고 안전사고가 발생한 것에 대해 직무상 의무 소홀로 규정하여 불법행위를 구성하는 것으로 보았다(이성훈, 2014). 여기에서 문제가 되는 것은 교사의 책임감독의 범위이다. 판례에 따르면 어린이집이나 유치원의 영유아들의 경우 영유아의 발달 특성상 수업시간뿐만 아니라 보호자로부터 영유아를 인계받는 순간부터 보호자에게 인계하는 순간까지 영유아에 대한 보호감독 의무가 있다. 또한 영유아의 안전사고의 대부분은 영유아의 발달 특성상 사고 위험성에 대한 판단 능력이 없고 대처 능력이 떨어지기 때문에 영유아교사는 이러한 영유아의 발달적 특성을 감안하여 사고의 발생을 예측했어야 한다고 보고 보호감독 의무자로서 법적 책임을 부여한다.

② 사용자의 책임

안전사고가 발생한 경우 자체 해결이나 안전공제제도, 상해보험을 통한 배상으로도 해결이 안 될 경우에 학부모는 영유아교육기관을 상대로 소송을 제기하게 된다. 영유아교육기관의 설치·경영자는 교사의 잘못으로 발생한 사고의 경우 해당 교사의 사용자로서 손해배상을 지고, 시설의 설치·관리상의 하자로 사고가 발생한 경우에는 해당 시설의 설치·관리 및 소유자로서의 책임을 지게 된다.

3. 영유아교육기관 교직원 윤리강령

1) 직업윤리와 윤리강령

(1) 직업윤리의 중요성

직업윤리란 표준국어대사전의 정의에 따르면 '특정의 직업에 종사하는 사람들이 지켜야 하는 행동규범'을 말한다. 직업윤리는 근면, 협동, 신뢰, 책임과 같이 직종이나 직업에 상관없이 모든 직업인에게 요구되는 일반적인 직업윤리와 특수한 직종에서 요구되는 특수 직업윤리로 구분된다. 이중 특수 직업윤리는 전문직군에서 특히 강조되는데, 이는 전문직의 경우 별도의 훈련과 자격을 갖춘 이들이 자신들만이 공유하는 영역에서 일반인들이 알기 어려운 지식과 기술에 근거하여 자율성과 권위를 갖고 직무를 수행하기 때문이다(홍은숙, 2011). 직무수행 과정에서 윤리적 사안이 발생하기 쉬운 전문직군을 중심으로 특수직업윤리는 직업윤리강령으로 발전된다. 윤리강령(Code of Ethics)은 한 집단이나 조직에서 그 구성원이 지향하는 바람직한 가치를 담은 윤리에 대한 지침을 의미하는 것으로, 의사, 변호사, 간호사, 기자, 공무원과 같이 공익과 밀접하게 관련된 직종뿐만 아니라, 어린이집·유치원 교사 및 초·중등 교사, 사회복지사, 상담사와 같이 윤리적 사안이 발생하기 쉬운 직종에서도 윤리강령을 제정하고 있다.

(2) 영유아교육기관 윤리강령의 기능

모든 전문직에는 그 분야의 특성에 맞는 윤리강령이 있듯이, 유아교육 및 보육 분야에도 영유아교사를 위한 윤리강령이 있다. 영유아교사 윤리강령은 교사로서의 역할을 수행하거나 문제에 부딪혔을 때 판단의 윤리적 기준과 원칙을 제시해 주는 지침이다. 구속력 있는 법령은 아니지만 실수 혹은 고의로 나타날 수 있는 부적절한 행동이나 판단을 예방할 수 있는 내용을 담고 있다. 또한 잠깐의 판단 오류로 교사로서의 즐거움과 보람을 잃지 않도록 지켜주는 보호막이 되기도 한다(조은진·한세영·신혜은, 2016). 영유아교육기관은 공익을 위해 설립이 허가된 기관으로, 영유아와 이들의 부모 및 가정, 사회에 대한 윤리적 책임을 갖고 있다.

호주 영유아교육 및 보육협회(The Australian Early Childhood Association)에서는 영유아교육기관 교직원들에게 윤리강령이 필요한 이유를 두 가지로 제시하고 있다(이완정, 2005).

첫째, 영유아기는 발달적으로 매우 취약한 시기이다. 영유아는 스스로를 보호할 수 있는 기술이 부족하다. 그러므로 영유아의 권리를 보호하기 위해 자신의 직무에 대한 영유아교육기관 교직원의 도덕적 자기무장이 요구된다.

둘째, 영유아교육기관에서는 다수의 영유아와 그들의 가족이 있고, 영유아교육기관 교직원은 영유아뿐만 아니라 영유아의 안정된 생활을 위해 가족에 대한 지원도 함께해 줄 필요가 있다.

이러한 영유아교육기관의 특성 때문에 교직원들은 일상적으로 크고 작은 딜레마 상황에 처하게 된다. 한 영유아의 권리를 보호해 주기 위해 다른 영유아들의 권리를 침해할 수도 있고, 가족을 지원해 주기 위해 영유아의 권리를 침해할 수도 있는 것이다.

취약한 영유아와 가족 및 다수의 교직원이 함께 일하고 있는 영유아교육기관의 특성상 딜레마 상황을 해결할 수 있는 명백한 답이 있는 경우보다는 올바른 해결책이 무엇인지 혼란스러울 때가 더 많다. 영유아교육기관 교직원 윤리강령은 이러한 경우 교직원들로 하여금 비판적이고 반성적인 사고를 할 수 있도록 도와주고, 동료들과 함께 바른 해결책을 찾는 진지한 논의의 기본 잣대가 될 수 있다. 윤리강령은 현장에서 직무수행 규준으로서의 역할을 하며, 현장에서 발생할 수 있는 윤리적 갈등 상황이 발생하였을 때 기대되는 윤리적인 원칙을 제시함으로써, 그 상황을 해결하는 데 교직원에게 어떤 행동을 해야 하며 어떠한 행동은 하지 말아야 할 것인지를 판단하는 데 도움이 된다.

2) 보육교직원 윤리강령

우리나라 보육교직원 윤리강령은 2010년 한국보육시설연합회의 의뢰로 육아정책연구소에 의해 연구 · 발간되었으며(김은설, 박수연, 2010), 같은 해 10월 '전국보육인대회'에서 윤리강령으로 선포되었다. 이후 2021년 한국보육진흥원에 의해 보육교직원 윤리강령으로 개정되었다(한유미, 김정화, 이완정, 장영인, 2021).

어린이집 윤리강령 전문

모든 영유아는 불가침의 인권을 가진 존재임을 확인하고,
보호의 대상이기 이전에 한 사람의 사회구성원으로서
헌법이 정한 인간의 존엄과 가치를 가지고 있음을 인식하여,
유엔아동권리협약의 이념에 따라 보육의 윤리원칙을 정하고,
이에 준거한 보육윤리강령을 준수할 것을 다짐한다.

1. 영유아 한 사람, 한 사람을 독립된 인격체로 존중한다.
1. 보육의 과정에서 영유아의 이익을 최우선으로 고려한다.
1. 영유아를 어떠한 이유로도 차별하지 않고 평등하게 대한다.
1. 영유아의 바람과 감정이 무엇인지 항상 귀 기울인다.
1. 영유아가 보육경험을 통해 세상에 대한 신뢰를 형성하도록 돕는다.
1. 부모가 자신의 양육책임을 잘 수행하도록 협력적 관계에서 보육을 수행한다.
1. 동료를 공정하고 포용적인 태도로 존중하고 민주적인 조직문화를 조성한다.
1. 보육업무의 가치에 자긍심을 가지고 보육철학, 지식, 기술을 지속적으로 키워나간다.

(1) 「어린이집 원장 및 보육교사 윤리강령」

보육은 영유아를 건강하게 양육하고, 안전하게 보호하며, 발달특성에 적합한 교육을 제공하는 복지서비스이며, 보육인은 사랑과 존중과 전문지식을 바탕으로 영유아의 전인적 성장에 영향을 미치는 전문직업인이다. 그러므로 보육인은 윤리적 의식과 태도를 가지고 사회적 본분에 임해야 한다. 어린이집 원장과 보육교사는 강령을 직무수행의 규준으로 삼아, 보육현장에서 발생하는 윤리적 갈등을 해결하고, 생존권, 보호권, 발달권, 참여권 등 영유아의 권리를 보장함으로써, 직무상의 윤리적 책임을 다하여야 한다. 더불어 영유아의 가정에 대한 윤리, 동료교사에 대한 윤리, 사회에 대한 윤리를 제시하여 다양한 딜레마 상황에서 직무윤리를 바탕으로 한 판단을 할 수 있도록 하였다.

제1장. 영유아에 대한 윤리

1. 영유아를 독립된 인격체로 존중하고 건강하고 행복한 사회 구성원으로 성장하도록 돕는다.
2. 영유아를 성별, 종교, 문화, 장애, 가정배경 등에 따라 차별하지 않고 평등하게 대한다.
3. 영유아의 신체적, 심리적 발달에 부정적인 영향을 주는 행위를 하지 않고 안전하게 보호한다.
4. 영유아의 발달 특성을 이해하고 영유아 개인의 흥미와 요구, 의견을 존중한다.
5. 놀이가 영유아의 권리임을 인식하고 충분히 놀이할 수 있도록 지원한다.
6. 영유아가 학대나 방임에 노출되어 있는지 민감하게 관찰하고 필요한 조치를 한다.
7. 특별한 보호와 지원이 필요한 영유아에게 관심을 가지고 적절한 서비스를 받도록 한다.
8. 영유아의 사생활을 존중하고, 개인정보에 관한 비밀을 보장한다.

제2장. 가정에 대한 윤리

1. 양육의 1차적 책임이 부모에게 있음을 인식하고, 그들과 협력적 관계에서 보육을 수행한다.
2. 개별가족의 양육가치와 신념, 가족의 사회문화적 다양성과 고유성을 이해하고 존중한다.
3. 어린이집의 보육철학, 프로그램 특성을 가족과 공유함으로써 보육에 대한 이해를 돕는다.
4. 영유아의 보육경험과 발달 특성, 건강 및 안전 상황에 관한 정보를 가족과 공유한다.
5. 어린이집을 가족에게 개방하고, 보육에 대한 가족의 참여를 보장한다.
6. 가족의 사생활과 비밀보장에 대한 권리를 존중한다.

제3장. 동료에 대한 윤리

▶ 보육교직원

1. 서로의 자율성과 다양성을 인정하고 존중과 신뢰를 바탕으로 협력한다.
2. 갈등이나 의견 차이를 개방적이고 수용적인 태도로 해결한다.
3. 어린이집의 철학과 신념을 공유하여 프로그램을 지속적으로 개선시킨다.
4. 서로의 지식과, 경험, 자원을 공유하고 전문성 향상을 위해 노력한다.

▶ 원장

5. 보육교직원의 업무를 명확히 안내하고 업무기준을 준수한다.
6. 근로여건을 보장하고 최적의 인적, 물적 업무환경을 조성한다.
7. 민주적으로 의견을 개진하고 상호 협력하는 조직문화를 조성한다.
8. 원내외 교육, 학습공동체, 코칭 등으로 보육교직원의 전문성 향상을 지원한다.

제 4장, 나와 사회에 대한 윤리

1. 보육의 사회적 책임을 인식하고 질 높은 보육을 제공한다.
2. 영유아와 보육교직원의 권익을 위한 제도의 수립과 개선에 적극 참여한다.
3. 아동친화적인 양육환경 조성을 위해 지역사회 관련 기관들과 협력한다.
4. 보육교직원으로서 사명감을 갖고 사회적 위상을 높이기 위해 노력한다.

3) 유치원 교사 강령

유아교육단체들(유치원교원양성 · 임용제도개선연구단, 한국4년제유아교사양성대학교수협의회, 한국전문대학유아교육과교수협의회, 한국국공립유치원교원연합회, 한국유치원총연합회, 전국사립유치원연합회)은 2010년에 공동으로 유치원 교사 헌장과 유치원 교사 강령을 발표하였다(조은진 · 한세영 · 신혜은, 2016). 유치원 교사 강령은 유치원 교사 헌장, 유치원교사와 유아, 유치원교사와 가정, 유치원교사와 사회, 유치원 교사의 책무로 구성되어 있다.

유치원 교사 헌장

유아교육은 유아의 삶에 초석이 되며, 우리 사회와 국가의 미래를 결정한다. 우리는 국민의 생애 초기 교육을 책임지며 사회로부터 존경받는 교사로서 자신을 연마하고 소명의식을 가지고 유아교육자로서 가야 할 길을 밝힌다.

1. 우리는 유아를 사랑하고 개성을 존중하며 전인발달을 지원하고 평화로운 교실문화를 조성한다.
2. 우리는 미래지향적이며 질 높은 교육을 계획하고 실천하여 교육자로서의 책임을 다한다.
3. 우리는 가정에 대한 이해와 연대를 강화하여 교육복지 사회구축에 공헌한다.
4. 우리는 사회의 변화와 요구에 적극 부응하여 유아교육의 혁신과 발전을 위해 노력한다.
5. 우리는 교육자로서의 품위를 유지하고 부단한 자기개발을 통해 유아교육 전문가로서의 위상을 갖춘다.

유치원 교사 강령

01 유치원 교사와 유아

1. 우리는 유아를 사랑하며 유아의 인격을 존중한다.
2. 우리는 유아의 개인적·가정적 배경에 관계없이 모든 유아를 평등하게 대한다.
3. 우리는 유아의 개성을 존중하며 개인의 흥미와 잠재력에 적합한 교육을 제공한다.
4. 우리는 유아의 전인발달을 지원하는 교육과 환경을 제공한다.
5. 우리는 유아의 안녕을 위협하는 가정적·사회문화적·경제적 상황을 적극적으로 파악하고 유아를 보호하기 위해 노력한다.

02 유치원 교사와 가정

1. 우리는 유아를 교육하고 지원하기 위해 가정과 연계하고 협력관계를 구축한다.
2. 우리는 교육적 목적으로 수집한 가족 정보에 대해 기밀을 유지하고 가족의 사생활을 보장한다.
3. 우리는 유치원에서 일어난 안전사고나 위험 상황에 대해 가족에게 충분히 설명한다.
4. 우리는 가족에게 유치원을 개방하며 필요한 정보를 제공한다.
5. 우리는 유치원 운영에 관련된 중요한 의사결정 과정에 부모를 참여시킨다.
6. 우리는 가족에게 필요한 지역사회 자원에 대한 정보를 구축하고 이를 가족에게 적극 제공한다.

03 유치원 교사와 사회

1. 우리는 사회의 흐름을 파악하고 이를 교육에 반영하고자 노력한다.
2. 우리는 유아에 관련된 법률과 정책을 이해하고, 이를 개선하기 위한 활동에 적극 참여한다.
3. 우리는 교직 관련 단체와 전문가 협회를 통해 교권 확립을 위한 활동에 참여한다.
4. 우리는 유치원 교육을 사회에 널리 알려 유아교육의 위상을 높인다.
5. 우리는 교직원 간의 상호존중과 협력을 통해 건전한 교직문화를 형성한다.
6. 우리는 유치원과 연계하여 지역사회의 생활과 문화 향상에 기여한다.

04 유치원 교사와 책무

1. 우리는 교육전문가로서의 직업의식을 갖는다.
2. 우리는 건전한 국가관과 확고한 교육관을 가지고 교직에 종사한다.
3. 우리는 유아에게 최적의 교육을 제공하기 위해 열과 성을 다한다.
4. 우리는 건전한 언행과 생활태도로 유아에게 모범이 되도록 한다.
5. 우리는 열린 사고와 개방적 태도를 가지고 전문성 향상에 매진한다.
6. 우리는 다양한 분야의 전문가와 교류하고, 새로운 지식과 정책을 비판적으로 수용한다.

4. 영유아교육기관 교직원의 권리 보호

1) 영유아교육기관 교직원의 권리

교사의 권리로 해석하는 교권은 교사가 교육행위를 할 수 있는 기본적인 권리 그 자체를 의미한다. 반면 보다 광범위한 의미에서는 교권과 교육에 대한 교사의 기본적인 권리뿐만 아니라 교직에 종사하는 교사들이 그들의 책임과 의무를 수행함에 있어서 보장받는 신분과 생활 안정, 사회 환경 등 제반조건까지 포함하는 교사의 신분과 사회적 지위에 관한 교사의 권리와 함께 직업인으로서 권익을 포함한다(남정걸, 2015).

어린이집교사와 유치원교사는 「근로기준법」의 테두리 안에 있다. 그러나 학교법에 적용되는 유치원 교사는 교원으로서 법적 지위를 보장받으며 국공립에 근무하느냐, 사립에 근무하느냐에 따라 적용되는 법에 차이가 있다. 구체적으로 유치원 교사의 경우 교원의 법적 지위를 보장하는 「유아교육법」, 「교육기본법」, 「교원의 지위 향상 및 교육활동 보호를 위한 특별법」에 공통으로 적용받으나 국공립 유치원 교사는 「교육공무원법」, 사립 유치원 교사는 「사립학교법」에 적용을 받는 등 법적 근거가 상이하다. 반면, 어린이집교사는 어린이집에서 보육을 담당하는 아동복지시설에 종사하는 자로 「근로기준법」과 「영유아보육법」에 적용을 받는다. 이렇듯 유치원 교사와 보육교사는 유사한 직무를 수행함에도 불구하고 상이한 법적 지위에 놓여 있다(김길숙·문무경·이민경, 2015).

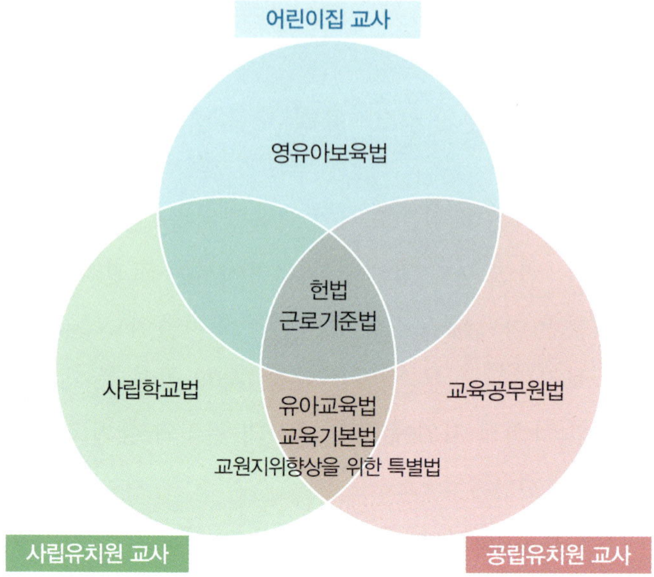

| 그림 5-1 | 유치원·어린이집 교사유형별 해당 법 벤다이어그램

출처: 김길숙·문무경·이민경(2015). 유치원 어린이집 교사 권익 보호 실태 및 증진 방안, p. 63.

영유아교사가 전문성을 발휘할 수 있으려면 역할과 책임과 함께 초·중등 교원에 준하는 권리가 보장되어야 한다. 영유아교사에게 자율권, 경제적·사회적 신분보장을 받을 권리, 근로권, 쟁의권, 단체활동권 등(김길숙·문무경·이민경, 2015)이 부여되어 교사의 권리가 보호되어야 한다.

(1) 전문직으로서의 교육권 및 자율권

영유아 교사가 가지는 자율성의 보장에는 교육과정 결정 및 편성권, 교재의 선택 결정권, 교육내용 및 방법 결정권, 교육평가권, 영유아 지도권 등이 있다. 교사의 자율성 보장은 영유아교사의 전문성 실현을 위한 가장 기본적이고 본질적인 권리라고 할 수 있다. 영유아교육과정 및 보육과정은 교육내용 및 교육방법, 교재 및 교과서가 고정되어 있지 않기 때문에 교사의 전문가적인 판단에 의해 교육방법 및 교육내용, 활동자료의 선택이 이루어져 어느 정도 자율성이 보장되어 있다. 따라서 영유아교사가 전문성을 실현하는 방향으로 자율성이 실천되려면 영유아교사가 교사로서의 전문성을 발휘할 수 있는 능력을 갖추기 위한 개인적인 노력이 요구되며, 이와 함께 영유아교육기관에서의 자율성 보장 노력이 이루어져야 한다.

(2) 경제적 지위 및 사회적 신분 보장권

교사직은 다른 어느 직업보다 사회적 업무와 봉사의 특성을 두드러지게 가지고 있으므로 신분 불안정으로 인하여 야기되는 문제는 많은 사회적 손실을 가져오게 된다. 교사는 안정된 직무수행을 위해서 부당한 해고로부터 보호되어야 하고 또한 교사로서의 권리가 존중되어야 한다.

사회적 신분보장과 경제적 생활 보장은 영유아교사가 안정된 생활기반 위에서 가르치는 일에 몰두할 수 있는 여건을 마련해 주어야 함을 말한다. 이는 일차적으로 보수 및 기타 물질적 급부에 달려 있다. 그동안 영유아 교사의 처우개선을 위해서 정부의 노력이 계속되어 왔고 그 결과 영유아교사의 보수수준이 점차 향상된 것이 사실이지만, 아직도 다른 전문직에 비해 미흡한 실정이다. 동일 학력 수준의 타 직종의 직업에 비해 영유아교사의 경제적 지위는 상대적으로 낮은 편으로 영유아교사들이 직무불만족의 주요 원인이 되고 있다.

(3) 근로권

근로권에는 근무조건의 개선, 복지후생제도의 확충 등을 통해 영유아교사가 교육 및 보육활동에 전념할 수 있도록 하는 권리를 보장하는 내용이 포함된다.

영유아교사들이 그들 본연의 임무인 교육활동에 전념할 수 있도록 보장받아야 할 권리 중의 하나이다. 어느 직종에 있어서나 일의 성취와 능률의 극대화를 기하고 해당 직종에 만족스럽게 봉사할 수 있도록 하기 위해 무엇보다도 휴게시간의 확보, 연가 및 월차 휴가 등의 휴가 사용의 보장 등과 같은 근무조건의 정비를 필수조건으로 한다. 영유아교사가 전문직으로 교육의 효과와 능률을 높이기 위해 정량의 근무부담이 주어져야 하는데, 실제로 본연의 임무인 교육활동 외에 각종 부가적인 업무 부담이 커서 교육활동에 집중하는 것을 어렵게 하는 경우가 있다. 또한 적정인원보다 많은 수의 영유아를 돌봐야 할 경우 안전사고에 대한 위험 및 교사의 소진에 직접적인 영향을 미친다.

복지후생제도의 확충은 영유아교사가 생활안정과 함께 가족에 대한 부양책임을 덜어 줌으로써 교사가 교육활동에 전념할 수 있도록 하는 데에 의의가 있다. 연금, 퇴직금, 산업재해보험, 고용보험, 안전공제 등이 해당된다. 교사가 업무수행 중 질병 또는 부상을 입은 경우에 이를 보상해 줄 수 있는 제도나 영유아교육기관에서 발생하는 안전사고에 대비하는 안전공제 등은 영유아교사가 교사활동에 전념할 수 있도록 도와주는 복지후생제도라고 할 수 있다.

(4) 교권침해방지권

유치원 교원은 징계처분과 그밖에 그 의사에 반하는 처분에 대해 「교원의 지위 향상 및 교육활동 보호를 위한 특별법」 제7조에 의거 교육부에 설치된 교원소청심사위원회에 재심을 청구할 수 있다. 그밖에 교권 침해를 방지하기 위해 불체포특권(제4조), 학교안전사고로부터의 보호(제15조), 교원의 신분보장 등(제6조), 교육활동 침해 행위에 대한 조치(제15조), 교원보호위원회의 설치·운영(제19조) 등을 규정하고 있다(김길숙·문무경·이민경, 2015).

그러나 「영유아보육법」 제46조, 제47조, 제48조에서는 보육교사 및 원장의 자격정지 및 자격취소에 대해서만 규정하고 있을 뿐 쟁송제기권에 대한 규정이 없다. 따라서 「영유아보육법」에 교직원의 징계 및 징계 절차에 대한 규정이 마련되어야 하며, 어린이집 운영세칙에 명문화된 규정과 절차를 마련하고 이에 따라 처리하는 것이 바람직하다. 앞으로 보육교사의 권리 침해 발생 시 초기 상담부터 피해 구제까지 전담하는 기구를 설치하는 것이 필요하다(김미정·임예슬, 2019).

2) 교직원 권리 보호 현황

영유아교사직은 직업상 전문직이기 때문에 고도의 지적 능력과 자율성 및 교권의 확립이 요구되며 이에 따르는 사회적 책임과 직업의 윤리가 강조된다. 교사로서의 권리 보장은 영유아교사가 영유아를 보호하고 교육하는 활동에 있어서 필수적 조건이 되며, 이는 교육이 성과에 직접적인 영향을 준다(임승렬, 2007). 유치원 교사는 「교육기본법」 제14조, 「교원의 지위 향상 및 교육활동 보호를 위한 특별법」 제3조 등의 규정에 의해 공립유치원 교사는 물론 사립유치원 교사도 교원으로서 법적 권리가 부여되고 있다. 보육교사의 경우 어린이집 종사자의 일부로 간주하기 때문에 교원 차원에서의 권리보장은 부족한 편이다.

(1) 보육교직원의 권리보호

보육교직원의 권리란, 보육 전문가이자 '영유아를 가르치는 사람'으로서 보육교직원의 권리를 뜻하며, 이는 교육권과 보육교직원으로서 신분 및 지위를 보장받을 권리, 재산 및 경제상의 권리, 그리고 기본적 인권의 측면을 포괄한다(김미정·임예슬, 2019). 최근 보육교직원의 교권침해 경험이 증가하고 있어 교권에 대한 인식과 함께 대응방안 마련도 필요하다(김보현·박미경·최양미·이홍재, 2020).

「영유아보육법」상 보육교사와 관련된 조항을 살펴보면 보육교사의 자격요건과 배치, 보육교사의 직무와 책무, 보수교육 관련 규정이 주된 내용이며, 보육교사의 권리 보호에 관한 명시적 규정이 포함되어 있지 않다.

이밖에 제9조의 2(보호자 교육)에서는 국가와 지자체는 영유아 보호자에게 영유아의 성장·양육방법, 보호자의 역할, 영유아의 인권 등에 대한 교육을 실시할 수 있다고 하여 부모교육에 관한 내용을 담고 있지만, 보육교직원의 인권이나 권리보호를 위한 교육에 관해서는 다루고 있지 않다.

유치원 교사 및 초·중·고 교사를 포함하는 교원의 지위 및 교권 관련한 법령

규정과 비교하면, 보육교사의 권리에 관해서는 명시적 법령 규정이 없고 보장 수준에서 교원과 상당한 차이가 있다. 교원의 지위와 교원에 대한 예우가 「교육기본법」, 「교원의 지위 향상 및 교육활동 보호를 위한 특별법」 등에 명문화되어 되어 있는 것처럼 어린이집 보육교사의 지위나 권리 보장에 관한 조항도 영유아보육법, 지자체 조례 등에 명문화되어야 한다.

(2) 유치원 교사의 권리보호

일반적으로 유치원과 초·중·고교에 근무하는 교사의 권리는 '교권'이라 칭하여 「교육공무원법」, 「교원의 지위 향상 및 교육활동 보호를 위한 특별법」 등 관계 법령에서 교원의 지위와 교권을 보장하고 있다. 교권이란 전문직으로서 교원의 권위와 권리를 지칭한다. 즉, 교사의 교육권과 신분 및 지위를 보장받을 권리, 국민의 한사람으로서 기본적 인권, 그리고 교원에 대하여 학생, 부모, 사회가 인정하는 전문적이며 윤리적인 권위의 측면을 포괄한다(고전, 2012).

유치원 교사의 교권 및 교권침해에 대한 인식을 살펴본 연구 결과에 따르면, 유치원 교사의 권리와 의무를 가시적으로 드러내어 주는 독립 법이 존재하지 않으며 초·중·고 교사들에 비해 법적으로 보장받을 수 있는 자신의 권리와 의무에 대한 인식이 낮다(박미영·박한숙, 2018). 유치원 교사의 교권인식 수준은 보통이며, 교권 가운데 교육의 권리를 가장 중요하게 인식한다. 반면, 신분, 재산, 교원단체 활동권의 보장에 대해 잘 알지 못하며 각 권리에 대한 이해나 인식 정도는 미흡하다. 교권침해의 가장 큰 주체는 학부모로 나타났으며, 유치원 교사는 교권침해 발생에도 소극적으로 대처하였다. 유치원 교사의 교권침해 예방을 위해 서는 교사의 전문성 향상을 위한 노력이 필요하며, 유치원 교사의 교권을 존중하는 사회 분위기의 선행과 함께 이를 뒷받침해 주는 제도적 보완과 보호 정책이 필요하다(박미영·박한숙, 2018).

ISUSSE & TALK

영유아교육기관의 법적 책임

영유아교육기관 안전사고 관련 판례를 찾아보고, 영유아교육기관과 교직원이 왜 배상 책임을 지게 되었는지 토론해 보세요.

CHAPTER 06

영유아와 부모 지원

영유아교육기관의 설립 및 운영의 목적은 영유아의 성장과 발달을 지원하는 것이다. 더불어 가족을 위한 다양한 프로그램을 실시하고 지역사회와의 협력적인 관계를 맺음으로써 영유아가 자신을 둘러싼 환경을 긍정적으로 인식하고 생활할 수 있도록 지원한다. 이 장에서는 영유아교육기관의 서비스의 수혜자인 영유아의 입소에서부터 기관 적응 지원에 대해서 다룬다. 또한 영유아교육기관과 공동양육자로서 부모의 참여 및 협력을 증진하는 방안을 살펴본다.

1. 영유아 지원

1) 영유아교육기관의 입학 신청

(1) 어린이집 입소

① 입소대기신청

임신육아종합포털 아이사랑의 '입소대기관리시스템'을 통하여 입소 대기 신청을 받으며, 신청순위에 따라 어린이집 이용 신청자명부를 작성·비치한다. 입소대기관리시스템의 대기자 전산 출력물로 대체 가능하다.

어린이집 원장은 입소대기자를 실시간으로 공개하여 투명하게 운영하고 어린이집 이용을 원하는 보호자는 시간, 장소의 제한없이 온라인으로 입소대기 신청이 가능하다.

STEP 1. 아동등록	STEP 2. 어린이집 검색	STEP 3. 예약신청
어린이집에 입소할 자녀를 등록합니다.	어린이집을 검색하고 신청할 어린이집을 선택합니다.	입소대기를 신청합니다.
STEP 4. 입소대상자확정	**STEP 5. 입소우선순위자료제출**	**STEP 6. 아동입소처리**
어린이집에서는 입소 우선순위에 따른 대기 순서를 확인하여 입소 대상자를 확정합니다.	어린이집 원장은 자동 연계되는 자격을 제외하고 부모로부터 입소관련 서류 일체를 받아 반드시 확인합니다.	어린이집 원장은 입소대기 순서에 따라 아동을 입소처리합니다.

| 그림 6-1 | 어린이집 입소과정

출처: 중앙육아종합지원센터(http://www.childcare.go.kr).

② 입소원아 결정

어린이집 입소 원아는 입소 우선순위 및 신청순위에 따라 결정하게 된다. 동일 순위 내 경합이 있을 경우, 입소대기 신청 순서에 따라 순위를 결정하게 된다. 부득이한 사정으로 선순위자의 입소가 불가한 경우, 선순위 보호자의 동의하에 선순위자의 입소를 보류하고 그 다음 순위자의 입소가 가능하다. 입소우선순위는 다음과 같다(보건복지부, 2020).

○ 1순위(영유아보육법 제28조, 시행령 제21조의 4, 시행규칙 제29조)

- 「국민기초생활보장법」에 따른 수급자
- 「한부모가족지원법」 제5조의 규정에 의한 보호대상자의 자녀
- 「국민기초생활보장법」 제24조의 규정에 의한 차상위계층의 자녀
- 「장애인복지법」 제2조에 따른 장애인 중 장애의 정도가 심한 장애인의 자녀 또는 형제자매
- 아동복지시설에서 생활 중인 영유아
- 부모가 모두 취업 중이거나 취업을 준비 중인 영유아

- 「다문화가족지원법」 제2조 제1호에 따른 다문화가족의 영유아
- 「국가유공자 등 예우 및 지원에 관한 법률」 제4조 제1항에 따른 국가유공자 중 전몰자(제3호), 순직자(제5호 · 제14호 · 제16호), 상이자(제4호 · 제6호 · 제12호 · 제15호 · 제17호)로서 보건복지부령으로 정하는 자의 자녀
- 자녀가 3명 이상인 가구 또는 영유아가 2자녀 가구의 영유아
- 제1형 당뇨를 가진 경우로서 의학적 조치가 용이하고 일상 생활이 가능하여 보육에 지장이 없는 영유아
- 산업단지 입주기업체 및 지원기관 근로자의 자녀로서 산업단지에 설치된 어린이집을 이용하는 영유아

○ 2순위

- 기타 「한부모가족지원법」에 따른 한부모 가족 및 조손 가족
- 가정위탁 보호아동 및 입양된 영유아
- 동일 어린이집 재원 중(신학기 입소 확정 포함)인 아동의 형제 · 자매

한 걸음 더

어린이집 입소 및 퇴소(영유아보육법 시행규칙 [별표 8])

- 어린이집 원장은 어린이집의 정원의 범위 내에서 어린이집 입소를 신청한 영유아에 대하여 입소를 거부하여서는 안 된다. 다만, 영유아의 질병 또는 어린이집의 폐지 등 정당한 사유가 있고, 관할 특별자치시장 · 특별자치도지사 · 시장 · 군수 · 구청장의 승인을 받은 경우에는 그렇지 않다.
- 어린이집 원장은 보육료 지원 신청 또는 입소 신청 등과 관련하여 보호자가 거짓이나 그 밖의 부정한 방법을 사용하도록 요구하거나 안내하여서는 안 된다.
- 어린이집 원장은 어린이집에 재원 중인 영유아를 보호자의 의사에 반하여 퇴소시킬 수 없다. 다만, 영유아의 질병 또는 어린이집의 폐지 등 정당한 사유가 있고, 관할 특별자치시장 · 특별자치도지사 · 시장 · 군수 · 구청장의 승인을 받은 경우에는 그렇지 않다.

③ 입소 확정

입소 확정 후 신청자는 증빙서류를 입소일 전 7일(휴일 포함) 이내에 제출한다. '입소대기관리시스템'을 통하여 입소 시 증빙서류를 제출받아 반드시 확인한다. 입소우선순위 해당 여부 및 증빙서류는 '입소일'을 기준으로 판단한다. 거짓이나 그 밖에 부정한 방법으로 증빙서류 제출 시 어린이집 입소대기신청이 취소된다. 어린이집 원장은 입소신청(상담)자에게 우선입소대상 순위와 그에 따른 증빙서류, 보육료 지원제도 등을 적극 홍보하여 지원혜택을 받을 수 있도록 해야 한다.

(2) 유치원 입학

① 입학신청절차

유치원 입학신청은 유치원입학지원시스템 '처음학교로(https://www.go-first-school.go.kr)'를 이용한다. '처음학교로'는 유치원 입학을 원하는 보호자가 시간과 장소의 제한없이 온라인으로 편리하게 유치원에 대한 정보를 검색하여 신청하고, 유치원은 공정하게 선발된 결과를 알려 줌으로써 학부모의 불편 해소와 교원의 업무를 덜어 주는 입학지원시스템이다.

'처음학교로'를 이용한 입학절차는 다음과 같다.

○ 우선모집

회원가입 → 회원가입(자녀등록) → 유치원 검색 → 우선모집 접수(자격조건서류 전달: 해당유치원에서 제시하는 방법으로 전달) → 선발결과 확인 → (선발 시) 유치원 등록

○ 일반모집

회원가입 → 회원가입(자녀등록) → 유치원 검색 → 일반모집 접수 → 선발결과 확인 → 우선모집 점수(자격조건서류 전달: 해당유치원에서 제시하는 방법으로 전달)

| 그림 6-2 | 유치원 입학신청 절차

출처: 처음학교로(https://www.go-firstschool.go.kr)

② 입학대상

- 만 3세부터 초등학교 취학 전까지의 어린이
- 유치원 과정
  - 교육과정: 유치원 정규 교육과정
  - 방과 후 과정: 교육과정 이후에 운영되는 과정
- 방과 후 과정 지원자는 맞벌이 부부 등 관련 증빙서류를 해당 유치원에 제출해야 함(교육청 정책에 따라 증빙서류가 필요없는 경우도 있음)
- 방과 후 과정 선발 방법
  - 방법 1: '처음학교로'에서 [교육과정반]과 [교육과정+방과 후 과정반]을 별도로 모집하여 선발
  - 방법 2: '처음학교로'에서 교육과정만 뽑고, 선발된 인원 중에서 유치원 별도로 오프라인 방과 후 과정 선발

③ 우선모집 자격조건

- 재원 중인 유아
- 특수교육대상자(*추첨없이 100% 선발)
- 법정저소득층 가정(의 자녀): 보건복지부 법정저소득층 자격검증기능의 온라인 자격 연계
  - 「국민기초생활 보장법」에 따른 수급자(의 자녀)
  - 「한부모가족지원법」 제5조에 따른 한부모가족 지원대상자 복지급여 지급기준에 해당하는 자(의 자녀)
  - 「국민기초생활 보장법 시행령」 제3조에 따른 차상위계층(의 자녀)(소득인정액이 기준 중위소득의 100분의 50 이하인 사람)
- 국가보훈대상자 가정(의 자녀)
- 북한이탈주민: 통일부 북한이탈주민 자격검증기능의 온라인 자격 연계

④ 선발방법

선발(추첨)은 선착순이 아니라 접수가 완료된 이후 개별 원장이 입력한 선발 기준번호, 유아의 주민등록번호, 접수순서를 바탕으로 몇 차례 난수를 만들고, 다시 랜덤함수로 추첨하는 방식으로 선발한다.

2) 입학 상담

(1) 입학 상담준비

① 입학 상담을 위한 자료 제작

부모를 위한 상담은 구두로 진행되는 것보다 기관 운영 전반을 다양한 자료로 이해할 수 있도록 돕는 것이 바람직하다. '운영안내서' 등 상담을 위한 자료를 책자로 만들거나 내용을 출력하여 사용한다.

② 상담을 위한 환경구성

상담을 위한 장소는 조용하고 안정적이며 교직원과 부모와의 의사소통이 원활히 이루어질 수 있는 곳으로 선정한다. 대부분 영유아를 동반하므로, 영유아를 위한 공간 및 자료를 마련하다.

- 작은 책상과 영유아와 부모를 위한 간단한 차
- 도화지, 크레파스, 색연필 등의 그리기 자료
- 다양한 점토와 점토놀이를 위한 자료(점토 찍기 자료, 오리기, 누르기 자료 등)
- 간단한 소꿉놀이나 블록놀이 자료

(2) 입학상담 진행

입학상담 진행은 그림과 같은 절차로 이루어진다.

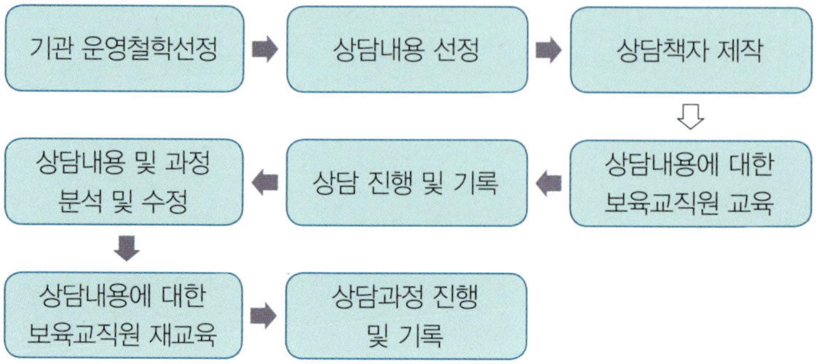

| 그림 6-3 | 입학상담 진행

3) 입학 안내

(1) 부모 오리엔테이션의 의미

부모 오리엔테이션은 기관과 가정과의 긴밀한 유대관계를 형성하고 교직원과 부모 간의 신뢰감 형성을 토대로 보육·교육활동의 효과를 높일 수 있는 기회이다. 입학 전 부모 오리엔테이션을 실시하고, 개원을 앞둔 시기뿐만 아니라 운영과정 중에서 매년 신입 원아와 재원아의 학부모를 위한 오리엔테이션을 실시한다.

- 부모 오리엔테이션 안내문은 기관에 방문했을 때 배부할 수 있으며 상세한 일정이 결정되기 이전일 경우 부모의 이메일이나 우편으로 안내한다.
- 집단 오리엔테이션에 참석하지 못한 부모들을 위한 개별적인 오리엔테이션 실시(중간 입소자)를 고려한다.
- 시간이 여의치 않아 참석할 수 없는 부모를 배려하여 1~2회의 오리엔테이션 실시를 고려한다.
- 오리엔테이션을 통해 기관의 운영방침을 알리고 상황에 따라 반별 모임 진행을 계획한다.

(2) 오리엔테이션 준비 내용

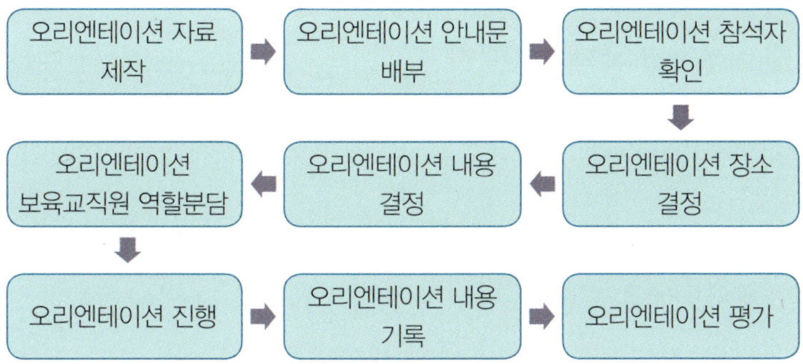

| 그림 6-4 | 부모 오리엔테이션 진행

- 오리엔테이션 장소는 잘 정리되었는가?
- 함께 참석한 영유아를 위한 장소는 마련되어 있는가?
- 실내외 환경은 안전하고 청결하게 준비되어 있는가?
- 오리엔테이션에 필요한 자료와 물품은 참석인원에 맞게 준비되어 있는가?
- 부모를 위한 필요자료(이름표 등)는 준비되어 있는가?
- 기록을 위한 자료(참석확인서, 사진기 등)는 준비되어 있는가?
- 교직원은 각자에게 분담된 역할의 내용을 잘 인지하고 있는가?
- 교직원의 복장은 오리엔테이션에 적합한가?
- 참석자 부모들에 관한 다양한 정보를 교직원이 인식하고 있는가?

| 그림 6-5 | 부모 오리엔테이션 및 반별 안내

(3) 준비 서류

영유아 지원에 필요한 생활기록부, 응급처치동의서, 귀가동의서 등 필요 서류를 부모에게 배부하고 작성하도록 한 후 회수하여 보관·관리한다.

① 어린이집 입학 서류

영유아의 발달 등을 종합적으로 관찰·평가하여 영유아 생활지도 및 초등학교 교육과의 연계지도에 활용할 수 있도록 생활기록부를 작성 관리한다.

입소 시 어린이집에서는 보호자에게 생활기록부를 배부하여 작성하도록 한 후 회수하며, 이후 어린이집에서는 지속적으로 영유아의 신체계측, 예방접종 등 성장에 대한 기록을 관리해야 한다. 보호자 요청 및 전학하는 어린이집, 아동이 입학한 초등학교에서 생활지도에 필요하여 생활기록부를 요청할 경우에는 보호자의 동의를 얻어 생활기록부 사본(전자서식 포함)을 송부해 준다.

② 유치원 입학 준비 서류

유치원 입학을 위해 입학서류와 함께 등·하원지도 동의서, 응급처치동의서, 개인정보 관련 안내서, 유아생활조사서 등을 부모에게 배부하여 작성하도록 한 뒤, 회수하여 기관에서 보관한다.

또한 유치원에서는 생활기록부를 기록·관리한다. 유치원 생활기록부는 준영구 보존의 공공기록물로 전자적으로 생산·관리되어야 한다. 유치원장은 유아의 보호자 또는 유아가 입학한 초등학교장 및 특수학교장이 유아의 생활지도에 필요하여 요청하면 보호자가 동의할 경우 유치원생활기록부를 출력하여 송부하여야 한다. 유아가 전학할 경우 유치원장은 보호자의 요청에 따라 유치원생활기록부 출력물과 전산자료를 전학하는 유치원에 송부하고, 퇴학할 경우에는 유치원 생활기록부를 퇴학일을 입력하여 전자기록생산시스템에 등록한다.

2020년부터 유치원 교육과정 개정에 따라 생활기록부의 유아발달상황 기술은 교육과정 5개 영역을 통합하여 기술하도록 서식이 수정되었다(교육부, 2020).

또한 유아 건강검진에 대한 학부모 불편을 해소하고, 현장 업무 효율화를 위하여 유치원생활기록부에 건강검진 기록을 신설하였다.

4) 영유아 적응 지원

(1) 적응프로그램의 목적과 필요성

기관에서는 신입 원아와 부모가 새로운 상황에 잘 적응할 수 있도록 다음과 같이 '신입 원아 적응 프로그램'을 실시한다.

① 영유아 측면

영유아는 처음 오는 기관의 새로운 환경, 낯선 교사, 익숙하지 않은 또래들과의 만남, 가족과의 분리 등으로 불안을 느끼기 쉽다. 영유아가 적응 프로그램을 통해 천천히 보호자와 헤어지는 것을 경험하고 기관을 안전하고 편안한 장소로 느낄 수 있도록 한다. 또한 새로운 교사와 친구에 대해 친밀감을 형성하여 영유아교육기관의 생활에 잘 적응할 수 있게 된다.

② 부모 측면

부모와 가족 역시 영유아를 새로운 기관에 보내는 데 심리적인 어려움이 있을 수 있다. 기관과 교사에 대한 이해와 신뢰관계를 형성하는 시간이 되며, 공동 양육자로서 협력해 나갈 수 있게 도와준다.

③ 교사 측면

영유아가 부모와 함께 있는 상황에서 영유아의 기질, 생활습관, 흥미 등을 파악할 수 있으며, 부모와의 자연스러운 대화를 통해 영유아에 대해 파악할 수 있는 기회가 된다. 이를 토대로 영유아에게 적절한 적응 계획 및 교육 계획을 수립하여 영유아를 잘 지원할 수 있다.

(2) 적응프로그램의 운영

교사는 영유아의 연령, 개인적인 기질, 이전의 기관 경험, 부모의 직장 여건, 가족 형태 등을 고려하여 영유아에게 최대한 도움이 되도록 적응 프로그램을 계획한다. 부모와의 면담을 통하여 신입 원아의 식습관, 잠자는 습관이나 시간 등의 생활리듬, 성격, 좋아하는 음식이나 놀잇감, 특별한 질병이나 개별적 요구에 대한 정보를 미리 파악한다. 각 가정의 상황과 영유아 개개인의 상황을 고려하면서 점진적으로 적응 절차를 진행한다.

- 신입 원아 적응 절차(실시기간, 방법)에 대한 안내문을 마련하고, 신입 원아 적응 과정에 대한 관찰과 기록을 한다. 적응 프로그램은 1~2주 정도를 기본으로 하되, 영유아의 개인차를 고려하여 융통성 있게 진행한다.
  - 대상: 신입 원아(학기 초, 중간입소 모두 포함)
  - 기간: 최소한 5일 이상(토, 일 제외)
  - 방법: 영유아 개인의 상황에 따라 기관에 머무는 시간이나 활동 등을 단계적으로 늘려가는 방식으로 진행

| 표 6-1 | 적응기간 운영의 예시

진행단계	기간	내용	귀가
최소 1주일 적응기간 운영	1~2일	짧게 방문하기 보호자와 함께 교실 들어와 보기 오전 간식 먹기	9:30~11:00 귀가
	3~4일	보호자와 잘 헤어지기	9:30~12:00 귀가
	5일	보호자와 웃으며 안녕하기 선생님·친구들과 놀이하기	9:30~12:00 귀가
최소 2주일 적응기간 운영	6~7일	보호자와 웃으며 안녕하기 선생님과 놀이하기	9:30~13:00 식사 후 귀가
	7~8일	선생님과 놀이하고 점심 먹기	9:30~13:00 식사 후 귀가
	9~10일	실외놀이 후 점심먹기	9:30~13:00 식사 후 귀가
	11일부터	편안한 마음으로 낮잠 자기 하루 일과 보내기	적응: 09:30~낮잠 후 18:00 귀가 부적응: 보호자와 상담 후 귀가 시간 조정

• 영유아의 적응에 필요한 기본적인 활동(예: 점심, 낮잠 등)을 경험하게 한다.
• 적응기간 동안 기관에 머무는 시간은 약 2~3시간에서 점진적으로 늘려간다.
• 영유아의 연령, 기질, 발달, 애착, 적응 상태, 기관 상황, 가정의 상황 등에 따라 기간과 방법을 달리할 수 있다.
• 단기간에 적응시키는 것이 중요한 것이 아니라 영유아의 적응 상태를 고려하여 차근차근 진행한다.
• 적응이 늦다는 것은 문제가 있다는 것이 아니라 주변 상황이나 사물, 사람 등에 대해 민감할 수 있음을 말하며, 민감함은 때론 낯선 상황에 대한 판단과 지각 능력이 예민하다는 것을 의미한다는 것을 부모가 이해할 수 있도록 한다.

(3) 신입 원아 적응 시 고려사항

• 영유아교육기관은 부모와의 사전 면담을 통해 부모가 느끼는 어려움을 파악함과 동시에 신입 원아의 적응 과정과 이를 지원하기 위한 부모 역할에 대해 안내한다.
• 정규 등원 전에 부모와 신입 원아가 기관을 사전 방문할 수 있음을 안내한다.
• 부모의 여건상 적응 프로그램을 실시할 수 없을 경우에는 부모와 영유아의 적응을 도울 수 있는 정보를 교류하며 노력한다.
• 영유아의 연령, 개인 기질, 이전 기관 경험, 신입 원아의 식습관, 습관이나 시간 등의 생활리듬, 성격, 좋아하는 음식이나 놀잇감, 특별한 질병이나 개별적 요구에 대한 정보를 미리 파악한다.
• 각 가정 및 영유아 개인 상황을 고려하면서 점진적으로 적응 절차를 진행한다.
• 학기 초 신입 원아뿐만 아니라 수시로 들어오는 신입 원아에게도 적응 노력이 필요하다.
• 신입 원아 적응으로 혼란이 생기지 않도록 재원아에 대한 배려도 필요하다.

(4) 영유아 초기 적응을 위한 교사의 역할

교사는 영유아의 불안한 마음을 공감하고 잘 적응할 수 있다는 믿음을 가지고 있어야 한다. 영유아 초기 적응 과정을 지켜보는 부모의 마음을 공감하고 적응 과정을 상세히 전달하려는 노력이 필요하다.

- 영유아의 초기 적응 행동을 분석하여 다음날의 영유아 지원에 반영한다.
- 영유아의 애착물(애착인형 등)이 있을 경우 가정에 요청하여 기관에 가져오도록 한다.
- 영유아가 안정적으로 적응할 수 있는 따뜻하고 발달에 적합한 환경을 준비해 준다.
- 초기 적응 과정에서 나타날 수 있는 영유아의 부정적인 행동이 문제가 되는 것이 아니라 누구에게나 나타날 수 있는 행동이라는 것을 부모에게 안내하고 지지해 준다.
- 적응관찰일지를 작성하여 영유아의 적응 과정을 부모에게 전달하고 그 변화를 알 수 있도록 한다.

| 표 6-2 | 신입 원아 적응을 위한 배려

어린이집	학부모
· 부모와 교사가 친밀한 관계임을 느끼도록 즐겁게 대화하기 · 교실 입구에 가족사진을 붙여두거나, 흥미를 끌 만한 놀잇감이나 음식을 준비하기 · 신발장이나 개인사물함에 사진과 이름을 붙여두어 소속감과 안정감을 갖게 하기 · 적응 초기에는 영유아가 탐색할 기회를 충분히 제공하고, 신체적 접촉을 서두르지 않기 · 가정에서 영유아가 좋아하는 베개나 인형, 장난감 등을 가져오게 하기	· 자녀에게 기관과 교사에 대해 긍정적으로 소개하기 · 부모와 교사가 친밀한 관계임을 느끼도록 즐겁게 대화하기 · 적응 초기에는 교실에 들어가 놀이를 함께하기 · 헤어질 때는 자녀에게 꼭 인사를 하고 가고, 정해진 약속시간을 잘 지키기 · 잠들기 전 기관 생활에 대해서 이야기를 나누어 자녀의 마음에 긴장을 풀어 주기 · 지속적인 애정을 표현해 주기

2. 부모 지원과 협력

영유아교육기관은 부모와 적극적으로 소통하고 지원하고 협력적 관계를 형성하여, 영유아와 가정의 요구에 보다 적절하게 부응한다.

1) 부모와의 소통

영유아교육 프로그램이 영유아의 발달에 의미 있는 영향을 미치기 위해서는 영유아교육기관과 가정의 상호작용이 매우 중요하다. 부모참여 및 가족지원을 통해 교육기관과 가정 간의 긴밀한 동반자적 유대관계를 형성하게 되면 교사가 영유아의 다양한 가족구조, 가족배경, 생활습관 등을 자연스럽게 익힐 수 있으며, 배경이 다양한 영유아를 지원할 수 있는 광범위하고 적절한 전략을 발달시킬 수 있다(Swick, 2003). 부모와의 소통은 의사소통이 이루어지는 방식에 따라서 일방적 · 쌍방적 · 삼차원적 의사소통이 이루어질 수 있으며(Ghazvini & Readdick, 1994), 이를 적절히 활용하여 다양한 방식의 소통이 이루어질 수 있도록 한다.

(1) 일방적 의사소통

일방적 의사소통은 영유아교육기관이 가정통신문, 활동계획안, 편지 등을 통해 부모에게 기관의 정보를 전달하는 형태이다.

(2) 쌍방적 의사소통

쌍방적 의사소통은 부모와 교사, 부모와 기관 간에 상호 소통이 이루어지는 것이다. 부모면담, 등 · 하원 시의 대화, 일일연락장과 같은 면대면, 전화, 서면, 이메일, 문자 등의 의사소통 수단이 주로 사용된다.

직접 부모교육에 참여하거나 상담을 위한 방문이 어려운 부모의 경우 통신매체나 인터넷을 활용한 상담 지원체제를 마련하는 것이 필요하다. 특히 영유아교육기관에 재원하고 있는 영유아들의 경우, 대다수의 부모들이 맞벌이를 하고 있는 상황에서 현실적으로 교사와의 의사소통이 면대면으로 원활하게 이루어지기는 어려운 실정이다. 따라서 현실적인 의사소통의 어려움을 극복하기 위해서 면대면 외의 다양한 의사소통 통로를 가지는 것이 필요하다.

(3) 삼차원적 의사소통

삼차원적 의사소통은 영유아교육기관 및 교사와 부모 간의 의사소통을 넘어 필요한 경우에 전문기관이 함께 참여하는 것을 말한다. 영유아나 가족이 가지고 있는 어려움을 해결하기 위해 지역사회에 있는 상담기관, 병원, 건강가정지원센터 등 유관기관과 함께 협력하는 경우가 이에 해당된다.

영유아교육현장에서 교사들이 인식한 어려움 중 가장 큰 것이 부모와의 관계(김신영, 2003)라는 지적이 있다. 이는 우리나라 부모들이 자녀 교육을 매우 중시하는 풍토가 있으며 과정보다는 결과를 강조하기 때문이다. 교사와 부모 간의 의사소통의 장벽을 허물고 가정과 기관 사이의 불연속성을 완화하여 영유아에게 연계성 있는 경험을 제공하려면 부모-교사 의사소통이 원활해야 한다(최미숙·박영미, 2004). 교사와 부모가 좋은 관계를 형성하려면 개방적인 의사소통을 자주 해야 하고 이를 위한 책임을 공유해야 한다. 이러한 개방적인 의사소통을 하기 위해서는 교사는 부모가 언제, 어떻게 기관과 접촉할 수 있는지 알려 주고 부모가 관심을 갖도록 적극적으로 유도하고 부모들을 참여시키는 노력을 해야 한다. 부모와 원활하게 의사소통하는 교사는 부모의 다양한 상호작용 양식을 인식하고 적절하게 부모의 행동에 반응하여 신뢰관계를 형성할 수 있다. 또한 영유아교육기관에서 제공하는 정보가 다양하고, 부모가 영유아교육기관의 다양한 활동에 많이 참여하며, 의사소통이 다양하게 이루어질수록 영유아교육기관에 대한 부모의 평가가 긍정적인 것으로(이은해·최혜영·박주희, 2003) 나타났다.

한 걸음 더

열린어린이집

열린어린이집 운영 취지

어린이집의 물리적 공간 개방성과 함께 보육프로그램, 어린이집 운영에 이르기까지 부모의 일상적 참여가 이루어지는 어린이집 운영형태이다. 열린어린이집은 부모, 어린이집, 지역사회가 더불어 건강한 양육환경을 조성하고 영유아와 그 가족의 행복을 증진하고자 하는 것이다.

열린어린이집 선정 기본요건

구분	내용
① 개방성	
가. 공간개방성	- 공간 개방성(참관실, 창문, 투명창 중 공간 개방성을 1개 이상 설치)을 확보하지 않는 경우 열린 어린이집으로 선정할 수 없음
나. 부모 공용 공간	
다. 정보공개	
라. 온라인 소통 창구	
② 참여성	
가. 신입 원아 부모 오리엔테이션	연 1회 이상
나. 부모 개별 상담	연 2회 이상
다. 어린이집운영위원회	분기별 1회 이상
라. 부모교육	연 2회 이상
마. 부모참여프로그램(열린어린이집의 날 운영)	분기별 1회 이상
바. 부모만족도조사	연 1회
사. 부모 어린이집 참관	연중
③ 지속가능성	
가. 부모참여활동 수요조사	연 1회
나. 부모참여활동 정기 안내 및 공지	분기별 1회 이상
④ 다양성	
가. 부모참여활동의 균형적 운영	
나. 지역사회와의 연계 및 협력활동	연 2회 이상
⑤ 지자체 자체 선정기준	

2) 연간 부모지원계획

영유아교육기관과 가정의 지속적인 연계 협력은 여러 가지 다양한 형태로 일어날 수 있다. 등·하원과정에서 자연스럽게 이루어지는 일상의 대화, 알림장이나 대화수첩을 통해 이루어지는 기록적인 대화, 전화나 문자메시지, 인터넷 등을 이용한 정보 교류, 스마트폰을 이용한 실시간 정보 교류 등 매우 다양하다. 그 밖에도 부모교육, 부모참여, 부모봉사 등 기관과 부모가 공동양육자로서 신뢰하고 협력할 수 있도록 연간 계획을 수립하여 체계적으로 운영해 나간다.

| 표 6-3 | 연간 부모지원계획 예시

구분	내용	시기	세부 내용
부모교육	강연회, 워크숍	연간 3회	· 부모의 역할 및 긍정적인 양육형태 안내 및 정서적 지지
	놀이, 보육, 영양, 건강, 안전 관련 전문자료	주 1회 제공	· 가정에서 함께할 수 있는 놀이 및 다양한 정보제공 · 가정통신문 및 소식지 발송
부모상담	집단면담	2월	· 교사의 철학 및 학급운영을 학부모들에게 설명하고, 학부모의 요구 파악
	개별면담	4월/9월	· 아동관찰일지를 기초로 영유아의 개별 특성, 놀이사항, 변화된 모습, 원생활 등 상하반기 학부모 개별 면담 진행
	상담	연중	· 등·하원 시 혹은 일과 중 전화 혹은 구두 상담(상시)
부모참여	적응관찰일지	2주 1회	· 적응기간 중 아동 적응일지 주 1회 발송
	일지 일일 보고서	매일	· 영유아의 활동, 특이사항 등 기록물 매일 확인 · 영유아의 특이사항, 전달 사항을 기록
	부모 참여활동	연 4회	· 어린이날 행사, 성탄 행사 · 등반대회, 운동회, 아나바다장터 등
부모봉사	일일교사 / 놀잇감 세척	연 4회	· 견학 등 행사 지원 일일 교사 · 부모님의 전문성을 살릴 수 있는 소그룹 활동지도 일일 교사 · 놀잇감 세척지원

운영 참여	학부모 운영위원회	연 2회 이상	• 기관의 운영 논의에 학부모의 주체적 참여 유도 • 차기 년도 운영에 반영 • 부모의 만족도 향상 기대
	설문을 통한 참여	연 2회 이상	• 각종 행사 진행 시 사후 설문을 통해 좋았던 점과 부족했던 점을 파악하여 다음 행사 진행에 반영 • 부모의 만족도 설문을 실시하여 기관 운영에 반영
	소식지	주 1회 또는 월 1회	• 원내 행사 및 반별 활동 실행 보고 및 계획, 안내사항의 소식지 배부
	부모게시판	연중	• 기관 소식의 전달 및 부모교육 매체로서 활용 • 교사와 부모 간의 상담 및 상호작용 매체로 활용 • 기관의 활동 및 특별활동 프로그램 게시

3) 부모 지원 및 협력의 실제

(1) 기관과 가정 간의 의사소통

① 운영계획 안내

- 기관 운영계획을 부모에게 안내한다. 운영계획 안내에 시간대별 교사배치, 보육·교육 프로그램, 하원시간, 차량운행시간 등을 포함하며, 변경된 내용이 있을 경우 재안내한다.
- 정기적으로 소식지나 가정통신문을 통해 보육·교육과정의 목표와 내용, 계획안, 식단표, 부모교육, 원내 행사 등을 알려 주어 적극적인 협력 관계가 되도록 활용한다. 기관 상황에 따라 다양한 형태와 내용으로 작성하여 제공한다.
- 영유아가 기관에서 생활하는 모습을 담은 소식지를 통해 기관의 철학, 운영에 대한 이해를 돕는다.
- 부모가 가정에서 참여할 수 있는 방법, 시설에서 혹은 실외에서 적극적으로 참여할 수 있는 활동을 제공한다.

② 아동발달 상담 및 정보교류

〈개별면담〉

〈학급별 간담회〉

〈원내 행사 게시〉

〈반별 소식지/안내문 게시〉

○ 일지, 수첩

- 부모가 작성하는 일일보고서, 영유아의 하루·놀이·안내사항을 교사가 전달하는 일지 또는 수첩, 키즈노트 등을 의사소통 통로로 활용한다. 구두로 전달하기 어려운 소식이나 준비물 등에 대해서도 기록하여 부모에게 정확하게 전달되도록 한다.

〈부모가 교사에게 전달하는 일일보고서〉		〈교사가 부모에게 전달하는 일지〉
교사에게 전달할 사항, 영유아의 심리 상태·기분·식사 여부 등을 기록	→	가정에서의 생활, 전달사항 등을 통해 영유아 이해
자녀의 활동 상태 파악 및 영유아 이해	←	각 반별로 원아의 출결, 건강 상태, 활동 및 심리 상태 등 기록

○ 아동발달 기록 배부 및 생활기록부 작성, 특이사항

영유아의 놀이, 일상생활, 활동에 대한 관찰내용을 표준보육과정과 누리과정에 제시된 기본생활, 신체운동, 의사소통, 사회관계, 예술경험, 자연탐구 영역의 내용을 바탕으로 영유아를 통합적으로 이해할 수 있는 문장으로 기록한다(교육부, 2020). 이를 통해 부모와 함께 영유아의 정보를 공유하고 영유아의 특성에 맞는 보육·교육이 이루어질 수 있도록 한다.

(2) 참관활동

■ 참관 목적

• 보호자가 환경, 보육·교육 내용 등의 확인을 위해 원하는 경우 직접 영유아교육기관을 참관토록 하여, 영유아교육기관 운영의 투명성을 제고하고 영유아교육기관과 부모의 이해 증진을 강화한다(보건복지부, 2020).

■ 참관 자격

• 해당 영유아교육기관 재원 중인 영유아의 보호자

■ 참관 시기 및 방법

• 보호자가 참관을 요구하는 경우 보육·교육에 지장이 없는 시간대를 선택하여 참관하도록 안내한다.
  - 참관방법, 참관일시 등 참관에 관한 구체적인 절차와 방법을 안내한다(참관안내문, 운영방침을 안내한 문서 등).

• 참관에 관한 사항을 정하는 경우 원장은 보호자와 교사의 의견을 반영한다.

• 다만, 기관을 이용하는 영유아의 보호자가 영유아의 위치 및 상태 등을 확인하기 위한 단순 관찰 및 면담을 요구하는 경우에는 영유아의 보호자와 원장 및 교사가 협의하여 수시로 진행 가능하다.

| 그림 6-6 | 부모참관과 부모참여 활동

(3) 부모교육

- 연간 부모교육계획을 수립하되, 보육·교육과정 운영과 연계성 있게 계획한다.
  예 학기초 신입 원아 적응 과정 진행 시, 가정에서 영유아의 적응을 지원할 수 있는 적응프로그램 관련 부모교육을 진행한다.
- 부모교육 방법은 지면, 온라인매체, 개별면담, 집단모임 등의 다양한 방법으로 실시 가능하다.
  - 지면(예: 가정통신문, 양육정보지, 양육안내 편지, 리플릿, 소책자 등)
  - 온라인 매체(예: 홈페이지, 카페, 블로그 등)
  - 개별면담(예: 영유아의 적응이나 문제행동 관련 면담 등)
  - 집단모임(예: 소모임, 부모 강연회, 워크숍 등)

(4) 부모 상담

① 부모 상담의 의미

영유아교육기관에서는 정기적으로 부모 상담을 실시한다. 자녀의 성장 과정이나 성격 등 개인적 특성에 대해 교사보다 더 많은 정보를 가진 부모와 영유아의 연령별 발달특성 및 교수방법 등에 대한 전문적 정보를 지닌 교사와의 개별 상담은 교사와 부모 모두에게 그들이 돌보는 원아 및 자녀 개개인의 긍정적인 발달과 행복을 위해 매우 유익하다.

부모와 교사는 서로 상이한 정보와 관점 차이로 영유아의 긍정적인 발달에 대한 접근이나 방법 등에서 이견을 보이는 경우가 자주 발생한다. 영유아교육기관은 부모와의 개별 면담에 대해 부담감을 갖는 경우가 많다. 하지만 무엇보다도 영유아의 긍정적인 성장발달을 위해 영유아교육기관은 가정과 일관적이고 지속적인 협력과정의 필요성을 항상 인식하여 서로의 생각이 상이한 부분은 함께 마주하고, 일치하는 부분은 더욱 좋은 방향으로 발전시켜야 할 것이다. 따라서 부모가 영유아교육기관을 영유아의 긍정적인 발전을 위한 동반자적(partnership)

관계로 인식할 수 있도록 긴밀한 협력관계를 형성해 나가야 하며, 영유아가 가정과 영유아교육기관에서 안정적이고 긍정적인 발달을 이루어가면서 행복한 영유아기의 기초적 토대를 굳건히 형성할 수 있도록 지원해 나가야 한다.

상담 안내		반별 점검		상담 실행
• 부모 면담문 안내 • 사전 상담 조사서 안내	⇒	• 상담자료 검토 • 상담사항 준비 • 교사의 자기점검 자세	⇒	• 상담 시작 • 상담 전개 • 상담 마무리

| 그림 6-7 | 부모 상담진행 절차

② 부모 상담의 유형

| 표 6-4 | 부모 상담의 유형 및 기대효과

유형	대상	기대효과
개인상담	교사	• 부모와의 대화를 통하여 부모와 자녀관계 및 영유아의 가정 내 생활 등을 알게 됨으로써 영유아를 보다 더 잘 이해할 수 있다. • 부모와 영유아의 성장발달이나 문제에 대하여 서로 이야기함으로써 영유아를 도울 수 있는 방법을 함께 찾을 수 있다.
	부모	• 자녀에 대한 부모의 양육 문제를 함께 의논하고 해결할 기회를 찾음으로써 자녀를 보다 잘 이해할 수 있다. • 기관의 운영철학과 지원되는 서비스에 대해 질문하고 답변받는 기회를 통해 기관과 적극적으로 연계·협력할 수 있다.
집단상담	교사	• 여러 가정의 영유아에 대한 개별 상황(문제행동, 친구관계, 놀이, 습관 등)을 알게 됨으로써 영유아를 이해하고 지도하는 데 도움이 된다. • 여러 부모들에게 기관 및 교사의 철학과 보육·교육과정운영, 행사 등을 함께 의논하는 기회를 통해 기관에 대한 신뢰감을 증진시킬 수 있다.
	부모	• 자기 자녀만의 문제라고 생각했던 것을 다른 자녀에게서도 발견할 수 있다는 것을 알고 위안을 받으며, 영유아의 발달단계 특성을 이해하게 된다. • 영유아의 발달과정과 자녀 양육과정에서 경험한 성공사례나 실패사례를 서로 이야기하는 가운데 자녀 지도방법에 대해 넓은 안목을 갖게 됨으로써 자녀에게도 좋은 영향을 줄 수 있게 된다.

③ 고려사항

- 신입 원아 적응관찰일지(학부모 소견을 기록하여 정보교류), 영유아 관찰일지, 영유아 작품 모음집 등을 기초로 연 2회 개별면담을 계획하여 진행한다.
- 부모 상담은 대면 상담이 바람직하나, 부모의 직접 방문이 어려운 경우 전화를 통해서라도 개별 상담을 하도록 한다.
- 개별 영유아의 평가 결과를 토대로 영유아의 발달적 변화와 영유아를 위한 지원방안을 면담한다.
- 영유아를 담당하고 있는 교사가 부모와 면담하는 것이 바람직하다.
- 가능한 한 많은 부모들이 개별면담에 참여하도록 격려한다.

(5) 부모참여

① 운영참여

○ 어린이집 운영위원회

어린이집 운영의 자율성과 투명성을 높이고 지역사회와의 연계를 강화하여 지역실정과 특성에 맞는 보육을 실시할 수 있도록 모든 어린이집(협동어린이집 제외)에서 어린이집 운영위원회를 설치·운영하도록 하고 있다. 「영유아보육법」 제25조에서는 어린이집운영위원회 설치를 규정하고 있다.

- 구성: 어린이집 원장, 보육교사 대표, 학부모 대표, 지역사회인사(직장어린이집의 경우에는 당해 직장의 어린이집 업무담당자)를 포함하여 5인 이상 10인 이내로 구성한다.
  - 학부모 대표가 운영위원회 구성원의 2분의 1이상이 되도록 구성한다.
  - 가정어린이집의 경우 지역사회인사는 제외 가능하다.
  - 운영위원회 위원장은 보육교직원이 아닌 위원 중에서 호선한다.

- 운영: 운영위원회 회의는 분기별 1회 이상 개최, 전체 학부모에게 공개, 회의록을 작성 · 보관한다.

어린이집 운영위원회가 심의할 내용

어린이집 운영 규정 제·개정에 관한 사항	어린이집 예산 및 결산의 보고에 관한 사항	영유아의 건강·영양, 안전 및 아동학대예방에 관한 사항
어린이집과 지역사회의 협력에 관한 사항	보육교직원의 근무환경 개선에 관한 사항	영유아의 보육환경 개선에 관한 사항
보육시간, 보육과정의 운영 방법 등 어린이집의 운영에 관한 사항	보육료 외의 필요경비를 받는 경우, 영유아보육법 제38조에 따른 범위에서 그 수납액 결정에 관한 사항	그 밖에 부모모니터링단의 모니터링 결과 등 어린이집 운영에 대한 제안 및 건의 사항

| 그림 6-8 | 어린이집 운영위원회의 기능

○ 유치원 학부모회(경기도교육청 학교 학부모회 설치 · 운영에 관한 조례 예시)

- 학부모회의 목적: 학부모들이 교육공동체의 일원으로 교육활동에 참여하여 학교교육발전에 이바지한다.
- 학부모회의 설치: 경기도교육감 관할 공립학교에는 학부모회를 두고, 사립학교의 경우에는 해당 학교의 규칙 또는 학교법인의 정관으로 정한다. 병설유치원은 소속학교와 통합하여 운영할 수 있다.
- 학부모회의 기능
  - 학교 운영에 대한 의견제시 및 학교교육 모니터링
  - 학부모 자원봉사 등 학교교육 활동 참여 · 지원
  - 자녀교육 역량강화를 위한 학부모교육
  - 그 밖에 학교의 사업으로서 해당 학교 학부모회 규정으로 정하는 사업

② 부모만족도 조사

행사, 강연회 등 프로그램, 행사 진행 후 설문지를 통해 의견을 수렴하고 이를 다음 행사 주제 혹은 운영에 적극 반영한다. 연 1회 이상 담임교사의 보육·교육 활동 및 아동지도, 특별활동 및 행사, 기관의 급·간식 등 운영 전반에 대한 부모 평가 설문을 실시하여 그 결과를 교사평가 및 기관 운영에 반영한다.

어린이집 부모만족도조사 예시

범주	문항
어린이집 환경	1. 우리 아이가 다니는 어린이집 시설은 깨끗하고 안전하다.
	2. 어린이집에는 다양하고 충분한 양의 놀잇감(동화책, 교구 등)이 있다.
건강·안전	3. 우리 아이에게 제공되는 급·간식에 만족한다.
	4. 아이가 아프거나 다쳤을 때 어린이집에서는 적절한 조치(부모연락 및 응급처치 등)를 취한다.
	5. 어린이집에서의 등·하원(차량운행)이 안전하게 이루어진다.
보육과정	6. 어린이집 보육프로그램 및 행사계획을 잘 안내받고 있다.
	7. 어린이집에서 아이들에게 제공하는 활동에 대해 만족한다.
	8. 우리 아이는 어린이집에서 편안하게 생활한다.
상호작용	9. 어린이집 선생님들은 아이를 존중하고, 적절한 언어를 사용하며 따뜻하게 대한다.
	10. 우리 아이는 담임교사를 좋아하고 따른다.
	11. 어린이집에서 우리 아이는 갈등문제가 없다.
운영의 개방성 및 가정 연계	12. 어린이집은 부모가 언제든 방문할 수 있도록 개방되어 있으며, 필요 시 의견을 제안할 수 있다.
	13. 어린이집에서는 우리 아이의 생활 및 발달에 대한 정보를 충분히 알려 준다.
	14. 어린이집에서는 부모가 어린이집 활동에 참여할 수 있도록 다양한 기회를 제공한다.
	15. 어린이집에 아이를 보내는 것이 나의 직장생활이나 가정생활에 도움이 된다.

(6) 지역사회와의 연계

기관에서 부모와 밀접하게 협력하고 지역사회와 활발하게 교류할 때 영유아는 가정과 기관, 지역사회의 일원으로서 소속감과 안정감을 느낄 수 있고, 자신이 속한 여러 가지 주변 환경의 특성에 대해 자연스럽게 이해할 수 있게 된다.

지역사회 연계는 영유아의 심신의 건강과 조화로운 발달과 지원을 공동목표로 이루어지는 영유아교육기관과 기관이 속한 지역사회 사이에 형성되는 협력적인 관계로 다양한 인적·물적 자원의 교류를 통한 쌍방향적 상호작용을 포함한다(권미경, 2016).

영유아교육기관은 영유아와 부모와 함께 지역사회의 물적·인적 자원이나 지역주민 등과 연계하여 활동하는 기회를 적극적으로 마련한다.

- 지역사회에 있는 공원, 산책로 등을 활용한 일상생활 관련 활동
- 지역의 자원(도서관, 우체국, 초등학교, 노인센터, 마트, 해변, 생태습지, 박물관, 유적지 등)을 방문하는 등의 활동
- 지역사회의 경찰관, 소방관, 보건소 직원 등이 어린이집을 방문하여 안전·건강에 대해 교육하는 활동 등

ISUSSE & TALK

학부모 참여

유치원과 어린이집의 운영과 활동에 부모가 참여하는 것에 대해 어떻게 생각하나요? 관련된 뉴스검색을 해 보고, 부모 참여의 장단점에 대해 토론해 보세요. 부모참여의 장점을 살리기 위한 방안에 대해서도 토론해 보세요.

CHAPTER 07

보육·교육과정 편성 및 운영

영유아교육기관 보육·교육과정 편성 및 운영은 국가수준의 보육·교육과정에 근거하여야 한다. 우리나라는 어린이집과 유치원에서 편성, 운영하여야 할 보육·교육과정의 공통적이며 일반적인 기준을 제시하여, 이를 바탕으로 지역이나 기관의 상황에 맞게 재편성하여 구성하여 운영하도록 하고 있다. 이 장에서는 국가수준의 보육·교육과정에 대한 이해를 바탕으로 영유아교육기관의 보육·교육과정 편성 및 운영에 대해 살펴본다.

1. 국가수준 보육·교육과정의 이해

1) 국가수준 보육·교육과정의 성격

"누리과정은 3~5세 유아를 위한 국가 수준의 공통 교육과정이다."

2019 개정누리과정

"어린이집 표준보육과정(이하, '표준보육과정'이라 함)은 0~5세 영유아를 위한 국가 수준의 보육과정이며 0~1세 보육과정, 2세 보육과정, 3~5세 보육과정(누리과정)으로 구성한다."

제4차 표준보육과정

개정 누리과정(교육부·보건복지부, 2019)과 제4차 표준보육과정의 성격에서는 '국가수준의 공통 교육과정', '국가 수준의 보육과정'임을 명시하여 보육 및 교육과정에 대한 국가적 수준의 공통적 기준을 제시하고 있다(보건복지부·육아정책연구소, 2020).

국가 수준의 공통성은 어린이집, 유치원에서 보육·교육과정을 구성하고 운영할 때 고려해야 할 공통적이고 일반적 기준을 의미한다. 영유아가 다니는 유치원과 어린이집에서 교육과정과 보육과정을 운영할 때 우선적으로 고려해야 할 공통적이고 일반적인 기준을 국가가 고시하여 유치원과 어린이집에 다니는 영유아가 국가 수준의 교육과정과 보육과정에서 제시하는 기준에 따라 차별 없이 양질의 교육적 경험을 할 수 있게 하였다.

지역 수준의 다양성은 국가 수준의 보육·교육과정을 바탕으로 각 시·군·구 및 교육청에서 그 지역사회의 상황과 여건을 고려하여 보육·교육과정을 특색 있게 운영하는 것을 의미한다.

기관 수준의 다양성은 각 어린이집과 유치원이 국가 수준의 공통성과 지역 수준의 특성을 반영하는 동시에 각 기관의 철학, 부모의 특성에 따라 보육·교육과정을 자율적으로 운영하는 것을 의미한다.

개인 수준의 다양성은 교사가 담당 영유아의 연령 및 개별 특성, 발달 수준 등 개인차를 보육·교육과정에 반영하여 운영하는 것을 의미한다. 교사는 영유아를 개별적 특성을 가진 고유한 존재로 인정하며, 영유아의 흥미와 관심을 최우선적으로 보육·교육과정에 반영하여 자율적으로 운영할 수 있다.

한 걸음 더

표준보육과정의 성격

가. 국가 수준의 공통성과 지역, 기관 및 개인 수준의 다양성을 동시에 추구한다.
나. 영유아의 전인적 발달과 행복을 추구한다.
다. 영유아 중심과 놀이 중심을 추구한다.
라. 영유아의 자율성과 창의성 신장을 추구한다.
마. 영유아, 교사, 원장, 부모 및 지역사회가 함께 실현해 가는 것을 추구한다.

2) 국가수준 보육·교육과정 운영 방향

(1) 영유아중심 철학에 기반한 보육·교육과정

표준보육과정과 누리과정은 영유아중심 철학에 기반하고 있다. 표준보육과정과 누리과정이 '영유아 중심'을 추구한다는 것은 보육·교육과정을 운영하는 과정에서 영유아의 전인적 발달과 행복, 놀이를 통한 배움의 가치를 최대한 존중하여 반영하는 것을 의미한다. 교사는 영유아의 목소리에 귀 기울이며, 영유아의 의견을 존중하고 반영한 보육·교육과정을 구성하고 운영한다.

(2) 놀이를 중심으로 운영하는 보육·교육과정

표준보육과정과 누리과정이 '놀이 중심'을 추구한다는 것은 영유아가 주도하는 놀이를 중심으로 보육·교육과정을 구성하고 운영한다는 것을 의미한다. 영유아는 놀이하면서 세상을 탐색하고 자신을 표현하며 다른 사람과 교류한다. 또한 영유아는 자신의 흥미와 관심에 따라 즐겁게 놀이하는 과정에서 자연스럽게 배운다. 표준보육과정과 누리과정은 교사가 계획하여 주도하는 보육·교육과정에서 영유아가 주도적으로 놀이하며 배우는 보육·교육과정으로의 변화를 추구한다. 어린이집과 유치원에서는 표준보육과정과 누리과정의 개정 취지를 반영하여 영유아 주도적인 놀이가 충분히 이루어질 수 있도록 보육·교육과정을 구성하고 운영해야 한다.

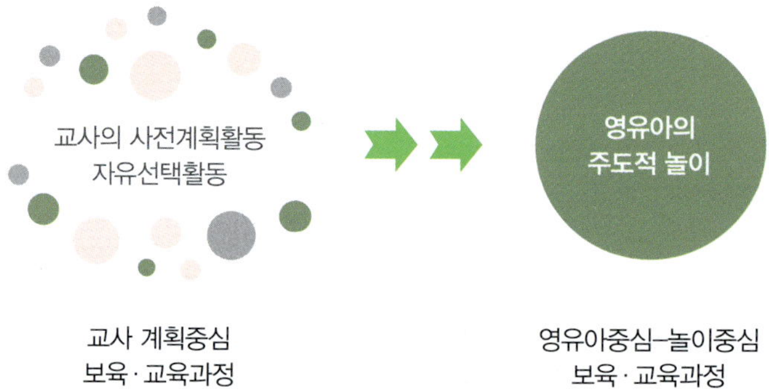

| 그림 7-1 | 보육·교육과정의 변화

3) 교사의 자율성을 존중하는 보육·교육과정

표준보육과정과 누리과정은 영유아와 교사, 어린이집과 유치원, 각 어린이집과 유치원이 속한 지역사회와 가정의 협력 및 참여를 통해 함께 실현해 가는 보육·교육과정이다. 표준보육과정과 누리과정 국가 수준의 보육·교육과정이 제시하는 공통적이고 일반적 기준을 바탕으로 교사가 자율성을 가지고 영유아와 함께 보육·교육과정을 만들어 나가는 것을 강조한다. 영유아는 자신에게 가장 적합한 방식으로 놀이하기 때문에 영유아의 놀이는 예측하기 어렵다. 교사는 영유아의 흥미와 관심, 놀이, 안전, 놀이 환경, 자료, 날씨, 기관의 상황 등을 고려하여 놀이를 지원해야 한다. 교사는 영유아가 놀이하며 배울 수 있도록 상황에 따라 필요한 교육적 판단을 자율적으로 할 수 있어야 한다. 교사가 자율성을 가져야 영유아가 놀이에서의 배움을 지원할 수 있기 때문에 개정 표준보육과정과 누리과정은 교사의 자율성을 강조하고 있다.

2. 영유아중심 놀이중심 보육·교육과정 운영

1) 편성·운영

(1) 영유아중심 놀이중심 철학 공유하기

영유아·놀이 중심 보육·교육과정 편성은 어린이집과 유치원에서 하루, 한 주, 한 달, 한 학기, 일 년의 시간을 어떻게 살아갈 것인가에 대한 보육·교육내용과 시간을 조직하는 과정이다(교육부·보건복지부, 2019). 보육·교육과정은 구성원 간의 철학과 비전을 공유하고 모든 교직원이 전문성을 발휘하여 민주적인 절차와 과정을 거쳐 편성한다. 영유아를 유능하고 주도성 있는 배움의 주체로 인식하는 영유아중심 교육철학의 바탕으로 영유아의 일상생활과 놀이, 활동 속에서 즐거운 몰입을 통하여 배움이 일어나도록 원장과 교직원은 함께 실천해 나가는 노력을 해야 한다.

(2) 기관의 보육·교육과정 계획 자율적으로 수립하기

보육·교육과정은 국가수준 보육·교육과정의 공통적이고 일반적인 기준인 영유아중심, 놀이중심에 근거하여 각 기관의 실정에 따라 보육·교육계획의 형식, 내용, 방법을 개선하여 다양한 방식으로 편성·운영한다. 영유아 현황 및 관심과 흥미, 교직원 의견, 학부모 의견 및 지역사회의 실정, 교육시설·설비 등 교육 여건과 환경을 충분히 반영하여 보육·교육과정을 편성한다(교육부·보건복지부, 2019; 보건복지부·육아정책연구소, 2020).

- 연간 계획은 추구하는 인간상, 기관의 철학, 지역사회의 특성, 개인 수준의 다양성을 고려하여 일 년간의 중요한 경험을 위주로 기관 차원에서 자율적으로 수립한다.
  - 연간계획은 한 학급에서만 공유되는 것이 아니라 기관 전체의 구성원이 공유하는 자료이므로 기관 차원에서 연간계획을 검토해야 한다.
  - 연간계획은 일 년간의 중요한 경험(예: 기관 적응, 계절, 명절, 그 해의 특별한 국가적 행사, 기관 행사, 진급 등)을 미리 염두에 두고 계획한다.
  - 영유아에게서 발현되는 놀이 주제가 학기를 진행하는 동안 즉각적으로 반영될 수 있도록 여지를 남기고 연간계획을 작성한다. 연간계획이 수립되었다 하더라도 영유아들의 놀이 경험에 따라 시기와 기간 등이 바뀔 수 있다.
- 월간, 주간, 일일 계획은 기관과 교사의 필요에 맞게 형식이나 분량을 자율적으로 하되, 통합하거나 선택하는 등 융통성 있게 작성한다. 계획안을 자율적으로 작성하고, 사전 계획을 최소화함으로써 교사는 영유아가 주도하는 놀이를 적극적으로 지원한다.
  - 월간, 주간, 일일계획을 모두 수립하여야 하는 것은 아니며 기관, 학급,

교사의 상황에 맞게 하나만 선택하여 작성할 수 있다.
- 교사는 매일 진행된 영유아의 놀이를 기록하고 다음날 지원할 내용을 간단히 계획할 수 있다. 매주 혹은 영유아의 놀이 주제에 맞추어 지원 계획을 수립할 수도 있다. 계획안의 양식과 내용, 작성주기는 각 기관의 실정과 철학, 학급의 상황 및 교사의 신념을 고려하여 자율적으로 결정하면 된다.
- 교사가 영유아의 경험을 미리 조직하기보다 영유아의 놀이를 관찰하고 이를 지원하는 방식을 제안한다. 영유아의 놀이는 교사가 계획한 대로 진행되는 것이 아니라 시시각각 변화하고 교사의 기대 이상으로 심화될 수 있기 때문에 모든 놀이지원 계획을 미리 수립하기는 어렵다.
- 영유아의 건강과 안전을 위해 필수적으로 요구되는 일상생활 습관지도나 법적 의무교육 내용(인성, 안전 등)을 일상생활, 놀이, 활동과 연계하여 수립 · 운영한다.

(3) 영유아중심 놀이중심 하루일과 운영하기

하루일과는 놀이, 일상생활, 활동 간의 연계를 고려하여 융통성 있게 운영한다. 교사는 영유아의 놀이를 주의 깊게 바라보고, 영유아의 놀이를 이해하여 적절한 지원을 한다(교육부 · 보건복지부, 2019; 보건복지부 · 육아정책연구소, 2020).

① 영유아의 의사표현 존중하기

교사는 영유아 개개인의 특성, 기질, 개인차를 고려하여 영유아의 의사 표현을 존중하고 개별적으로 민감하게 반응해야 한다. 영유아는 언어적 방식과 비언어적 방식을 통해 의사 표현을 시도하며, 개인적 기질과 특성에 따라 표현 방식과 강도도 다르므로 교사가 주의 깊게 관찰하고 이해하며 요구에 맞게 반응해야 한다. 특히, 영아는 언어표현이 미숙하므로, 시선, 손짓, 표정 등 비언어적인 표현에 더 민감한 주의를 기울여야 한다.

② 영유아의 주도적 놀이 중심으로 운영하기

수영장이 좁아요

우리가 만든 수영장

우리가 만든 해수욕장

| 그림 7-2 | 놀이하며 배우는 유아

표준보육과정과 누리과정에서는 영유아가 자신의 흥미와 관심에 따라 자유롭게 참여하고 주도하는 놀이를 강조한다. 영유아가 주도하는 놀이는 영유아가 자신만의 방식으로 자유롭게 이끌어 가는 놀이를 의미한다. 영유아는 놀이를 통해 자신이 경험한 세상을 재구성하며 세상에 대한 이해를 넓혀 나간다. 영유아가 주도하는 놀이는 성인의 간섭과 통제가 최소화되고 영유아가 다양한 놀이 환경과 만날 때 활발하게 나타난다. 따라서 교사가 미리 준비한 놀이를 선택하게 하는 방식보다는 영유아가 자유롭게 놀이하며 즐기는 방식으로 바꾸어 갈 필요가 있다.

③ 일상생활이 즐거운 경험이 될 수 있도록 운영하기

일상생활은 영유아들의 기본적인 욕구를 충족시켜 주고 심신의 건강을 충족하는 시간으로 영유아 주도적으로 편안하고 즐겁게 이루어지도록 운영한다. 또한 일과의 순서는 일관성이 있어야 하지만 융통성 있게 운영되어야 한다. 영유아와 함께 일과를 평가하고 다음날의 일과 중 일부를 영유아 스스로 정해 보게 하는 것, 일과의 변화가 필요하다고 판단될 때 교사가 독단적으로 결정하지 않고 영유아의 의견을 반영해 주는 것 등의 방법을 시도해 볼 수 있다.

④ 교사의 활동은 놀이와 연결하여 운영하기

교사는 영유아의 놀이를 관찰하고, 놀이가 활발하게 이루어질 수 있도록 지원하는 과정에서 필요한 경우 이야기 나누기, 노래, 동화, 게임 등 적절한 유형의 활동을 연결하여 운영한다. 활동은 교사가 계획하여 제안할 수도 있고, 영유아가 다른 영유아들과 공유하기 위해 준비할 수도 있다. 활동에 참여하는 영유아는 학급 전체가 될 수도 있고 관심 있는 소집단의 영유아가 될 수도 있다. 일과 중 활동 시간은 교사가 계획하여 실시하거나 놀이의 흐름을 위해 필요하다면 놀이 중간에 잠깐 모여서 활동을 실시하고 다시 놀이로 연결할 수 있다.

교사는 미리 계획한 활동을 모두 해야 한다거나 정해진 순서대로 일과를 운영해야 한다는 부담을 내려놓고 영유아가 주도하는 놀이의 흐름에 따라 융통성 있게 일과를 운영하도록 한다.

한 걸음 더

영아반 일과운영(중앙육아종합지원센터, 2018)

영아반과 유아반의 일과적 특성이 차이가 있는데 아래와 같이 연령이 낮아질수록 놀이활동보다 일상적 양육활동이 증가하고 연령이 높아질수록 일상적 양육활동보다 놀이활동이 증가한다.

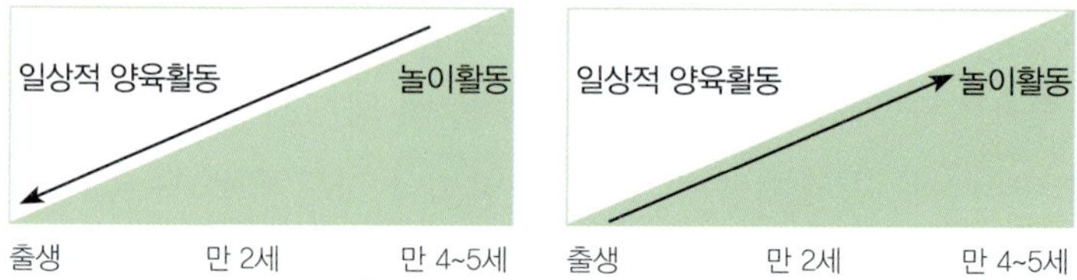

만 0~1세아, 만 2세아는 일상생활 및 개별 활동, 휴식 등이 영유아의 생리적 요구에 맞게 이루어지도록 한다. 영아의 급·간식, 배변, 씻기 등의 일상생활과 개별 활동, 휴식 등은 영아의 신체적 욕구를 충분히 고려하여 균형감 있게 배치하도록 한다. 일상생활 활동은 매일의 일과에서 반복적으로 일어나며 하루 일과의 많은 부분을 차지하므로 영아의 발달특성에 맞추고 개별적으로 표준보육과정의 관련 내용들이 적절하게 경험될 수 있도록 한다.

- 영아와 함께하는 모든 놀이 및 활동은 교사가 의도적으로 계획한 집단 활동이 아니라 개별 활동으로 하는 것이 중요하다. 언어적 의사소통이 어려운 영아를 대상으로 집단활동을 운영할 경우 영아에게 부적합한 내용(예: 주의집중을 요구하기, 놀잇감 양보하기, 조용히 걸어 다니기 등)을 요구하게 되고 이는 영아의 발달에 부적합하므로 유의하도록 한다. 휴식은 영아의 월령이 낮을수록 개별 리듬에 맞추어 융통적으로 조절한다.
- 영아의 경우, 일상적인 양육활동 이외에도 실내자유놀이 하루 2시간 30분 이상, 실외놀이 하루 30분 이상 충분하게 계획한다. 영아의 특성상 개별활동 중심으로 진행하되, 2세 후반이 되면 다음 일과로 넘어가기 전에 5~10분 잠깐 모여 앉는 전이활동을 계획할 수 있다. 일과 중 실외활동은 오전이나 오후 중 반드시 포함되도록 한다. 걷지 못하는 영아의 경우도 유모차타고 산책하기 등 실외나 자연을 경험하는 시간을 계획한다.
- 일과운영 시간은 어린이집의 특성과 상황, 계절 등에 따라 조정한다. 예를 들어, 모든 반의 영·유아가 오전 같은 시간대에 한꺼번에 실외놀이를 하도록 계획할 경우 실외놀이가 원활하게 이루어지기 어려울 수 있으므로 영아와 유아 간에 시간대를 다르게 하여 실외놀이를 계획한다. 계절과 날씨를 고려하여 실외놀이를 오전 또는 오후로 변경하여 계획한다.
- 영아에게 너무 많은 자극이 한꺼번에 제공되어 어린이집에서의 생활이 스트레스가 되지 않도록 교사는 '수업'을 한다는 생각으로 많은 활동을 계획하기보다는 일상 경험에서 민감하게 상호작용을 해 줌으로써 놀이가 이루어지도록 한다. 따라서 교사는 영아들의 수준과 흥미를 잘 파악하도록 영아들을 주의 깊게 관찰한다.

⑤ 놀이시간을 충분히 운영하기

영유아가 놀이에 몰입하면서 의미 있는 배움의 기회를 가지도록 바깥놀이를 포함하여 놀이시간을 충분히 확보하며 분절되지 않도록 운영한다.

영유아들이 놀이의 흐름이 끊어지지 않고 충분히 놀았다고 느낄 수 있도록 전이시간을 고려하여 놀이시간을 충분하게 편성하는 것이 중요하다. 따라서 바깥놀이를 포함한 놀이시간은 일과 가운데 가장 우선으로 충분히 편성되어야 한다.

교사는 바깥놀이를 포함하여 놀이시간을 2시간 이상 확보하되, 날씨와 계절, 기관의 상황, 영유아의 관심사와 놀이 특성 등을 고려하여 융통성 있게 편성·운영한다. 예를 들어, 하루 일과에서 바깥놀이는 미세먼지, 날씨 등을 고려하여 실내놀이로 편성 운영할 수 있고, 다른 날은 바깥놀이를 길게 편성할 수도 있다.

(4) 가정과 지역사회의 협력과 참여에 기반하여 운영하기

영유아가 속해 있는 가정, 기관, 지역사회 등은 상호 연계하고 협력해야 한다(교육부·보건복지부, 2019; 보건복지부·육아정책연구소, 2020). 원장과 교사는 영유아의 관심과 흥미 및 놀이에 대한 이해를 바탕으로 영유아의 놀이를 지원한다. 또한 원장과 교사는 부모가 영유아·놀이 중심 보육·교육과정의 의미를 이해하고 협력할 수 있도록 지원하고, 나아가 지역사회의 공공기관이나 단체와 협력하여 지역사회의 인적·환경적·문화적 자원을 통해 영유아가 풍부한 경험을 할 수 있도록 보육·교육과정을 운영한다.

① 부모와 협력하기

영유아·놀이 중심 보육·교육과정을 운영하기 위해서는 무엇보다 부모와의 협력이 중요하다. 부모는 영유아의 놀 권리와 즐겁게 놀이하며 배우는 놀이의 가치를 이해하여 가정에서 영유아의 놀이를 지원해야 한다. 이를 위해 어린이집과 유치원에서는 부모 참여, 간담회, 워크숍, 상담 등 다양한 기회를 마련하여

부모의 역할을 지원할 필요가 있다.

| 그림 7-3 | 부모와 함께 만들어가는 보육 · 교육과정

② 지역사회와 연계하기

지역사회는 영유아의 다양한 경험을 지원하는 풍부한 자원이다. 따라서 어린이집과 유치원에서는 영유아들이 지역사회의 여러 기관이나 장소를 직접 경험하면서 지역사회에 관심을 가질 수 있도록 지원해야 한다. 예를 들어 기관이 위치한 지역사회의 특성에 따라 지역사회 문화예술단체와 시설, 공공기관 및 지역인사 등을 활용하여 영유아의 경험을 확장할 수 있는 기회를 마련하고 지원할 수 있다.

한 걸음 더

표준보육과정의 운영: 편성·운영

가. 어린이집의 운영 시간에 맞추어 편성한다.
나. 표준보육과정을 바탕으로 각 기관의 실정에 적합한 계획을 수립하여 운영한다.
다. 하루 일과에서 바깥놀이를 포함하여 영유아의 놀이가 충분히 이루어지도록 편성하여 운영한다.
라. 성, 신체적 특성, 장애, 종교, 가족 및 문화적 배경 등에 따른 차별이 없도록 편성하여 운영한다.
마. 영유아의 발달과 장애 정도에 따라 조정하여 운영한다.
바. 가정과 지역사회와의 협력과 참여에 기반하여 운영한다.
사. 교사연수를 통해 표준보육과정의 운영을 개선할 수 있도록 한다.

2) 교수 · 학습

(1) 모든 영유아를 위한 교육기회 제공하기

교사는 영유아의 연령과 발달, 장애, 배경 등의 다양한 특성을 이해하고 각 특성을 최대한 고려하여 배움을 지원해야 한다. 영유아는 서로 다른 관심과 능력을 가지고 있으며 다양한 맥락 속에서 자신만의 방식으로 놀이하고 배운다(교육부 · 보건복지부, 2019; 보건복지부 · 육아정책연구소, 2020).

① 영유아의 개별적 차이 존중하기

영유아의 놀이는 연령 및 발달적 특성에 따라 다양한 모습으로 나타난다. 같은 연령의 영유아들일지라도 흥미, 관심, 경험, 발달, 가정의 문화 등 많은 부분에서 차이가 있으므로, 교사는 영유아가 자신에게 적합한 방식으로 놀이할 수 있도록 보육 · 교육과정을 조정하여 운영한다.

② 장애 영유아 배려하기

발달 지연 또는 장애 영유아도 또래 영유아와 함께하는 경험이 필요하다. 따라서 교사는 특별한 요구를 가진 영유아가 차별 없이 또래와 더불어 생활하고 함께 놀이하도록 지원해야 한다. 교사는 장애 영유아의 특성과 요구를 파악하여 개별화 교육계획을 수립하고, 개별 장애 영유아의 교육적 요구에 적합한 보육 · 교육이 이루어지도록 한다. 이때 효과적인 운영을 위해 부모, 특수교사, 사회복지사, 의료진 등 가족과 관련 기관의 전문가와 서로 소통하고 협력하는 것이 중요하다. 필요에 따라 특별히 고안된 장치나 보조기구, 자료를 활용하여 영유아가 장애로 인한 불편함을 덜 느낄 수 있도록 지원한다.

③ 편견없이 운영하기

영유아의 성별, 종교, 신체적 특성, 가족 및 민족 배경 등으로 인한 편견이 없도록 운영한다. 교육활동 전반을 통하여 인종, 민족, 장애 등으로 인한 편견이 없도록 영유아에게 적절한 지원을 제공한다.

(2) 풍부한 상호작용 격려하기

영유아는 또래, 교사 및 자신을 둘러싼 환경 등과 관계를 맺으며 성장한다. 또한 영유아는 놀이에서 또래 친구와 교사, 자연 환경 등과 적극적으로 상호작용하면서 세상을 이해하고 배움을 이루어 간다. 교사는 영유아가 놀이에서 만나는 다양한 관계에 관심을 기울이고 함께 상호작용을 하며 배움을 지원해야 한다(교육부·보건복지부, 2019; 보건복지부·육아정책연구소, 2020).

① 영유아와 영유아의 상호작용 지원하기

영유아가 주도하는 표준보육과정에서는 영유아와 영유아 사이의 상호작용이 더 활발하고 빈번하게 일어난다. 영유아는 또래들과 함께 놀이하면서 자신의 생각을 표현하고, 친구들의 의견을 듣고 때때로 생각을 바꾸기도 한다. 더 재미있게 놀이하기 위해 양보하고, 배려하고, 나와 다른 의견을 수용하여 조절하는 경험도 할 수 있다. 교사는 영유아들이 자유롭고 활기차게 놀이할 수 있는 분위기를 제공하여 영유아 사이의 다양한 상호작용을 격려해 주어야 한다.

| 그림 7-4 | 영유아는 친구, 주변 사물, 자연과 즐겁게 상호작용하며 배워간다.

② 영유아와 환경의 상호작용 지원하기

영유아와 환경 사이의 상호작용은 영유아 주변의 친근한 공간, 자료, 일상생활에서 자연스럽게 접하는 모든 환경과의 교감을 포함한다. 영유아는 놀이에서 다양한 사물, 자료, 자연물 등을 만지고 움직여 보며 새로운 흥미와 관심을 가지게 되고, 이는 창의적 표현으로 이어지기도 한다. 영유아가 환경과 교감하면서 표현하는 말과 행동은 모두 영유아가 환경과 상호작용하며 배우는 과정이다. 영유아는 혼자 충분하고 반복적으로 환경을 탐색하는 과정을 통해 배워 나가므로, 교사는 영유아의 환경 탐색에 대해 관심을 가지고 지원하도록 한다. 교사는 영유아와 환경 사이의 상호작용에 주의를 기울이고 존중하며 영유아들이 환경과 즐겁게 상호작용할 수 있도록 지원해야 한다.

③ 영유아의 놀이지원을 통한 상호작용하기

교사는 영유아의 놀이에 귀 기울여 놀이의 의미와 배움을 발견하고, 이를 확장하기 위해 다양한 상호작용을 한다.

- 영유아의 놀이를 지원하기 위해서는 즉각적인 개입보다는 영유아가 놀이에서 보이는 감정의 상태, 궁금해하는 것, 흥미를 보이고 탐색을 하는 것 등을 관찰하면서 기다리는 것이 우선되어야 한다.

| 그림 7-5 | 교사는 영유아의 놀이에 귀기울이고 함께 놀이하는 즐거움을 경험하게 한다.

- 교사는 영유아의 흥미와 상관없이 새로운 놀이자료를 일방적으로 제안하거나 교사 주도로 새로운 놀이방법으로 이끌기보다는 놀이 관찰에 기반하여 놀이를 지원하는 것이 좋다. 현재 진행 중인 놀이가 잘 지속될 수 있도록 공간, 자료, 시간 등의 측면에서 무엇을 어떻게 지원하는 것이 좋을지 고민하고 제안하며, 영유아가 교사의 지원을 어떻게 받아들이는지 살펴보고 추후 지원에 반영할 필요가 있다.
- 교사는 영유아와 함께 놀이하는 즐거움을 느낄 수 있어야 한다. 영유아와 교사가 놀이의 즐거움을 공유할 수 있는 기회가 많을수록 둘 사이에 진정한 공감과 소통이 발생한다. 그러므로 교사는 영유아의 주도적인 놀이를 일과의 가장 중요한 부분으로 인식하고 필요한 경우 공동 놀이자로 참여할 수 있다. 이러한 과정에서 교사는 놀이의 속성을 더 잘 이해하게 되고 보다 효과적으로 지원할 수 있게 된다.

(3) 영유아의 의사를 반영한 공간 및 환경 구성하기

놀이 환경은 영유아가 놀이하는 실내외 모든 공간과 놀이자료를 포함한다. 영유아가 보고 듣고 만지며 자유롭게 표현할 수 있는 놀이 환경은 놀이가 다양하게 이루어지도록 하는 중요한 교육적 자원이다. 따라서 교사는 다양한 실내외 놀이

환경과 풍부한 놀이자료를 제공하여 영유아의 놀이가 활성화되도록 돕는다. 영유아를 위한 실내외 환경을 구성할 때에는 영유아의 발달을 고려해 안전하면서도 도전적인 자료를 제공해 주도록 한다 또한 놀이환경 구성 및 놀이자료 사용에 있어서 영유아의 의사를 존중한다(교육부 · 보건복지부, 2019).

① 실내 놀이공간을 융통성 있게 운영하기

실내 공간은 영유아에게 가장 친숙한 놀이 환경이다. 교사는 놀이 공간을 구성하고 변형해 나가며 영유아의 자유로운 놀이를 지원할 수 있다. 반의 흥미 영역은 영유아들이 가장 좋아하는 놀이를 중심으로 구성하는 것이 좋으며, 영유아들이 흥미를 보이지 않는 영역은 다른 영역과 통합하여 재구성하거나 다른 영역으로 대체하는 것도 가능하다. 또한 영유아의 관심과 흥미, 요구에 따라 새로운 영역을 구성할 수 있으며, 이때 영유아가 주도적으로 놀이 영역을 창조할 수 있도록 지원해야 한다. 교실 밖의 복도나 계단, 구석진 공간 등 영유아가 놀이할 수 있는 실내공간은 먼저 안전에 문제가 없는지 파악한 후에 놀이 공간으로 구성할 수 있다.

② 실외 놀이공간 다양하게 확장하기

실외 공간은 영유아가 마음껏 뛰어놀며, 자연과 계절의 변화를 만나고 탐색할 수 있는 놀이 환경이다. 교사는 영유아가 몸을 충분히 움직여 즐겁게 놀이하고 위험으로부터 자신을 안전하게 보호하는 능력을 기를 수 있도록 지원해야 한다. 이처럼 실외 놀이 환경은 영유아가 안전하게 놀이할 수 있는 공간과 자료로 구성해야 한다. 또한 영유아들이 활발한 신체 움직임을 바탕으로 모험과 도전을 하면서 궁금한 것을 찾아 자유롭게 탐색하는 놀이를 다양하게 경험할 수 있는 놀이 환경을 구성한다. 실외 자투리 공간, 텃밭, 통로, 작은 마당 등은 공간의 특성과 안전을 고려하여 놀이 환경으로 구성하며, 기관의 상황에 따라 인근 공원과 놀이터 등도 놀이 공간으로 활용할 수 있다.

| 그림 7-6 | 공터, 텃밭으로 확장된 놀이 공간

③ 다양한 방식으로 놀이자료 활용하기

놀이자료는 영유아가 놀이에 사용할 수 있는 놀잇감, 매체, 재료와 도구 등을 포함한다. 영유아에게 놀이자료는 자신의 감정과 생각, 상상 등을 자유롭게 표현하는 수단이자 세상에 대한 이해를 넓혀 나가는 데 중요한 역할을 하는 매개물이다. 교사는 영유아에게 일상의 평범한 사물, 자연물, 악기, 미술재료, 그림책, 재활용품 등을 적절히 제공할 수 있으며 계절이나 행사, 국경일과 관련된 자료는 시기에 맞게 제공할 필요가 있다. 또한 물, 모래, 찰흙, 종이, 천 등과 같은 열린 자료를 풍부하게 제공하여 영유아가 자신만의 방식으로 활용할 수 있도록 지원하며 영유아가 찾아낸 새로운 놀이자료나 창의적인 놀이 방식을 인정하고 존중해야 한다. 놀이자료를 제공할 때는 영유아가 자유롭게 탐색할 수 있도록 자료의 사용 방법이나 놀이 방식을 지나치게 제한하지 않도록 유의한다.

| 그림 7-7 | 영유아는 자신만의 방식으로 놀이자료를 활용하며 놀이한다.

④ 놀이 공간 함께 구성하기

교사는 놀이공간의 주도권을 영유아에게 주어 영유아 스스로 놀이공간을 배치하거나 변경하도록 지원한다. 교실 내에 반드시 배치되어야 하는 흥미영역이 정해져 있는 것은 아니므로 놀이와 활동의 특성, 영유아의 흥미, 교육내용, 시기 등에 따라 적절하게 재구성할 수 있다. 교사는 영유아가 놀이에 사용할 수 있는 놀잇감, 매체, 재료와 도구 등 놀이자료를 적절하게 제공하고 영유아가 결정한 자료 활용방법을 격려한다.

한 걸음 더

표준보육과정의 운영: 교수·학습

교사는 다음 사항에 따라 영유아를 지원한다.

가. 영유아의 의사 표현을 존중하고 민감하게 반응한다.
나. 영유아가 흥미와 관심에 따라, 놀이에 자유롭게 참여하고 즐기도록 한다.
다. 영유아가 놀이를 통해 배우도록 한다.
라. 영유아가 다양한 놀이와 활동을 경험할 수 있도록 실내외 환경을 구성한다.
마. 영유아와 영유아, 영유아와 교사, 영유아와 환경 사이에 능동적인 상호작용이 이루어지도록 한다.
바. 각 영역의 내용이 통합적으로 영유아의 경험과 연계되도록 한다.
사. 개별 영유아의 요구에 따라, 휴식과 일상생활이 원활히 이루어지도록 한다.
아. 영유아의 연령, 발달, 장애, 배경 등을 고려하여, 개별 특성에 적합한 방식으로 배우도록 한다.

해 봅시다!

놀이와 안전

영유아·놀이 중심 보육·교육과정에서 영유아가 자유롭고 즐겁게 놀이하면서 안전이 보장되려면 어떻게 해야 할까요?

3) 영유아중심 놀이중심 보육·교육과정 평가

평가는 어린이집과 유치원에서 영유아가 중심이 되고 놀이가 살아나는 보육·교육과정의 운영을 되돌아보고 개선해 가는 과정이다(교육부·보건복지부, 2019; 보건복지부·육아정책연구소, 2020).

(1) 영유아중심 놀이중심 보육·교육과정 운영 기록

① 기록의 목적

교사가 담당한 반에서 '영유아가 중심이 되고 놀이가 살아나는 보육·교육과정'을 운영하고 관리하기 위하여 기록하는 가장 일반적인 양식이 일지이다(보건복지부, 2020). 교사는 자율적으로 자신에게 가장 적절한 방식으로 자신의 보육·교육과정 운영을 기록한다.

일지는 '영유아·놀이중심의 보육·교육과정'이 일과와 놀이 중에서 어떻게 이루어졌는지를 되돌아보고, 보다 나은 방향으로 개선해 가는 과정의 기록이다. 영유아 놀이를 관찰·기록함으로써 영유아의 특성과 변화를 이해하며 보육·교육과정이 적절하게 운영되고 있는지를 평가하는 데 그 목적이 있다.

② 일지에 포함되어야 할 내용요소

'놀이와 일상생활, 활동'으로 구성된 일과를 기록하되, 바깥놀이를 포함한 영유아의 자유놀이 진행에서 중심이 되는 내용을 기록한다.

- 영유아의 자연스러운 놀이상황을 관찰하고 이를 통해 교사가 지원하고자 하는 내용을 간략히 기록한다.
- 일지는 주간계획 또는 일일계획을 포함하여 작성할 수 있다.
- 일지는 놀이 중 작성한 메모나 영유아의 놀이사진, 놀이 결과물 등을 활용하여 기록할 수 있다. 일지에는 모든 놀이와 활동에 대해 기록하지 않아도

되며 일과에서 중점적으로 진행된 내용을 기록한다.

- 매일 반복되는 일과의 내용은 간략히 기술하도록 하며, 매번 동일한 내용을 상세하게 작성하지 않아도 된다.
- 반 운영의 특이사항(부모면담, 부모요구사항, 감염병 발병 상황, 안전사고 등)이 있는 경우 이에 대해 간략히 작성한다.

(2) 영유아중심 놀이중심 보육 · 교육과정 평가

① 보육 · 교육과정 운영 평가

영유아중심 놀이중심 보육 · 교육과정운영의 질을 진단하고 개선하기 위해 학부모 설문지, 교육과정 운영 체크리스트 등을 자체적으로 계획하여 실시 가능하다. 영유아중심 놀이중심 보육 · 교육과정의 목적과 목표, 영역별 목표와 내용을 영유아의 성장 변화 및 교육과정 운영에 대한 판단의 근거로 활용한다.

② 영유아 평가

영유아 평가의 목적은 영유아의 발달과 성장을 지원하기 위한 것이다. 영유아의 놀이와 일상생활, 활동 속에서 관찰하여 기록하고, 영유아 이해 및 놀이지원에 중요하고 의미 있다고 판단되는 자료를 선별한다. 자료를 수집할 때에는 효과적으로 내용을 조직할 수 있고, 기록을 쉽게 활용할 수 있으며 관리하는 데에도 시간이 덜 드는 방법을 활용한다.

평가 결과는 놀이, 일상생활, 활동에서 영유아의 배움을 지원하는 방안을 모색하는 데 활용한다. 영유아에 대한 이해와 지원을 위한 의사결정, 교수 · 학습 방법 개선, 교육과정 편성 · 운영, 부모와의 면담, 생활기록부 작성 등을 위한 기초 자료로 활용한다.

한 걸음 더

표준보육과정 고시문: 평가

평가는 다음 사항에 중점을 두고 실시한다.

가. 표준보육과정 운영의 질을 진단하고 개선하기 위해, 평가를 계획하고 실시한다.

나. 영유아의 특성 및 변화 정도와 표준보육과정의 운영을 평가한다.

다. 평가의 목적에 따라 적합한 방법을 사용하여 평가한다.

라. 평가의 결과는 영유아에 대한 이해와 표준보육과정 운영 개선을 위한 자료로 활용할 수 있다.

4) 영유아중심 놀이중심 보육·교육과정 운영을 위한 교사 전문성 지원하기

표준보육과정과 누리과정에서는 영유아의 놀이에서의 배움을 지원하기 위해 교사의 자율성을 강조한다. 교사는 영유아가 놀이하며 배울 수 있도록 상황에 따라 필요한 교육적 판단을 자율적으로 할 수 있어야 하며, 이를 위해서는 교사의 전문성이 강화되어야 한다. 교사는 자발적으로 연수에 참여하며, 원장은 교사가 연수에 참여할 수 있도록 기회를 제공하고 지원한다.

교사는 영유아의 놀이와 배움을 지원하며 영유아와 함께 배우고 성장하는 전문가이다. 교사는 표준보육과정과 누리과정의 실행자로서 영유아의 놀이를 지원하는 역할을 한다.

(1) 상호작용 관찰 및 지원

영유아와 가장 가까이에 있는 교사의 상호작용은 영유아의 발달에 많은 영향을 미친다. 어린이집에서는 교사가 배움을 이끄는 상호작용을 할 수 있도록 관찰하고 지원하는 것이 필요하다.

동료 교사 간 영유아의 흥미와 관심에 귀기울이고, 놀이를 지원할 수 있는 방법에 대해 의견 나누고, 각 반의 환경을 함께 점검하고 영역 구성에 대해 이야기 나누기를 통해 교사의 교육적 판단능력을 향상시켜 교사가 자율성을 가지고 보육 · 교육과정 실행에 대해 서로 지원할 수 있다.

원장은 교사의 놀이 지원과 상호작용을 관찰하고 구체적인 피드백과 정보, 자료 등을 제공하여 교사의 상호작용이 개선될 수 있도록 지원한다. 또한 원장은 주기적으로 일지를 검토하여, 보육 · 교육과정이 영유아중심 · 놀이중심으로 잘 실행되고 있는지를 점검하고 피드백을 제공한다. 필요시 외부전문가가 교사의 상호작용을 관찰하고 개선을 위한 피드백을 제공하는 기회를 갖는 것도 좋다. 한 반에 교사가 여러 명이 있을 경우, 교사별로 관찰 및 지원을 제공하는 것이 바람직하다.

한 걸음 더

교사의 학습공동체

유아 · 놀이 중심 교육과정을 처음 접한 교사들이 생각한 놀이에 대한 첫 이미지는 '주도성, 재미, 즐거움'이었다. 그러나 놀이를 실천해 가면서 교사들은 '이상과 현실 사이에서의 딜레마' 또는 '눈치 보기'라는 부정적 이미지가 담긴 새로운 단어로 놀이를 묘사하기 시작했다. 그 이유는 '유아의 놀이를 어디까지 수용할 것인가?' 그리고 '공간에 대한 틀 깨기로 인한 유아들의 지나친 흥분과 소란 등이 타 학급 교사와 원장 그리고 직원들에게 불편을 주지 않을까'라는 교사의 심리적 불안에 기인한 것이었다.

학습공동체는 바로 위와 같은 교사의 고민을 해결할 수 있는 능력을 함양하는 구심점이 되었다. 처음 유아 · 놀이 중심 교육과정을 접했을 때 느꼈던 막연함과 혼란스러움, 걱정 등을 지속적인 공동체 모임을 통해 해결할 수 있었다. 점차 교사는 놀이 실행에서 발생하는 문제를 스스로 해결할 수 있는 교육적 역량을 갖추게 되었다. 무엇보다 학습공동체는 교사들이 처음 가졌던 놀이에 대한 추상적 생각을 '유아와 진정한 소통', '설렘, 흥분, 기대감' 과 '살아 있는 교육' 등으로 바꿔 주었으며 놀이를 긍정적으로 바라볼 수 있도록 해 주었다.

출처: 교육부 · 보건복지부(2019). 2019 개정누리과정 놀이실행자료, p. 71.

(2) 교사연수

영유아중심, 놀이중심 보육·교육과정을 실천하고 지속적으로 개선해 나가기 위해서는 교사의 전문성 발달을 지원하는 교사연수가 매우 중요하다. 교사연수는 교사가 참여하는 다양한 유형의 교육, 배움 공동체, 소모임 등을 포함한다.

보육·교육과정 개선을 위해 지자체나 교육청 단위의 공식적 연수 참여뿐만 아니라 기관 실정에 맞게 원내 학습공동체 및 동료장학을 통해 자율적이고 협력적 성장이 이루어질 수 있도록 원장과 교사가 함께 노력한다. 또한 지구별, 지역별 교사들의 자율적인 연구모임을 활성화하여 우수 사례를 공유하는 등 함께 성장해 나간다.

ISUSSE & TALK

표준보육과정, 누리과정 개정과 교사의 자율성

표준보육과정, 누리과정이 영유아중심 놀이중심 보육·교육과정으로 개정되면서 교사의 자율성을 강조하고 있습니다. 영유아중심, 놀이중심 실천을 위해 교사의 자율성은 왜 필요한지, 교사의 자율성이 발휘된 구체적 사례를 알아봅시다.

CHAPTER 08

영유아교육기관의 건강 및 위생관리

영유아기의 건강은 평생 동안 누려야 할 튼튼한 신체발달의 초석이 되므로 영유아가 건강한 생활습관 및 식습관을 형성하도록 지원하는 것은 매우 중요하다. 영유아교육기관에서는 면역력이 약해 질병 감염에 취약한 영유아를 위해 실내외 공간의 청결을 유지하고 영유아가 위생적인 생활습관을 형성할 수 있도록 지원하여야 한다. 이 장에서는 영유아와 교직원의 건강 증진을 위한 적절한 예방관리 및 지원에 대해 살펴본다.

1. 영유아교육기관의 건강관리

1) 건강관리 계획

| 표 8-1 | 건강관리 연간 계획 예시

구분	시기	내용
건강교육	매월	· 영유아, 부모, 교직원 건강교육을 통해 안전사고에 대비하고 응급처치 요령을 숙지 · 소식지를 통해 부모님에게 아동의 건강, 위생에 관련된 정보를 제공 · 각 교실별 구급약품 설치 · 약물오남용 교육, 보건위생교육
일일 건강검진	매일	· 등원 시 시진, 일과 속에서 건강의 변화체크, 발열 체크
정기 건강검진	연 1회	· 영유아 건강검진 안내, 정기 검진으로 질병의 조기 발견 및 예방 · 교직원 건강 검진으로 건강관리
불소도포 및 구강교육	연 2회	· 연 2회 불소도포로 만 2, 3, 4세 원아의 건강한 치아 관리 · 칫솔 소독기를 통해 구강 및 건강 안전에 대한 관리
신체 계측	연 6회	· 연 6회 이상의 신체 계측으로 원아 발달 상황 점검
위생관리	매일	· 주 1회 낮잠매트 소독, 개인별 침구류 가정에서 세척 · 각 반 부대시설 및 공기청정기, 가습기, 냉장고, 장난감 소독기, 칫솔 소독기, 손 소독기의 정기적 관리, 위생관리 · 정수기 음용구 및 주변 매일 소독, 필터 월 1회 교체
실내외 방역	연 6회 이상	· 연 6회 방역 실시 및 원내 자체점검으로 위생적이고 안전한 보육 환경 마련(하절기는 월 1회 실시) · 전염 관련 질병 발생 시 자체적 실내 살균 및 외부 업체를 통한 방역
협력병원지정	상시	· 기관 인근의 협력 병원을 지정, 협약을 맺어 원생의 건강검진 및 위급상황 시 신속한 치료

영유아의 건강을 위해서는 일상적인 건강관리를 통해 건강한 상태를 유지할 수 있도록 돕는 것이 우선적이다. 또한 질병에 감염되지 않도록 예방관리하는 것이 중요하며, 질병 발생 시 이에 적절하게 대처하는 방안을 마련하는 것이 필요하다. 영유아교육기관에서의 감염 예방 및 관리는 교사의 건강 상태, 개인위생 관행 및 예방접종 상태, 환경 위생, 식품 취급 절차, 영유아 연령 및 예방접종 상태, 교사와 영유아의 비율, 시설 공간 및 관리, 표준 예방지침 준수 등과 관련이 있다(김남수·신손문·김홍량·엄애선, 2017). 이를 위해서는 〈표 8-1〉에 제시된 것처럼 건강관리에 대한 연간계획을 수립하여 체계적으로 시행하고 관리한다.

2) 예방관리

예방관리는 영유아교육기관 내에 질병의 발생 및 전파를 감소시키기 위한 것이 목적이다. 질병의 발생 및 전파가 이루어지는 3대 요소에는 감수성이 있는 사람, 미생물, 전파양식 및 매체가 있으며, 이 세 가지를 잘 관리하는 것이 영유아교육기관 질병의 발생 및 전파에 대한 예방관리를 잘할 수 있는 방법이다.

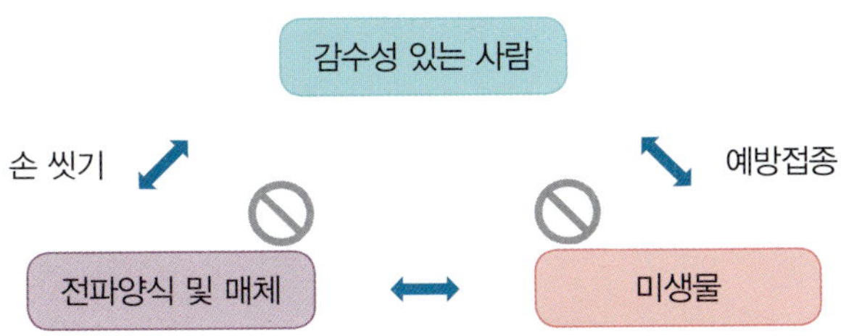

| 그림 8-1 | 영유아교육기관 질병 예방관리

출처: 보건복지부 (2011). 어린이집 건강관리 매뉴얼. 보건복지부. p. 2.

(1) 건강검진

① 시진

교사는 매일 아침 영유아가 등원할 때 영유아의 건강 상태를 확인하고 적절한 조치를 취하는 것이 중요하다. 영유아의 건강 상태가 가장 드러나는 것이 발열이므로 체온 측정을 통해 건강이상 상태를 확인할 수 있다. 등원할 때뿐만 아니라 낮잠, 하원 전 정기적인 체온체크로 영유아의 건강 상태를 확인하는 것이 필요하다. 체온 체크이외에도 기침, 식욕저하, 충혈, 설사, 발진, 구토, 눈곱, 발진, 배변 상태, 기분 및 활동성을 관찰하여 영유아의 건강 이상을 파악할 수 있다.

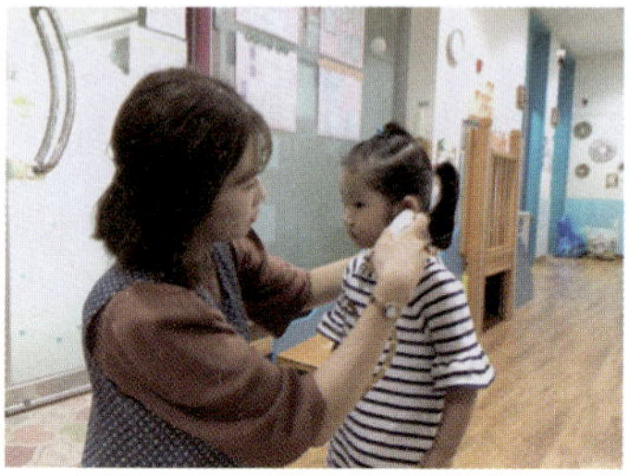

| 그림 8-2 | 영유아 체온 체크

② 정기 건강검진

○ 영유아 정기 건강검진

영유아교육기관 원장은 영유아의 건강진단 실시 여부를 생활기록부에 기록하여 관리하는 등 건강관리를 하여야 한다.

한 걸음 더

영유아건강검진 실시기준 (건강검진실시기준 제6조 제4항 및 [별표 4])

- 검사항목: ① 문진과 진찰 ② 신체계측 ③ 발달평가 및 상담 ④ 건강교육 ⑤ 구강검진
- 검진주기: 총 7차에 걸쳐 검진

① 생후 4~6개월 ② 생후 9~12개월 ③ 생후 18~24개월 ④ 생후 30~36개월
⑤ 생후 42~48개월 ⑥ 생후 54~60개월 ⑦ 생후 66~71개월

*구강검진의 경우 3차, 5차, 6차에 포함되어 있으나, 검진기간은 12개월로 연장됨
(3차는 18개월~29개월, 5차는 42개월~53개월, 6차는 54개월~65개월까지 검진가능)

※ 건강검진실시기준(보건복지부 고시 제2016-252호, 2016. 12. 26. 일부개정시행)

※ 원장은 보호자가 영유아건강검진을 받을 수 있도록 안내 · 협조(검진비: 무료)

- 영유아검진결과 발달장애가 의심되어 정밀평가가 필요하다고 판정받은 의료급여수급권자, 건강보험료 부과금액 하위 30% 이하인 자에 대하여 평균 20만 원의 정밀 검사비 지원(주소지 관할 보건소에 문의)

검진항목	검진방법
문진 및 진찰	문진 및 진찰 문진표(출생력 포함), 진찰, 청각 및 시각문진, 시력검사
신체계측	키, 몸무게(체질량지수), 머리둘레
발달평가 및 상담	K-DST(한국영유아발달선별검사) 도구를 통한 평가 및 상담
건강교육 및 상담	안전사고 예방, 영양, 영유아돌연사증후군 예방, 구강, 대소변 가리기, 전자미디어 노출, 정서 및 사회성, 개인위생, 취학준비 등 교육
구강검진	구강문진표, 치아검사, 기타검사 및 문진, 구강보건교육

어린이집에 입소하는 영유아들은 「영유아보육법」에 따른 건강검진을 매년 1회 이상 실시하여야 하는데, 영유아건강검진으로 이를 갈음할 수 있도록 되어 있으므로 부모에게 미리 안내하여 빠트리지 않고 건강검진 결과통보서를 제출할 수 있도록 한다. 영유아 건강검진은 검진을 실시하고 나서 당일에 판정 결과를 설명해 주고 건강교육을 실시하므로 영유아의 보호자가 직접 아이를 데리고 가서 받아야 한다. 따라서 어린이집에서 단체로 데리고 가서 검진을 받을 수가 없다. 영유아 건강검진은 신체계측, 신체진찰, 발달선별검사, 시력검사, 종합 판정 및 건강교육으로 구성되어 있으며, 발달선별검사는 9개월부터, 시력검사는 42개월부터 시행한다.

영유아 건강검진을 통해서 성장과 발달이 적절한지 평가하게 되므로 어린이집에서는 부모가 주기별로 빠트리지 않고 검진을 꼭 받도록 안내를 해 주고, 검진결과보고서를 제출받도록 한다. 현재는 4~6개월, 9~12개월, 18~24개월, 30~36개월, 42~48개월, 54~60개월, 66~71개월, 총 7차에 걸쳐 영유아 건강검진을 받을 수 있다. 보호자가 건강검진을 거부할 시 원장은 건강검진에 대한 안내를 3회 이상 고지·안내하고, 3회 이상 고지·안내 후에도 보호자가 건강검진을 거부할 시에 원장은 건강검진 실시 여부와 거부 사유를 생활기록부 등에 기록한다.

유치원의 경우에도 2020년부터 유치원생활기록부에 건강검진기록을 신설하여 유아의 건강관리를 강화하였다(교육부, 2020).

○ 교직원 건강검진

「영유아보육법」에서는 어린이집 원장이 영유아 및 보육교직원에 대해 1년에 한 번 이상 건강진단을 실시하도록 정하고 있다(「영유아보육법」 제31조 제1항). 특히 영양사, 조리사, 조리원, 배식인력은 「식품위생법」 제40조 제1항 및 같은 법 시행규칙 제49조에 의한 건강 진단(장티푸스, 폐결핵, 전염성 피부질환) 내용을 포함하여 실시하여야 한다.

또한 영유아의 질병과도 직결되는 교직원의 감염성 질환에 대한 관리 및 대처 방안도 마련하여야 한다. 채용기간이 1개월 미만의 대체교사(임시교사), 보육실습생, 특별활동강사, 노인일자리파견파견자 등은 보건소의 전염성질환(폐결핵, 장티푸스, 전염성 피부질환 등)에 대한 건강진단결과서(구 보건증)로 갈음 가능하다. 이와 함께 보건복지부는 2016년 2월 「결핵예방법」을 개정하여, 어린이집 원장에게 보육교직원 및 종사자에 대한 결핵검진 등을 의무화하고 있다(「결핵예방법」 제11조). 결핵검진은 매년 실시하며, 임상적·방사선학적 또는 조직학적 검사, 객담(喀痰)의 결핵균 검사 등을 실시하게 된다. 건강검진 결과 감염병에 감염된 것으로 의심되거나 진단되어 타인에게 전염 가능성이 있으면 완치 시까지 휴직 또는 면직시킨다.

한 걸음 더

어린이집 건강주치의 제도

■ **목적**

- 지역사회 보건소 및 의료기관의 재능기부를 활용하여 질환 조기 발견, 질병 예방교육, 예방접종 및 정기 건강검진 등을 통해 어린이집 영유아의 건강증진을 도모
- 지방자치단체에서는 지역의사회 등 의료단체와 긴밀히 협의, 주치의제에 참여할 의료기관 파악 및 관련정보 제공 등 의료기관–어린이집 간 협약체결 지원 및 독려
- 어린이집에서는 보호자의 의견을 수렴하고, 접근성 등을 고려하여 의료기관(주치의) 선정 및 상호협약을 체결

■ **의료기관(주치의 역할)**

- 질병예방을 위한 영유아, 보육교직원 교육 및 건강관련 정보를 제공
- 의료법 등 관련 법령 규정 범위 내에서 영유아에 대한 건강검진, 예방법종 등 진료서비스를 제공, 건강검진 및 예방접종은 부모가 영유아를 동반하여 의료기관에서 실시
- 안전사고 발생 시 적절하고도 신속한 대응체계에 대한 자문을 제공

출처: 보건복지부(2020). 2020 보육사업안내, p. 108.

(2) 개인위생

영유아는 질병 특히 감염병에 대한 면역이 발달하고 있는 단계로 면역에 미숙하다. 또한 단체 생활이 이루어지므로 감염병에 걸린 영유아의 대변, 타액, 콧물, 피부 등에 쉽게 노출되어 감염병에 걸리기 쉽다. 영유아들은 세균으로 오염된 손가락이나 장난감, 또는 여러 물건들을 습관적으로 입으로 가져가는 경향이 있으며, 아직 손 씻기 행동이 습관화되지 않은 상태이다. 따라서 영유아교육기관에서 손 씻기를 통한 개인위생관리는 건강관리를 위한 핵심이 된다.

① 영유아와 교사의 손 씻기

손 씻기는 적절하고 정확하게 시행되어야 할 질병 예방법이다. 식중독, 유행눈병, 세균성 이질, 콜레라, 상기도 감염(감기), 폐렴, 독감, A형 간염, 기생충감염, 피부 감염 등의 각종 감염 질환은 손을 잘 씻음으로써 줄일 수 있다. 감염성 설사는 손 씻기를 통해 30~50%, 호흡기 감염은 21~24% 빈도가 감소한다. 감염 질환의 감소는 영유아의 결석일을 줄이고 아픈 자녀를 돌보기 위해 부모가 결근하거나 일하는 시간을 줄이는 등의 가족의 불편함과 경제적 손실을 줄인다. 감염 질환이 있는 경우 전파를 차단하기 위해 더욱 자주 손을 씻어야 한다.

영유아 및 교사의 올바른 손 씻기 습관을 길러 개인의 건강을 도모하고 가족 내 감염 질환의 2차 전파를 차단하며 집단 내 감염 질환의 빈도를 줄인다.

○ 손 씻기 환경 마련

손을 씻을 수 있는 세면대가 화장실과 기저귀 교환 장소 바로 근처에 있어야 하며, 매일 1회 이상 청소 및 소독을 시행해야 하고, 절대 음식을 준비하는 용도로 쓰지 말아야 한다. 영유아의 키에 맞는 높이의 세면대, 비누, 종이 수건 또는 건조기 등이 비치되어야 한다.

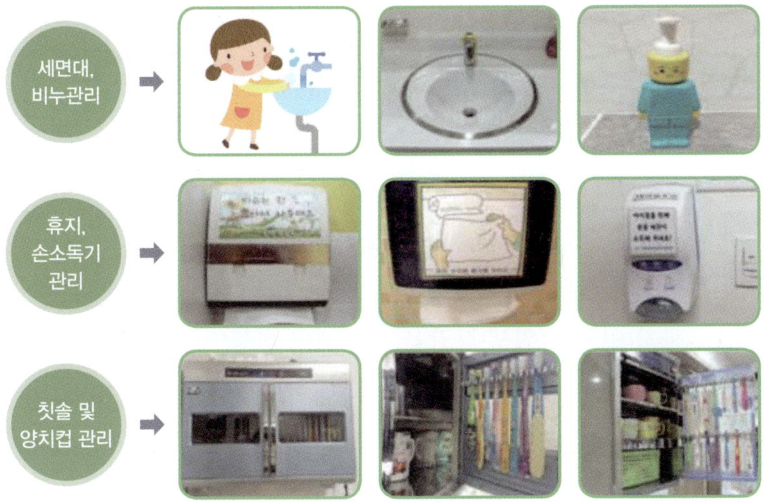

| 그림 8-3 | 영유아 개인위생관리

출처: 어린이집안전공제회(2019). 어린이집안전관리백과: 건강, 환경, 위생, 급식, p. 75.

○ 손 씻기 규정 마련

효과적인 손 씻기를 위해 영유아 및 교사가 정확하게 손을 닦았는지에 대한 관리가 필요하다.

영유아가 손을 씻어야 하는 상황	교사가 손을 씻어야 하는 상황
· 음식을 먹기 전(점심식사, 오전·오후간식 전) · 실외활동 후 · 대소변 이후 · 기타 - 손이 더러운 경우 - 동물을 만진 후 - 피, 토사물, 코 흘린 것 등 신체 분비물을 만진 후 등	· 영유아에게 음식을 먹이기 전(점심식사, 오전·오후간식 전) · 음식을 다루거나 먹고 마실 때 · 실외활동 후 · 변기 사용 후, 기저귀를 갈아 주거나 영유아의 변기 사용을 도와준 후 · 기타 - 투약(특히 안약)을 하기 전 - 상처를 소독하거나 밴드를 붙이기 전 - 동물을 만진 후 - 쓰레기통을 만지거나 사용한 후 - 피, 토사물, 코 흘린 것 등 신체 분비물을 만진 후 - 손이 더러운 경우 등

물티슈 사용은 단지 더러운 물질이 묻었을 때 제거하는 용도로 사용하여야 하며 물과 비누를 사용하는 손 씻기를 대신할 수 없다.

손 씻기의 대안적인 방법으로 손 소독제를 사용한다. 알코올이 함유된 손세정제의 사용이 감염 질환의 빈도를 줄인다는 연구 보고들이 있다. 따라서 물과 비누를 사용한 손 씻기가 쉽지 않으면 알코올을 함유한 손 세정제의 사용을 권장한다. 그러나 기저귀 갈이 등의 상황에서 연속 사용 후 마지막에는 반드시 손을 씻어야 한다. 교사가 일회용 위생 장갑을 사용해야 하는 경우도 있다. 피부에 상처가 난 경우나 설사가 심하여 기저귀를 아주 빈번하게 갈아 줄 경우, 피, 구토물, 대소변으로 더럽혀 진 곳을 청소할 경우인데, 이 경우에도 장갑을 벗은 후 반드시 손을 씻어야 한다.

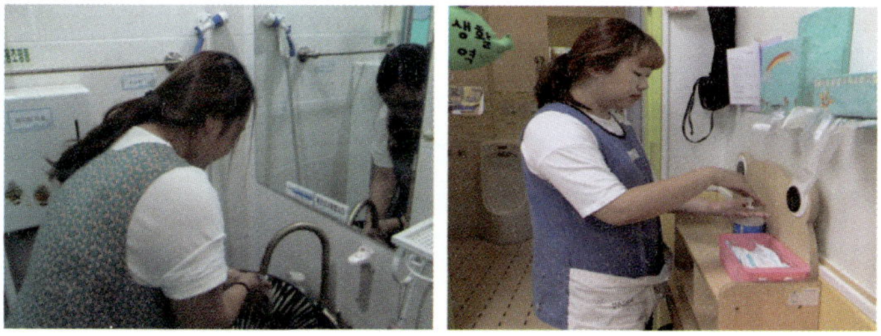

교사의 손 씻기　　　　손 소독액 사용

| 그림 8-4 | 교사의 개인위생관리

② 기침 예절

기침 예절의 목적은 호흡기 감염 환자로부터 균의 전파를 막아 보호 장구가 없는 사람으로의 전파를 피하기 위한 것이다. 비말을 통해 전파되는 감염병을 막기 위해서는 호흡기 증상이 있는 모든 사람이 호흡기 위생과 기침 예절을 지켜야 한다. 호흡기 증상이나 징후가 있는 모든 개인은 기침이나 재채기를 할 경우 입과 코를 가려야 한다. 콧물이나 가래 등의 호흡기 분비물이 포함된 감염원을 제어하기 위해 휴지나 손수건, 면 마스크 또는 의료용 마스크를 사용하는 것이 좋으며, 이것은 휴지통에 잘 폐기하도록 한다. 또한 항상 손 씻는 것을 병행하여야 한다. 호흡기 증상으로 마스크를 착용할 때 일회용 마스크는 젖으면 필터링 능력이 떨어지므로 바로 교환하고 재활용하지 않도록 한다.

(3) 예방접종

영유아에 대한 감염관리 중 제일 중요한 것은 예방접종이다. 대한소아과학회에서는 접종해야 할 필수적인 예방접종 일정을 제시하고 있다. 연령에 따른 예방접종을 제때 적절하게 접종했는지 확인하는 것이 감염관리에 있어 중요한 단계이다. 영유아뿐만 아니라 교직원 역시 예방접종을 실시한다.

| 그림 8-5 | 기침예절

출처: 질병관리청(http://www.cdc.go.kr)

① 영유아 예방접종

예방접종은 감염병을 일으키는 세균이나 바이러스에 대한 면역을 갖게 해 주어 감염병에 걸리는 것을 막아주는 예방법을 말한다. 예방접종을 한 경우 감염병을 막아내는 예방효과도 매우 향상되어 90~100%의 면역 효과를 나타내고 있다. 우리나라에서는 국가예방접종 사업으로 결핵, B형 간염, 디프테리아, 폴리오, 백일해, B형 헤모필루스 인플루엔자균(부모들 사이에서 뇌수막염 예방 주사로 불리고 있음), 폐렴구균, 인플루엔자 바이러스, 홍역, 풍진, 유행성 이하선염, 수두, A형 간염, 일본뇌염 등에 대한 예방접종을 국가지원 사업으로 부모의 부담없이 시행하고 있으며, 이외 로타바이러스 예방접종도 의료기관에서 받을 수 있다.

영유아교육기관에 새로 들어오는 영유아는 기관에 다니는 영유아에게 감염병을 옮길 수도 있고, 반대로 기관의 다른 영유아로부터 감염병을 옮을 수도 있다. 예방접종을 적절히 받으면 감염성 질환으로부터 영유아를 보호할 수 있다. 따라서 나이에 따른 적절한 예방접종을 챙기는 것이 중요하다. 예방접종을 나이에 맞게 완료하지 않은 영유아는 해당 질병에 걸릴 위험이 있으므로 예방접종을 받아야 한다. 따라서 처음 기관에 입소를 할 때에 해당하는 나이에 맞아야 할 예방접종을 모두 맞았는지 확인해야 한다.

영유아교육기관의 원장은 영유아의 예방접종 여부를 확인한 후, 그 시기까지 예방접종을 받지 않은 영유아에 대하여 필요한 예방접종을 받도록 보호자를 지도할 수 있으며, 필요한 경우에는 관할 보건소장에게 예방접종 지원 등의 협조를 요청할 수 있다(「영유아보육법」 제31조의 3 제2항).

부모는 자녀가 새롭게 접종을 하게 되면 그 결과를 기관에 통보하여야 한다. 담임교사는 생활기록부에 예방접종 여부 및 내역에 관한 사항을 기록·관리한다.

② 교직원 예방접종

어린이집·유치원에서 일하는 모든 직원은 성인에게 일반적으로 권장되는 모든 예방접종을 받아야 한다. 매년 독감 예방접종을 받아야 하며, 홍역, 수두에 대해 면역이 있다는 증거가 있어야 한다. 파상풍, 디프테리아 및 백일해에 대한 추가 면역을 획득하기 위해 Tdap 백신을 1회 접종받아야 한다(김남수·신손문·김홍량·엄애선, 2017).

교사를 채용할 때도 예방접종 상태를 확인하여야 하며 필요한 예방접종을 권고한다.

임신한 교사의 경우 영유아에게 주로 유행하는 감염병에 대한 면역이 없을 시 감염되었을 경우 때로는 치명적일 수 있기 때문에 주의를 요한다. 이러한 질병은 수두, 거대세포바이러스 감염(CMV), 5일열(fifth disease), 풍진 등이다.

(4) 교직원 정신건강 예방 및 관리

영유아교육기관에서는 교직원의 직무스트레스를 예방하고 정신건강을 관리할 수 있는 기회(정신건강 관련 교육 및 직원 연수, 온라인 전문상담 서비스)를 제공, 안내한다(어린이집안전공제회, 2019). 교사의 정신건강은 영유아와의 긍정적 상호작용에서 매우 중요한 요소이다.

| 그림 8-6 | 교직원 정신건강관리를 위한 상담서비스

출처: 중앙육아종합지원센터(https://central.childcare.go.kr).

3) 질병 발생에 대한 대처

(1) 감염병 발생에 대한 대처

1 영유아 감염병 관리

영유아에게는 가벼운 질병이 흔하다. 대부분의 가벼운 질병은, 질병으로 인해 영유아가 정상적인 활동에 참여하지 못할 정도이거나 교사가 수행할 수 있는 범위 이상의 도움이 필요한 경우가 아니라면 활동에서 영유아를 제외시킬 필요는 없다(김남수 · 신손문 · 김홍량 · 엄애선, 2017).

만약 영유아가 아픈 상태이지만 기관에 있어도 될 정도의 상태라면 다음의 사항을 잘 준수하도록 한다.

- 격리가 필요하지 않은 경우의 조치사항
  - 영유아가 자주 손을 씻게 도와준다.
  - 교사도 자주 손을 씻는다.
  - 아픈 영유아가 함께 물놀이를 하지 않도록 한다.
  - 놀이시설 및 장난감을 자주 소독한다.

영유아교육기관에서 영유아의 감염병 의심 등 이상 징후 발견 시에는 즉시 다른 영유아들과 격리하고, 즉시 보호자에게 알려 의료기관의 진료를 받도록 안내한다. 영유아에게 자주 발생하는 주요 감염병과 증상은 〈표 8-2〉와 같다.

- 격리(등원 제한)가 필요한 경우
  - 발열과 함께 구역질, 구토가 있을 때
  - 열과 함께 몸에 발진이 돋았을 때
  - 설사(두 번 이상 변을 보았다거나, 평소 배변습관에서 변화를 보인 경우)를 하는 경우
  - 최근 24시간 내 두 번 이상의 구토가 있었을 경우

- 피부나 눈에 황달이 관찰된 경우
- 영유아가 계속 보채고 달래지지 않고 지속적으로 울 경우

| 표 8-2 | 영유아에게 자주 발생하는 감염성 질환의 증상

종류	증상
수족구	• 발열, 식욕부진, 인후통으로 시작, 열이 나기 시작한 1~2일 후 구강 통증성 피부 병변이 혀, 잇몸, 뺨의 안쪽에서 발생, 작고 붉은 반점으로 시작하여 물집, 궤양으로 발전하며, 가려움이 없는 피부발진이 손바닥, 발바닥에 나타남 • 잠복기: 수일~수주
독감	• 38℃ 이상의 전신 증상(갑작스러운 고열, 두통, 근육통, 피로감)과 호흡기 증상(기침, 인후통, 가래 등) • 잠복기: 수일~수주
수두	• 발진 발생 1~2일 전부터 권태감, 미열 동반, 24시간 내에 반점, 구진, 수포, 농포, 딱지의 순으로 진행 • 발진은 몸통, 두피, 얼굴에 발생하고 매우 가려움 • 잠복기: 수일~수주
볼거리(유행성이하선염)	• 발열 두통, 근육통, 구토 등 증상을 보이다가 귀밑샘, 턱밑샘, 혀밑샘 등에 염증 발생 • 잠복기: 수일~수주
홍역	• 발열, 기침, 콧물, 결막염, 구강 내 병변, 이후 홍반성 발진이 목 뒤, 귀 아래에서 시작하여 몸통, 팔다리 순서로 퍼짐 • 발진은 3일 이상 지속 • 잠복기: 수일~수주
뇌염	• 두통, 발열, 오한, 구토, 의식저하, 혼미, 시력저하, 간질 발작 등

출처: 어린이집안전공제회(2019). 어린이집안전관리백과: 건강, 환경, 위생, 급식, p. 18.

- 격리가 필요한 경우의 조치사항
  - 가능한 한 아픈 영유아와 건강한 영유아를 격리하여 보호한다.
  - 전담 교직원을 두어 아픈 영유아를 돌본다.
  - 아픈 영유아가 가지고 놀 장난감은 구별하여야 하며 사용 후에는 소독한다.
  - 물놀이를 하지 않도록 한다.

| 그림 8-7 | 아픈 영유아를 위한 분리된 휴식공간 마련

의사의 진단 결과 감염성 질환에 감염된 것으로 밝혀지거나 의심되는 영유아는 영유아교유기관으로부터 격리 치료토록 조치한다. 등원을 중지해야 할 감염병은 〈표 8-3〉과 같다.

| 표 8-3 | 주요 감염병의 관리 방안

감염병	임상 증상	전염 가능 기간	전파 차단을 위한 등원 중지 (격리) 기간[1)2)]	잠복기[3)]	밀접 접촉자 파악	일시적 격리[4)]	마스크 착용
B형 헤모필루스 인플루엔자	수막염, 후두개염, 폐렴, 관절염 등	항생제 치료 후 48시간	항생제 치료 시작 후 24시간까지	2~4일	O	O	X
감기군	발열, 기침, 객담 등 호흡기계 증상	이환기간 내내	등원 중지 안 함	병원체마다 다양 (보통 2~14일)	X	O	O
결핵	발열, 전신 피로감, 식은땀, 체중 감소	약물 치료 시작 후 2주까지	약물 치료 시작 후 2주까지	수년까지 가능 (50% 2년 이내)	O	O	O
급성 출혈성 결막염	충혈, 안통, 이물감, 많은 눈물, 눈곱, 눈부심, 결막하출혈	발병 후 4일~1주일	격리없이 개인 위생수칙을 철저히 지킬 것을 권장	8~48시간	O	O	X
노로 바이러스	오심, 구토, 설사, 복통, 권태감, 발열	급성기부터 설사가 멈추고 48시간 후까지	증상 소실 후 48시간까지	24~48시간 (평균 33시간)	O	O	X
백일해	상기도 감염 증상, 발작적 기침, 구토	2주간 전염력이 높으며 증상 발생 4주 후에는 전염성이 소실	항생제 투여 후 5일까지	7~20일 (평균 5~10일)	O	O	O

감염병	임상 증상	전염 가능 기간	전파 차단을 위한 등원 중지 (격리) 기간[1)2)]	잠복기[3)]	밀접 접촉자 파악	일시적 격리[4)]	마스크 착용
성홍열	미만성 구진, 발열, 두통, 구토, 복통, 오한 및 인후염	항생제 치료 시작 후 24시간까지	항생제 치료 시작 후 24시간까지	1~3일	O	O	O
수두	피부 발진, 수포, 발열, 피로감	수포가 생기기 1~2일 전부터 모든 수포에 가피가 형성이 될 때까지	모든 수포에 가피가 형성될 때까지	10~21일 (평균 14~16일)	O	O	O
수막구균성 수막염	두통, 발열, 경부 경직, 오심, 구토	항생제 치료 시작 후 24시간까지	항생제 치료 시작 후 24시간까지	2~10일 (평균 3~4일)	O	O	O
수족구병	발열, 손·발바닥 및 구강 내 수포 및 궤양	발병 후 7일간이 가장 전염력 강함, 피부 병변(수포)에 가피가 생성될 때까지	수포 발생 후 6일간 또는 가피가 형성될 때까지	3~7일	O	O	O
유행성 각결막염	충혈, 안통, 이물감, 많은 눈물, 눈곱, 눈부심, 결막하출혈	발병 후 14일까지	전염에 대한 관리, 통제가 어려운 유치원은 격리를 권장	5~7일	O	O	X
유행성 이하선염	이하선 부종, 발열, 두통, 근육통	증상 발생 3일 전부터 발생 후 5일까지	증상 발생 후 5일까지	14~25일 (평균 14~18일)	O	O	O
인플루엔자	발열, 두통, 근육통, 인후통, 기침, 객담	증상 발생 1일 전부터 5일까지	유행차단을 위한 등원 중지는 의미없지만 환자 상태에 따라 실시	1~4일 (평균 2일)	X	O	O
풍진	구진성 발진, 림프절 종창, 미열 등 감기 증상	발진 생기기 7일 전부터 생긴 후 7일까지	발진이 나타난 후 7일까지	14~23일 (평균 16~18일)	O	O	O
홍역	발진, 발열, 기침, 콧물, koplik 반점	발진 발생 4일 전부터 발진 발생 4일 후까지	발진이 나타난 후 4일까지	7~21일 (평균 10~12일)	O	O	O

1) 전파차단을 위한 등원 중지 기간으로 관련 질환에 대한 질병관리본부 매뉴얼의 환자 격리 기간을 바탕으로 작성함
2) 등원 중지 기간은 휴일을 포함
3) 감염 시작 시점부터 증상과 징후 발생 시점까지의 기간
4) 전파 우려가 있는 감염병 의심 유아가 의료기관에 진료를 받으러 가기 전까지 격리하여 관찰하는 것

출처: 교육부(2016). 유아 감염병 예방, 위기대응 매뉴얼(유치원용: 상세본), p. 24.

등원 재개 여부에 대한 판단은 원칙적으로 의사나 보건소의 의견에 따른다. 진단서 등의 등원 중지 기간 혹은 처방전 등으로 판단한「등원 중지 기간」이 종료되면 등원을 재개하되 증상이 소실되었음을 확인할 수 있어야 한다.

한 걸음 더

질병 감염아동 특별지원 서비스

가정 내 격리 치료 시 불가피한 사유로 보호자가 직접 해당 영유아를 돌보기 곤란한 경우에는 여성가족부의 아이돌봄지원사업 중 '질병 감염 아동 특별지원서비스'를 적극 이용토록 안내한다(이용문의: 1577-2514 또는 http://idolbom.go.kr)

② 교사 감염병 관리

교사 스스로 몸이 좋지는 않지만 일을 할 수 있다고 여겨지면 손 씻기를 자주 하고, 영유아들과 접촉은 가능한 한 줄인다.

감염병이 의심되는 교사는 영유아 대면 업무를 하지 않도록 한다. 영유아에게 적용되는 격리기준은 교사에게도 동일하게 적용된다. 교사를 채용할 경우 피고용자에게 기관의 격리 지침을 미리 알려 주어야 한다.

③ 감염병 발생 신고

영유아 또는 교직원에게 식중독 및 감염병으로 의심되는 증상 발견 시 즉시 시·군·구청 보육담당부서 및 관할 보건소에 신고한다.

신고 필요 감염병은 수족구병, 풍진, 유행 결막염, 인플루엔자(유행성 독감), 장염, 홍역, 유행성이하선염(볼거리), 전염성농가진, 수두, 무균성수막염, 결핵, 성홍열, 기타 감염병이다(보건복지부, 2018).

(2) 아프거나 다친 영유아에 대한 대처

① 아프거나 다친 영유아에 대한 처리 절차

영유아교육기관은 질병에 걸려 아프거나 사고로 다친 영유아에 대한 처리절차를 위한 지침을 마련해야 한다. 지침에는 질병에 걸려 아픈 영유아에 대한 처리 절차, 사고로 다친 영유아에 대한 처리 절차(상해유형에 따른 응급처치 내용이 최소 3가지 이상 포함), 교직원 업무분장이 포함되어야 한다. 아프거나 다친 영유아에 대한 처리절차는 다음과 같다(어린이집안전공제회, 2015).

- 질병에 걸려 몸이 아프거나 사고로 다친 영유아가 발견되면 즉시 원장이나 주임교사에게 보고한다.
- 보호자에게 연락하여 영유아의 상황을 알리고, 절차에 따라 처치한다.
  - 질병에 걸려 아픈 영유아의 경우
    - 상황에 맞는 필요한 조치를 취하고 별도의 공간에서 원장 등이 보살피며 쉬도록 해 주거나 교실의 한쪽 공간에서 자주 쉴 수 있도록 보호한다.
    - 긴급하게 대처해야 하는 상황(고열 등)에서는 보호자와 유선으로 연락 후 필요한 조치를 취할 수 있다.
    - 일상적인 상황에서는 반드시 투약의뢰 관련 기록에 근거하여 투약한다.
  - 사고로 다친 영유아의 경우
    - 부상 종류와 정도에 따라 상황에 맞는 필요한 조치를 취한다.

영유아에게 질병·사고 또는 재해 등으로 인하여 위급 상태가 발생한 경우 즉시 응급의료기관에 이송한다. 또한 보호자의 비상연락망, 희망하는 의료기관 등이 기재된 응급처치 동의서를 보호자에게 받아둔다.

교사는 일과 중 영유아의 건강 상태를 주의 깊게 살펴보고, 적절히 조치하고, 응급상황 발생 시, '아프거나 다친 영유아에 대한 처리 지침'에 따라 대응하고, 부모의 '응급처치 동의서'에 따라 처리하게 된다. 기관에 입할할 때 응급처치동의서를 받아두며, 부모의 비상연락처, 의료기관정보를 기록하고 부모의 서명 및 확인을 받는다.

② 비상약품 및 간이 의료기구 준비

영유아교육기관에 응급조치를 위한 비상약품 및 간이 의료기구 등을 비치한다. 외부활동용 비상약품(소독제, 밴드류 등)을 별도로 구비하여, 견학, 산책 등 외부활동 시 지참하도록 한다. 모든 비상약품 및 의료기구는 사용(유효)기간 내 표기를 확인하여 관리한다.

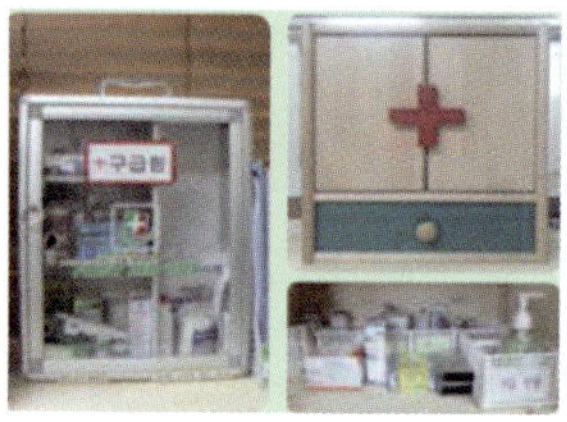

비상약품 보관함

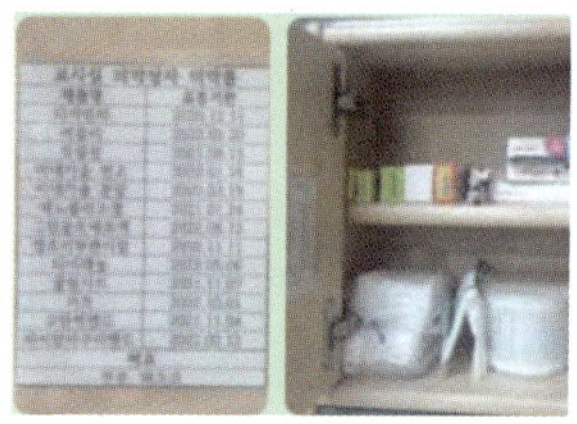

사용(유효)기한 관리

비상약품 투약함

실외용 비상약품 구비의 예

| 그림 8-8 | 비상약품 및 간이 의료기구 준비

출처: 어린이집안전공제회(2019). 어린이집안전관리백과: 건강, 환경, 위생, 급식, p. 15.

③ 투약 관리

투약이 필요한 경우 미리 부모의 투약요청 의사를 확인(투약의뢰서)하고 투약의뢰서[투약하는 약의 종류, 용량, 시간(횟수), 의뢰자 기재]에 따라 투약한다. 투약 후에는 보호자에게 투약 보고를 한다(투약 여부, 투약자 확인 기재).

영유아교육기관에서 영유아에 대해 해열제·감기약 등을 투약할 경우 미리 부모의 투약의뢰서 또는 부모의 투약요청 의사를 확인(유선 등)하고 해당내용에 대한 증빙 가능 시 투약 실시한다. 투약 시 약품에 기재된 투약기준(용법, 용량 등)을 준수한다. 투약 담당자는 투약의 원칙 5R(정확한 약물을, 정확한 용량에 맞게, 정확한 경로로, 정확한 시간에, 정확한 대상자에게 투약)을 지켜 투약한다.

〈학부모 투약의뢰서 작성〉

〈투약 담당 교사가 투약 확인〉

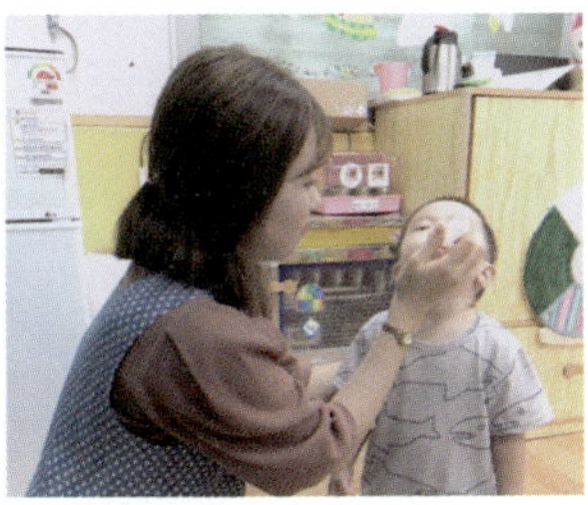
〈투약시간에 맞춰 투약〉

〈학부모 투약결과 확인〉

| 그림 8-9 | 투약관리와 절차

한 걸음 더

응급처치의 기본: RICE

- R-rest; 아이의 움직임을 최소화한다.
- I-ice; 얼음 주머니 등으로 냉찜질을 한다.
- C-compression 압박; 피가 나는 곳은 압박해서 지혈한다.
- E-elevation; 다친 부위를 심장보다 높게 유지하도록 한다.

출처: 한국보육진흥원(2018). 2018 제3차 어린이집 평가인증 안내(통합지표). p. 336.

2. 영유아교육기관의 환경·위생관리

환경 위생관리는 질병예방 및 질병 발생 및 전파방지를 위해 매우 중요하므로 영유아교육기관은 환경 위생관리 방안을 체계적으로 마련하고 관리한다.

1) 실내외 공간 관리

(1) 실내공기질 관리

실내 활동공간은 영유아들이 하루의 90% 이상을 생활하는 공간이다. 영유아의 경우 성인에 비해 단위체중당 오염물질 호흡량이 약 2배 많은 반면 해독 및 배설능력이 떨어져 실내공기질 관리를 소홀히 할 경우 알레르기나 복합화학물질 과민증 등과 같은 증세가 유발되며 건강에도 심각한 영향을 줄 수 있다.

- 영유아교육기관은 실내공기질 관리법에 따른 실내공기질 유지기준 및 권고기준에 따라 정기적으로 실내공기질을 측정하고 관리한다.
- 정기적으로 환기를 실시하고(1일 2회 이상, 1회당 30분 이상) 환기가 필요할 때(등원 전, 놀이 후, 식사 및 간식 시간 후, 공기가 탁하게 느껴질 때, 청소할 때) 환기를 자주한다.
- 청소 및 에어컨, 공기정청기 등 공기질 관리기계의 필터 교체 및 내부 청소를 정기적으로 한다.
- 친환경제품을 사용하여 화학오염물질의 발생을 줄인다.
- 날씨와 계절에 맞게 실내온도와 습도를 적절하게 유지시킨다.
- 실내에 자연채광이 충분히 들어오도록 한다.

한 걸음 더

계절별 적정 온도·습도

계절	적정온도	적정습도
봄·가을	19~23℃	50%
여름	24~27℃	60%
겨울	18~21℃	40%

(2) 방역·소독 실시

방역·소독은 영유아교육기관 자체소독, 방역당국(보건소, 보건지소 등) 의뢰, 소독대행업체 등에서 실시한다.

출입문 손잡이, 계단난간, 교구 등 교직원과 영유아가 공통적으로 많이 접촉하는 부분은 소독제를 이용하여 매일 닦는다.

영유아교육기관은 정기 소독뿐만 아니라 감염병 발생 시에는 별도의 소독을 실시하여 위생적이고 청결한 환경을 유지할 수 있도록 한다. 매일 바닥과 물품 보관 상자를 청소하고, 놀이 탁자를 청소 및 소독해야 하며, 만약 혈액이나 체액이 떨어진 곳이 있다면 그때 바로 청소 및 소독을 시행한다.

| 그림 8-10 | 전문업체 방역 및 소독, 소독현황 문서화

(3) 기저귀 교환장소 및 화장실 관리

기저귀 교환 장소는 사용할 때마다 청소하고 소독을 해야 한다. 영아의 어깨부터 발까지 덮을 수 있을 만한 크기의 방수포로 표면을 덮어야 하며, 사용 후 버려야 한다. 표면이 젖거나 더럽혀지면 바로 청소해야 한다. 기저귀 교환 장소는 음식을 준비하는 장소와 떨어져 있어야 하며 절대 이 곳에 음식이나 음료, 식기를 임시로라도 두지 않도록 한다. 기저귀를 교환한 후 손을 씻는 세면대는 음식을 준비하는 공간에 있으면 안 된다.

기저귀 교환 장소에 기저귀 교환 절차를 붙여놓는다. 1회용 기저귀는 뚜껑이 있고 손을 갖다 댈 필요가 없는 전용 플라스틱 폐기통에 버린다. 소변이나 대변은 기저귀 밖으로 새지 않게 주의하며 주변 환경이나 다른 사람에게 닿지 않도록 한다. 만약 옷에 대소변이 묻은 경우 따로 보관하여 집으로 보내어 세탁하게 한다. 기저귀 교환 후에 교환한 교사와 영아 모두 손을 비누로 씻는다.

화장실은 매일 1회 이상 깨끗한 상태가 유지되도록 청소하고 소독해야 한다. 바닥에 물기가 없고 건조한 상태로 유지한다. 개인위생용품도 깨끗한 상태가 유지되도록 관리한다.

| 그림 8-11 | 기저귀 갈이 공간의 청결 유지

출처: 어린이집안전공제회(2019). 어린이집안전관리백과: 건강, 환경, 위생, 급식, p. 76.

2) 물품 위생관리

(1) 개별 침구 관리

모든 영유아는 개별 침구(이불, 요, 베개)를 사용하고, 동일한 모양과 색깔일 경우에는 개별 구분한다. 영유아의 땀, 침 등 분비물, 대소변 등으로 침구가 더러워지기 쉬우므로 개별 침구 및 요 등은 주 1회 이상 세탁하여 청결을 유지한다. 영유아 수만큼 개별 침구를 마련하되, 만일의 경우에 대비하여 여분의 침구를 마련한다. 여분의 침구는 사용할 때마다 시트를 교체하거나, 세탁하여 청결하게 관리한다. 영아 돌연사를 방지하기 위해서 영아용 개별침구는 푹신하지 않은 것으로 사용한다. 침구를 보관하는 장소도 청결을 유지한다.

한 걸음 더

소독 관련 용어의 정의

- **세척(cleaning):** 모든 종류의 이물질을 제거하는 것으로 물과 기계적인 마찰, 세제를 병행한다. 일반적으로 세척은 소독이나 멸균을 하기 전에 반드시 해야 할 과정이다.
- **소독(disinfection):** 세균의 아포를 제외한 모든 미생물을 죽이는 것을 말한다.
- **소독제(disinfectant):** 세균의 아포를 제외한 모든 미생물을 불활성화시키는 살균제이다.
- **살균제(germicide):** 미생물 중 특히 질병을 유발하는 미생물들을 사멸하는 물질로, 살아있는 조직이나 무생물적인 대상물 모두에 사용된다.
- **화학제(chemical):** 세균과 진균의 아포를 포함한 모든 형태의 미생물을 파괴하는 것이다.
- **멸균(sterilization):** 살균, 물리적 화학적인 방법으로 미생물을 죽이는 것으로, 좁은 의미로 완전 무균 상태로 하는 것이지만, 넓은 의미로 거의 무균 상태에 이르도록 하는 소독도 포함한다.

(2) 장난감 위생관리

영유아들이 가지고 노는 장난감을 통해 감염병이 전파되는 것을 막기 위해 장난감을 깨끗하게 관리하는 것이 필요하다. 세균은 자연적으로 어디나 널려 있고 모든 물건의 표면에서 또한 사람에게서도 발견된다. 그중 특정 세균은 병을 일으킬 수 있기 때문에 장난감, 수면장소, 담요, 식기, 의복, 기저귀 가는 곳, 음식 조리실 등에 대한 소독을 철저하게 한다. 혈액, 소변, 대변, 침, 구토물, 고름 등에 병원성 세균이 있을 수 있으므로, 적절한 청소와 소독으로 교직원과 영유아를 병으로부터 보호한다.

사용된 모든 장난감은 매일 정기적으로 씻든지 소독하여야 한다. 감염병이 의심되는 영유아가 가지고 논 장난감은 특히 소독제를 사용하여 잘 닦아 소독하여야 한다. 소독한 장난감과 가지고 논 장난감은 구별하여 배치한다.

| 표 8-4 | 재질에 다른 세척 방법

• 놀잇감 재질에 따라 적절한 방법으로 세척한다.

구분	세척방법
원목 및 나무 놀잇감	• 물수건으로 가볍게 닦아서 건조
헝겊 놀잇감	• 수시로 먼지 털고, 자주 세탁
플라스틱 놀잇감	• 따뜻한 비눗물에 담가 세척한 후 말림
고무 놀잇감	• 영유아용 세제 등을 이용하여 스펀지로 닦고 말림
블록 놀잇감	• 블록 표면의 먼지나 얼룩은 물수건으로 닦고 틈새는 면봉, 칫솔로 닦음

① 세척 관리

물에 담그고 씻을 수 있는 장난감은 다음과 같은 방법으로 청결하게 한다.

- 싱크대에 따뜻한 물을 채우고 항균비누를 준비한다.
- 장갑을 끼고 비누로 장난감을 문지르고 물, 부드러운 솔 등을 이용하여 장난감을 씻는다.

- 따뜻한 물로 비누가 남아 있지 않도록 깨끗하게 헹구어 낸다.
- 말릴 때는 건조대를 사용하며 드라이어를 사용할 수 있다.

② 물에 담글 수 없는 장난감

- 소독제를 사용한다.
- 장난감은 소독제가 들어 있는 분무기를 사용하여 뿌리거나, 소독제를 묻힌 거즈나 헝겊으로 잘 닦아 준다.
- 잘 말리고 젖은 거즈나 헝겊으로 다시 잘 닦아 준다.

ISUSSE & TALK

영유아 감염병 관리

유치원과 어린이집에서 발생하기 쉬운 감염병에 대해 조사해 보고 관련 뉴스기사를 검색해 보세요. 감염병 발생을 최소화하기 위한 방안에 대해 토론해 보세요.

CHAPTER 09

영유아교육기관의 영양 및 급식관리

영유아교육기관에서는 영양적으로 균형 잡힌 급·간식을 제공하여 영유아가 건강한 식습관을 형성할 수 있도록 해야 한다. 또한, 안전하고 풍부한 식재료로 청결하게 조리한 음식을 위생적으로 배식하도록 관리하여야 한다. 이 장에서는 영유아교직원의 건강검진을 위한 영양 및 급식관리에 대해 살펴본다.

1. 영유아교육기관의 영양관리

1) 영유아기 영양관리의 중요성

(1) 영아기의 영양관리

영아의 성장속도는 어느 시기보다 빠르다. 생후 4~6개월에 출생체중의 2배, 생후 12개월에는 출생체중의 3배, 출생 신장의 2배가 된다. 5~6개월까지는 모유나 조제유로 필요한 에너지와 영양소를 얻을 수 있지만, 그 후에는 이유식으로 바꾸는 영양공급의 변화가 필요하다. 영아기에 공급되는 에너지와 단백질 등 각종 영양소의 양은 적절한 성장과 발육을 촉진하기 위하여 충분하게 공급하되 영아의 소화와 배설 능력을 초과하지 않아야 한다(식품의약품안전처, 2017).

(2) 유아기의 영양관리

유아기 성장속도는 영아기에 비해 비교적 완만하나 성장 발육은 여전히 왕성하므로 단백질, 무기질, 비타민 요구량이 증가한다. 또래집단의 식습관이 유아에게 크게 영향을 미치며 길게는 평생의 식습관 형성에 영향을 미치게 된다. 영아에 비해 식욕이 감소하거나 불규칙한 경우가 흔하며 편식습관이 나타난다. 음식 선택과 섭취를 강요해서는 안 되며, 다양한 식품의 종류와 색, 모양 등에도 신경을 써서 자연스럽게 다양한 음식을 섭취할 수 있도록 돕는다.

2) 영유아기 영양관리의 유의점

- 적절한 영양섭취: 골격 및 근육 발달, 신체 발달이 급속하게 이루어지는 시기이므로 영양 섭취가 적절하도록 급·간식을 제공해야 한다. 특히 식품 다양성과 적정한 분량의 균형 잡힌 식사를 제공하는 것이 무엇보다 중요하다. 고려해야 할 영양문제로는 칼슘, 철 등 미량 영양소 섭취 부족과 에너지과잉 섭취 등의 영양불균형을 들 수 있다.
- 즐거운 경험: 식사와 간식시간이 즐거운 경험이 될 수 있도록 한다.
- 편식예방: 영유아는 몇 가지 음식만을 계속 먹는 '음식의 탐닉' 현상이 빈번하게 나타나기도 하지만, 식품에 대한 수용과 거부가 신속히 변화되는 시기이므로 체계적인 식생활 교육이 필요하다. 요리활동, 텃밭활동 등을 통해 자연스럽게 다양한 음식을 접할 수 있는 기회를 제공한다.
- 바른 식습관 형성: 사회적 환경변화로 아침 결식, 편식과 비만 등의 문제가 증가하고 있으며, 가정에서의 올바른 식습관 지도 및 식사예절의 부재가 나타나고 있다.
- 적정한 식사 양 조절: 최근 영유아기 영양의 문제는 소식과 편식으로 인한 영양결핍의 문제와 과식으로 인한 영양과잉 또는 비만의 문제로 양분되어 있다. 영유아는 아직 음식의 섭취량을 스스로 조절·관리할 능력이 없으므로, 부모와 영유아교육기관의 책임이 크다.

3) 영유아교육기관 영양교육

(1) 영유아 영양교육

영유아에게 건강·영양에 대한 교육적 경험을 자연스럽게 제공한다. 영유아가 자신의 신체 및 정신건강의 중요성을 인식하고, 이를 스스로 관리할 수 있는 능력을 키워주기 위해서는 교사주도형 집합 전달 교육을 하기보다 하루일과 내에서 교육적 기회와 경험이 자연스럽게 제공되어야 한다. 특히, 영아의 경우 대집단이 아닌 소집단 또는 개별 활동으로 이루어지도록 하고, 유아의 경우 건강 및 영양교육을 실시하여 영양과 건강 간의 관계를 이해하고 유아들의 올바른 식습관을 형성을 돕는다. 편식지도는 식사시간을 이용하기보다는 텃밭활동, 요리활동 등을 통해 영유아가 음식에 긍정적 경험을 갖도록 지원한다.

| 표 9-1 | 유아를 위한 영양교육의 예

월	주제	활동영역	소요시간
3월	바른 식생활 습관 – 식사예절	큰 동화책, 그림카드	20분
6월	음식과 건강이야기 I – 편식	동영상, 인형극	20분
9월	음식과 건강이야기 II – 건강 식단	애니메이션 자료	20분
12월	음식을 골고루 먹어요 – 식품 구성탑	화보, 게임	20분

(2) 교직원 영양교육

모든 교직원을 대상으로 연 1회 이상 건강 또는 영양 관련 주제의 교육을 실시한다. 특히 조리원의 경우 위생교육을 받도록 한다.

- 대상: 원장, 교사, 조리원 등
- 내용: 영유아 건강·영양 교육 실시 및 일상생활 지도에 도움이 되는 지식, 영유아 건강·영양 교육을 위한 교수 및 지도방법 등
- 방법: 자체교육, 외부 집합교육, 온라인 교육 등

(3) 부모 영양교육

매월 식단표와 함께 영양교육 소식지를 발송하여 정보를 공유한다. 특히 기관의 영양 및 식습관지도 방식을 안내하여 기관과 가정이 협력할 수 있도록 한다. 기관 현관 앞 배식 보관함에 당일 배식된 급·간식을 그대로 비치하여 부모가 확인할 수 있도록 하고 계절의 제철 식재료가 반영된 음식 한 가지를 선택하여 가정에서 함께 만들어 볼 수 있는 음식을 레시피를 게시하여 기관에서뿐만 아니라

가정에서도 음식에 대한 관심, 식생활 지도가 이루어질 수 있도록 제공한다.

오전간식, 점심, 오후간식 보존대 게시

레시피 게시

| 그림 9-1 | 부모와 함께하는 영양교육

2. 영유아교육기관의 급식관리

기관에서는 영유아의 연령 특성과 영양의 균형을 고려한 식단에 따라 자연식품 위주의 급·간식을 제공하여야 한다. 또한 영유아에게 적절한 형태(크기, 맛, 조리형태 등)로 조리된 급·간식을 충분한 양으로 제공하여 영유아의 건강 증진에 도움이 되도록 한다. 식품 알레르기 질환에 대한 지침을 마련하여 특별한 요구가 있는 영유아도 안전하고 건강하게 급·간식을 제공한다.

1) 급식 영양관리

(1) 영유아 급식구성

급식제공 횟수는 급식소의 여건에 따라 다르다. 일반적으로 아침, 점심, 저녁의 영양량 배분은 1:1:1 또는 1:1.5:1.5 등으로 한다. 1일 1식만 제공하는 경우에는 1/3을 제공한다. 영유아 급식의 경우 점심 1식과 간식 2회를 제공하는 경우가 많으므로 점심급식에는 1일 영양섭취 기준에서 간식으로부터 얻는 양을 제외한 양의 1/3을 제공하는데 일반적으로 1일 필요 에너지의 25~30% 정도를 섭취하도록 계획한다(식품의약품안전처, 2017).

| 표 9-2 | 급·간식 식단별 고려사항

구분	계획
오전간식	• 점심식사에 영향을 주지 않는 양으로 일일 총 열량의 약 5~10% 수준으로 제공 • 아침을 먹지 않은 영유아들을 고려하여 오전 간식 제공량을 늘려주면 점심식사의 섭취량이 줄어들 수 있으므로 유의 • 일반적으로 오전 10시가 바람직함
점심식사	• 점심식사는 하루 필요 열량에서 간식을 제외한 1/3 수준으로 제공 • 열량을 계산할 때에는 주재료 외 부재료 및 양념의 열량도 함께 계산
오후간식	• 오후 간식은 저녁식사와 시간 차이가 비교적 긴 편이므로 오전 간식보다 비중을 더 두도록 함 • 저녁식사에 지장을 주지 않도록 항상 적정량을 제공 • 일일 총 열량의 약 10% 수준으로 제공 • 일반적으로 점심식사 후 오후 2시가 바람직함

출처: 도남희·최정화·이상신(2019). 유치원 급식 운영관리 지침 개발, p. 61.

(2) 급·간식 구성 및 제공 시 주의점

영유아의 발달 단계와 영양적 요구를 고려하여 5대 영양소가 고르게 포함된 급·간식 식단표(오전간식, 점심, 오후간식 포함)를 체계적으로 수립하여 제공한다.

영유아에게 균형 있고 위생적이며 안전한 급식을 제공하기 위해 기관에서 제공되는 모든 급식과 간식에 대하여 영양사가 작성한 식단을 사용한다. 영유아 100인 미만 어린이집이나 유치원은 육아종합지원센터, 보건소 및 어린이급식관리지원센터 등의 영양사 지도를 받아 식단을 작성한다.

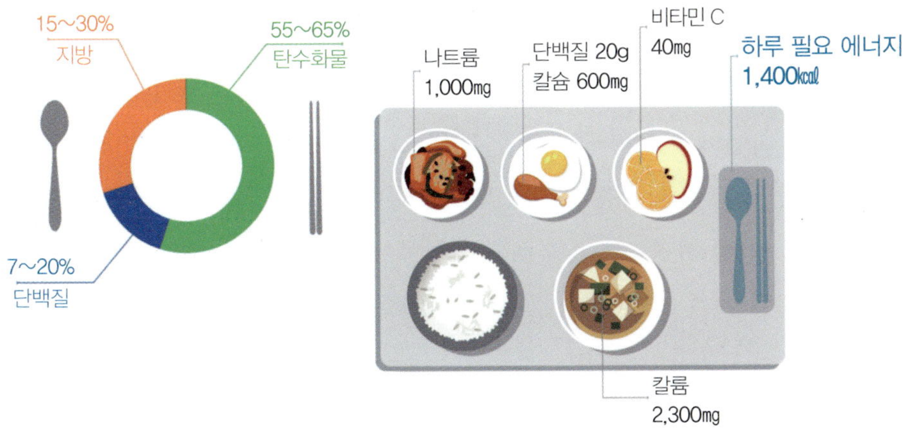

| 그림 9-2 | 유아의 균형잡힌 식사의 에너지 구성과 영양섭취

출처: 도남희·최정화·이상신(2019). 유치원 급식 운영관리 지침 개발, pp. 57-59.

영유아의 연령 특성을 고려하여 음식을 제공하고 충분한 양의 급·간식을 제공하며 급식은 작성한 식단표를 토대로 기관에서 직접 조리하는 것을 원칙으로 한다.

1 자연식품 중심

급·간식은 인스턴트 식품이 아닌 자연식품 위주로 제공하도록 노력한다. 조리 절차가 간단하고 식품 첨가물(예: 유화제, 발색제, 보존제 등)이 함유된 인스턴트 식품(예: 라면, 자장면 등)이나 냉동식품, 탄산음료, 과자류의 제공을 최소화한다.

2 당 저감화

과다한 당의 섭취는 입안에서 당류가 박테리아에 의해 발효되면서 산이 생겨 치아의 에나멜층을 녹여 충치를 유발하며, 몸에서 사용하고 남은 당이 체내에서 지방으로 변환되어 비만하게 한다. 백설탕 같은 정제당을 과다 섭취하면 주의력 결핍과 과잉행동장애(ADHD)가 올 수도 있다.

③ 나트륨 저감화

우리나라 전체 평균 1일 나트륨 섭취량은 약 4,646mg으로 WHO의 권장섭취량 2,000mg 미만에 비해 2배 이상을 섭취하고 있다(보건복지부, 2011). 영유아의 음식 간을 맞출 때 식사준비자의 입맛에 맞추게 되면 영유아는 과량의 나트륨을 섭취하게 된다. 화학조미료가 과량 함유된 각종 가공식품에도 나트륨의 함량이 높아 무의식 중에 섭취하는 나트륨의 양이 많다.

④ 안전한 음식 제공

- 아몬드, 땅콩, 콩류 등은 깨물었을 때 조각이 많이 나서 기도를 막을 수 있으므로, 잘게 부수거나 얇게 썰어 제공하고 알레르기를 일으킬 수 있으므로 유의한다.
- 포도는 껍질째 주면 알맹이를 빨아서 먹을 경우 기도가 막힐 수 있기 때문에 껍질을 벗겨 씹어 먹을 수 있도록 하는 등의 주의가 필요하다.
- 메추리알, 새알심, 방울토마토 등과 같이 표면이 미끄럽고 형태가 유동적인 음식은 씹기 전에 삼켜버릴 수 있으므로 잘라서 제공한다.
- 짜먹는 요구르트, 컵에 주는 음료는 쉬지 않고 급하게 계속 빨거나 마실 때 기도로 들어가는 경우가 있으므로 주의한다. 두세 모금 정도 마시면 멈추게 하여 완전히 삼켰는지 확인 후 다시 먹을 수 있도록 한다.
- 파인애플에는 브로멜린이라는 단백질 분해효소가 있어서 혀나 구강의 단백질을 분해하여 구강염을 일으킬 수 있으므로 과량을 섭취하거나 오랫동안 빨아먹지 않도록 주의한다.
- 인절미, 경단, 젤리 등 찹쌀로 만든 떡처럼 끈적이는 음식은 기도를 막을 수 있으므로 제공 시 각별히 주의한다.
- 고구마, 백설기, 강력분으로 만든 빵 등은 음료와 함께 제공하지 않으면 퍽퍽해서 삼키기가 어렵고, 목이 메는 경우가 있으므로 주의한다.

한 걸음 더

식품군별 대표식품 영유아 1인 1회 분량

식품군별 대표식품 영유아 1인 1회 분량

■ 곡류, 고기·생선·달걀·콩류, 채소류, 과일류, 우유·유제품류, 유지·당류의 대표적인 1인 1회 분량을 제시함

식품군						
곡류 (190kcal)	밥 ⅔공기 (130g)	백미 (55g)	국수 ½대접 (건면 60g)	떡국용 떡 1인분 (80g)	모닝빵 2개 (60g)	고구마(0.5회) (중) ⅓개 (80g)
고기·생선·달걀·콩류 (50kcal)	육류 ½접시 (생 30g)	닭고기 1조각 (생 30g)	생선 ½토막 (생 30g)	콩 (10g)	두부 1조각 (약 ⅛모) (40g)	달걀 ½개 (30g)
채소류 (7kcal)	콩나물 ½접시 (생 35g)	시금치나물 ½접시 (생 35g)	버섯 (생 15g)	미역 (불린 것 15g)	배추김치 (생 20g)	오이소박이 (30g)
과일류 (25kcal)	사과(중) ¼개 (50g)	귤(소) 1개 (50g)	참외(중) ¼개 (100g)	딸기(소) 5알 (100g)	바나나(중) ½개 (50g)	오렌지주스 ¼컵 (50g)
우유·유제품류 (60kcal)	우유 ½컵 (100g)	호상요구르트 ¼컵 (시판제품 약 ½개) (50g)	액상요구르트 ⅓컵 (시판제품 약 ½개) (75g)	아이스크림 ¼컵 (50g)	치즈 ½장 (10g)	
유지·당류 (23kcal)	식용유 ½작은술 (2.5g)	버터 ½작은술 (2.5g)	마요네즈 ½작은술 (2.5g)	설탕 ½큰술 (5g)	꿀 ½큰술 (5g)	

* ½대접, ½접시, ½조각, ½토막이라 함은 성인 1인 분량(한국영양학회 1회 분량 기준)을 1로 했을 때의 ½을 뜻함

5 식품 알레르기 주의

영유아가 영유아교육기관에 입소를 할 때 특정 식품에 대한 알레르기가 있는지를 확인하도록 하여야 한다. 이미 가정에서 증상이 유발되어 진단받은 경우에는 그 식품을 피하도록 해야 한다. 또한 알레르기를 유발할 수 있는 식재료가 표시된 월간 식단표를 가정통신문으로 안내함과 동시에 기관 홈페이지 등에 게시하도록 한다. 식품알레르기가 있다고 식품 제한에만 신경을 쓰다 보면 비타민, 무기질이 부족하거나, 전체적인 영양실조, 면역기능 저하의 위험성이 매우 높아진다. 제한 식품을 사용하지 않고, 대체식을 적절히 사용하여 균형 있게 영양소를 섭취할 수 있도록 해야 한다. 제한 식품에 따라 부족하기 쉬운 영양소가 있는 경우에는 이러한 영양소를 보충할 방안을 지도해야 한다.

한 걸음 더

식품 알레르기 증상

cutaneous 피부	gastrointestinal 위장관	respiratory 호흡기	other symptoms 전신적
두드러기 아토피 피부염 혈관부종 소양성 피부염	구토 설사 복통 두통	천식 비염	아나필락시스 (anaphylactic shock) 후두 부종 저혈압

출처: 김남수·신손문·길홍량·엄애선(2017). 안전한 영유아보육, 교육환경 조성방안(III). 영유아건강관리 가이드북 개발: 유치원, 어린이집용, p. 132.

2) 급식 위생관리

(1) 집단급식소 신고 운영

영유아교육기관의 급·간식은 기관 조리실에서 직접 조리하는 것을 원칙으로 한다(「어린이 식생활 안전관리 특별법」 제21조, 「영유아보육법 시행규칙」 제34조, 「유아교육법 시행규칙」 제3조). 「식품위생법」에 따라 상시 1회 50인 이상(영유아 및 교직원 포함)에게 식사를 제공하는 영유아교육기관의 경우 시·군·구청 위생 관련 부서에 집단급식소로 신고·운영하고 조리사를 배치해야 한다. 어린이급식관리지원센터에 등록하여 위생 및 영양관리에 관한 지원을 받아야 한다.

또한 영유아의 건강·안전 및 소비자의 알 권리 확보를 위해 농수산물이나 그 가공품을 조리하여 제공하는 경우, 식단표에 원산지를 기재하여 공개·우리농산물 식재료를 투명하게 공급받기 위해 노력하고 구입과정을 공개한다(※「농수산물의 원산지 표시에 관한 법률」 제5조 제3항). 연 2회 조리사를 대상으로 영양과 식중독 예방교육을 실시하고 매월 조리사 자율장학을 실시한다.

(2) 식자재 위생관리

식품의 필요량 및 구매 후 보관, 저장이 가능한 공간과 비용을 고려하여 최종적으로 식품 구매량을 결정한다. 영유아교육기관 내의 식품(식자재 등)은 모두 유통기한이 경과된 것이 없어야 한다.

영유아교육기관의 급·간식에 사용되는 모든 식자재는 반드시 신선한 것을 구입하여 유통기한 내에 사용하며, 식자재 보관 요령을 준수하여 적절한 장소에 보관하여야 한다.

① 식재료 구매

식재료는 믿을 수 있는 식재료 공급업체를 통하여 구입하며, 표시가 정확한 제품을 구매한다.

식재료 구매단계에서는 식재료 차량의 청결 상태 및 적정 보관온도 여부를 확인한다.

② 식재료 검수

식재료는 채소류·어패류·가공식품 등이 구분·보관되어 운송되어야 하며, 차량 내부의 냉장·냉동 온도 준수 여부를 확인한다.

거래명세서, 원산지 증명서, 등급판정서 등의 서류를 확인한다.

입고된 식재료는 조명이 밝은 장소에서 바닥에 닿지 않도록 보관한 뒤 검수한다. 검수할 때 확인사항으로는 제품의 온도, 포장 상태, 유통기한, 신선도 , 수량 및 원산지 등을 확인한다.

냉장·냉동 식재료는 즉시 냉장고 또는 냉동고로 이동하여 보관한다.

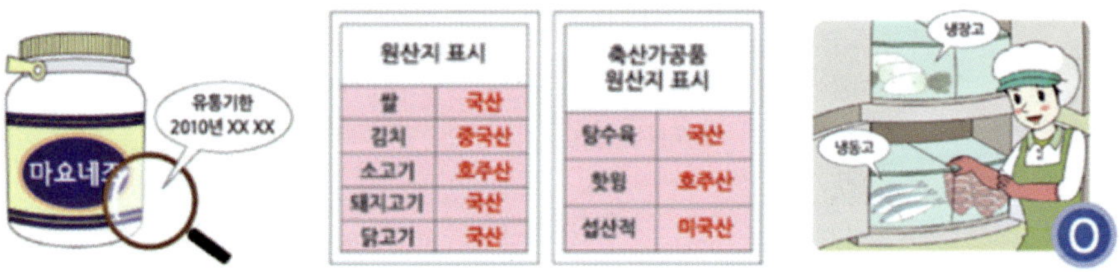

유통기한 확인 원산지 표시 냉장·냉동고에 신속히 보관

| 그림 9-3 | 식재료 구입 후 확인 사항

출처 : 어린이집안전공제회(2019). 어린이집 안전관리백과: 건강·환경·위생·급식, p. 97.

③ 식재료 보관

좋은 식재료를 철저한 검수를 거쳐 받아도 적절한 관리와 보관이 이루어지지 않으면 식재료가 오염·변질될 수 있다.

- 모든 식품(식자재)은 보관 방법에 맞게 실온·냉장·냉동 보관한다. 식재료의 위생적인 관리를 위하여 냉장/냉동고(냉장고: 0~5℃, 냉동고: - 18℃ 이하) 온도 확인 및 청결관리, 보관기준, 구분 보관 등을 준수한다.

- 남은 음식은 재배식하지 않고 폐기한다.
- 유통기한이 지난 식자재는 반드시 폐기한다.
- 우유 등과 같이 쉽게 변할 수 있는 식품이 장시간 상온에서 노출되는 일이 없도록 주의한다.
- 식품과 소모품은 별도로 구분하여 보관하되 여건상 부득이 함께 보관할 경우에는 서로 섞이지 않도록 분리 보관하고 식품과 소모품의 품명, 용도 등을 표시한다.

(3) 조리 및 배식 위생관리

영유아에게 청결하고 위생적인 음식을 제공하기 위해 급·간식의 조리과정이 위생적으로 이루어지도록 하고, 조리된 음식은 청결한 식기를 이용하여 위생적인 절차로 배식하여야 한다. 조리된 모든 음식은 당일 소모하고 재배식되지 않도록 하여야 한다. 또한 영유아가 원할 때 언제나 물을 마실 수 있도록 이용하기 쉬운 곳에 마실 물을 준비해 두어야 하고 위생적으로 관리되어야 한다.

① 조리과정 위생관리

영유아에게 청결하고 위생적인 음식을 제공하기 위해 급·간식의 조리과정이 위생적으로 이루어지도록 한다(식품의약품안전처, 2017).

- 조리 전 비누를 사용하여 손을 깨끗하게 씻는다.
- 음식을 조리할 때는 앞치마, 머릿수건, 위생복, 위생화 등을 착용한다.
- 식재료 준비 작업은 바닥에서 하지 않으며, 작업 시 맨손으로 처리하지 않고 위생장갑을 사용한다(맨손 조리 허용 작업: 채썰기, 찢기, 껍질 벗기기, 과일 전처리).
- 음식을 조리하는 사람은 귀걸이, 반지, 시계, 팔찌 등을 착용하거나, 매니큐어 등을 바르고 조리하지 않으며 조리 전 건강 상태를 확인한다(감기, 설사,

손의 상처 등).

- 식재료 준비 작업 후 싱크대를 세척, 소독한 후 조리작업을 실시한다.
- 조리된 음식의 맛을 볼 때에는 별도의 맛보기 숟가락을 사용해야 한다.
- 문제를 발생시킬 수 있는 식중독균을 완전 사멸시키거나 안전한 수준 이하로 관리하기 위해서는 적절한 가열온도로 조리해야 한다.
- 육류, 가금류, 어패류 등을 가열처리할 때 중심부가 완전히 가열되었는지 확인하고 음식을 수시로 저어 음식의 온도가 균일하게 유지되도록 한다.

② 조리실 비품의 위생관리

조리실은 영유아의 식사와 간식을 준비하는 곳이므로 공간과 시설·설비를 청결하고 위생적으로 관리하여 식중독과 질병을 예방한다. 조리실은 항상 청결을 유지하되 정기적으로 식기, 도마, 칼, 행주, 그 밖에 주방용구를 세척·살균 및 소독하고 매일 위생 점검을 실시한다.

- 세균 번식이 쉬운 도마는 용도별(육류, 어패류, 채소, 조리 완제품)로 서로 구분하여 사용함으로써 교차오염을 방지해야 한다.
- 하나의 식칼로 생선, 육류, 채소 등 여러 가지 재료를 함께 다루게 되면 교차오염 발생 가능성이 높으므로 식재료를 육류, 어패류, 채소, 조리 완제품으로 구분하여 각각 다른 칼을 사용하고, 사용 후 위생적으로 소독하여 항상 청결하게 관리한다.
- 행주는 용도에 따라 조리용, 기구용, 청소용으로 구분하여 사용하는 것이 바람직하며, 사용 후에는 매일 살균처리하여 건조하게 보관해야 한다.
- 일반적으로 많이 사용하는 스펀지, 양면 수세미는 세균이 손이나 조리기구 등에 부착되어 2차 오염의 우려가 있으므로 세척, 살균하여 건조한 것을 사용하도록 한다. 또한 식기세척용, 조리기구 세척용, 오염된 물받이 등 기타 세척용으로 용도를 구분하여 사용한다.

③ 배식 위생관리

영유아에게 청결하고 위생적인 음식을 제공하기 위해 조리된 음식은 청결한 식기를 이용하여 위생적인 절차로 배식하여야 한다. 조리된 모든 음식은 당일 소모하고 재배식되지 않도록 하여야 한다.

배식하기 전에 집단급식소 보존식 규정에 따라 보존식을 담아 냉동실에 보관한다.

한 걸음 더

집단급식소 보존식

★집단급식소로 신고한 어린이집과 유치원은 보존식을 보관하세요.

- 집단급식소에 신고한 어린이집에서는 모든 식사메뉴의 보존식을 보관한다.
- 보존식 전용용기나 일회용 멸균 백(일반지퍼백 허용)을 음식별로 각각 개별적으로 담아 보관한다.
- 보존식은 배식 직전에 1인 분량(최소 100g 이상)을 독립 보관하며, 완제품을 제공하는 경우는 원 상태(포장 상태)로 보관한다.
- 18℃ 이하 냉동고에서 144시간(6일) 동안 보관한다.

① 위생장갑 착용 후, 깨끗하게 소독한 용기와 기구를 사용하여 검취한다.

② 검취한 양이 100g 이상인지 확인하여 각각의 용기에 담는다.

③ 용기 뚜껑을 닫은 후 메뉴와 일시 등을 기록한 후 용기에 부착한다.

④ −18℃ 이하의 보존식 전용냉장고에 144시간 보존한다.

- 식중독이 발생한 경우 보관 또는 사용 중인 보존식이나 식재료를 역학조사가 완료될 때까지 원 상태로 보존하여야 한다.

출처: 어린이집안전공제회(2019). 어린이집 안전관리백과: 건강·환경·위생·급식, p. 89.

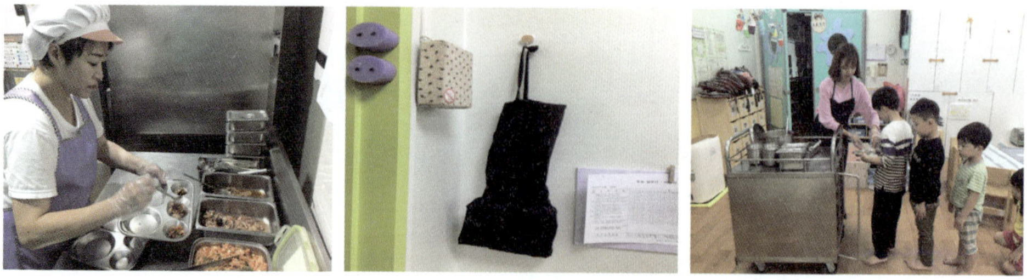

조리원: 배식용 앞치마 교체 교사: 배식용 앞치마 반별 비치, 착용

| 그림 9-4 | 배식 위생관리

- 교사는 급·간식 전후로 청결한 행주를 사용하여 식탁(책상)을 닦는다.
- 배식 시 음식별로 위생적인 개별 배식도구(집게 등)를 사용하며 하나의 식기도구로 여러 가지 음식을 배식하지 않고, 사용하던 젓가락이나 포크 등으로 음식을 배식하지 않는다.
- 배식 시 영유아 개인별 식기를 사용한다.
- 공동접시를 사용하여 하나의 음식을 여러 명이 놓고 함께 먹지 않는다.

ISUSSE & TALK

영유아교육기관의 급식관리 실태

영유아교육기관의 급식관리 실태에 대해 뉴스검색을 통해 알아보고, 급식관리의 문제점과 해결방안에 대해 토론해 보세요.

CHAPTER 10

영유아교육기관의 안전관리

사고나 위험으로부터 영유아를 보호할 수 있는 안전한 환경은 영유아로 하여금 영유아교육기관에서의 생활에 자유롭게 참여하도록 하여 건강한 신체와 심리적 안정감을 발달시킬 수 있도록 도와준다. 영유아교육기관에서는 실내외 시설 및 설비를 안전하게 설치, 관리하고 비상시 대처 방안을 수립하여 예방과 훈련을 통한 대처능력을 키움으로써 영유아를 주의 깊게 보호하고, 기관에서의 일과에 위험이 생기거나 사고가 날 염려가 없는 상태를 유지하도록 지속적으로 관리하여야 한다. 이 장에서는 어린이집과 유치원의 안전관리에 대해 살펴본다. 이와 함께 영유아의 등원부터 하원까지 안전한 보호 방안과 안전한 통학차량 운행 방안을 알아본다. 더불어 영유아와 교직원의 안전교육 실시, 안전사고 대처 방안을 다루게 된다.

1. 어린이집 안전관리

1) 어린이집 실내·외 공간 안전 관리

어린이집에서는 놀잇감과 실내외 시설 및 설비를 안전하게 구비하고 상시점검을 통해 위험요인을 즉시 수리 보완하며, 비상사태에 대비한 안전시설 및 설비를 유지 관리함으로써 영유아가 안전사고의 위험 없이 즐겁게 생활할 수 있는 환경을 조성하여야 한다. 이를 위해 어린이집 원장은 자체안전점검 계획을 수립하여 매월 안전점검을 실시한다. 자체점검을 「어린이집 통합안전점검표〈표 10-1〉, 〈표 10-2〉」에 따라 매일, 매월 시설안전점검을 실시하여 화재·상해 등 위험발생요인을 사전에 제거하여야 한다.

(1) 실내공간 안전관리

어린이집 현관문 및 출입구, 복도 및 계단, 승강기, 문 및 창문, 보육실, 유희실, 화장실 및 목욕실, 조리실 및 식당 등 실내의 환경을 점검하고 안전 장치를 설치하고 관리하여 영유아가 안전하게 활동할 수 있도록 관리한다.

① 현관·통로·계단·비상구·계단

- 출입문, 현관문의 안전장치는 정상 작동하는지 확인한다. 보안을 위한 잠김문이나 인터폰·초인종의 정상작동 여부를 확인한다. 또한, 출입문과 현관문의 손끼임 방지를 위한 안전 고무 바, 도어클로저 등을 설치한다.
- 계단의 안전 상태를 확인한다. 안전손잡이, 적치물, 난간의 간격 고정 상태를 확인한다.

② 실내 공간

- 문과 창문 등의 추락 위험은 없는지 확인한다. 문과 창문의 안전 상태 확인 및 창문 등의 가까이에 오를 수 있는 물품이 있어 추락 위험이 있는지 확인하고 즉시 제거한다.
- 바닥에는 다칠 수 있거나 미끄러운 곳이 없는지 확인한다. 화장실, 계단, 실내 보육실 등에 미끄러운 곳, 물이 고인 곳을 확인한다. 미끄럼방지 시트 또는 타일을 부착하거나 물기가 많으면 물기를 제거한다. 또한, 바닥의 단차가 있는 경우 영유아들이 넘어지는 사고가 많이 발생하므로 바닥에는 단의 차이가 없도록 한다.
- 복도, 계단, 비상계단, 미끄럼대 등에 방치된 물건이 없어 피난계단, 미끄럼대 등을 사용하기에 양호한지 살펴본다. 유사시 대피에 장애가 되는 물건이 방치되었는지를 확인하고 방치된 물건은 안전한 곳으로 즉시 이동한다.

- 모든 설비는 움직이거나 떨어지지 않도록 바닥과 벽면에 단단히 고정되어 있는지 확인한다. 건축설비의 전기, 난방, 조명, 급배수 등의 설비물의 고정 상태와 벽 천장 등에 고정된 물품과 장식물 등이 안전하게 고정되어 있는지 확인한다. 수리 필요시 즉시 조치한다.
- 창문, 방충망의 상태는 안전한지 살펴본다. 창문의 깨짐, 창문 테두리의 실리콘 상태, 방충망의 노화 상태를 정기적으로 확인하여 수리 필요시 즉시 조치한다.

③ 놀잇감 및 놀이기구

- 영유아가 삼킬 만한 작은 놀잇감이나 부품은 없는지 확인한다. 놀잇감의 크기가 영유아의 입, 코, 귀 등에 들어가지 않도록 하고 만 2세 미만 영아의 경우 3.5cm 이상의 놀잇감을 준비한다.
- 놀잇감 및 놀이기구의 수납 상태를 확인한다. 놀잇감이 영유아가 수납하기에 적당한지, 무거운 놀잇감이 높은 곳에 있지 않은지 확인한다. 영유아의 신체특성을 고려하여 수납위치를 바꾸고, 무겁거나 추락 위험이 있는 놀잇감은 즉시 안전한 위치로 이동한다. 방치된 놀잇감은 영유아들이 올라가 추락하는 위험도 발생할 수 있으므로 안전하게 보관한다.

④ 화장실, 세면대

- 화장실 내 전기 콘센트 등 전기용품은 안전한지 확인한다. 방수용 콘센트 및 물에 의한 감전 위험 여부를 확인한다. 콘센트는 방수용으로 교체하고, 물에 젖거나 고인 물(욕조 등)에 추락이 가능한 물품은 안전한 곳으로 이동 또는 제거한다.
- 세면대의 고정 상태는 안전한지 확인한다. 고정 상태 확인 시 나사 풀림 상태 등을 정기적으로 확인하여 필요시 수리하거나 교체한다.

(2) 실외공간 안전관리

① 놀이터

- 놀이터 바닥에 오물, 방치된 물 웅덩이가 없는지 확인한다. 오물 및 물 웅덩이는 감염성 질환을 야기시키는 해충의 서식지가 될 수 있으므로 발견 즉시 제거하고, 물 웅덩이는 물 제거 후 웅덩이를 관리하여 영유아가 넘어지는 것을 방지한다.
- 모든 놀이기구가 안전하게 고정되어 있는지 확인한다. 놀이기구의 고정 상태, 매설된 지지대의 노출, 윤활유 보충 등을 확인하고 즉각적인 안전조치 후 필요시 관련업체에 의뢰한다.
- 놀이시설물의 상태(틈새나 간격)가 영유아의 몸에 끼이지 않는 넓이인지 확인한다. 집합놀이기구 등의 틈새나 간격의 너비 확인 및 노후로 인한 영유아 신체의 빠짐 및 끼임 등을 확인한다. 안전관리 필요시에는 1차 안전조치로 접근금지 표시 및 전문업체에 수리를 의뢰한다.
- 모든 놀이기구의 아래와 주위(안전지대)에 위치한 충격흡수제의 성능은 양호한지 확인한다. 영유아가 추락할 가능성이 있는 놀이 시설물 아래와 주변의 공간(안전지대)은 충격을 흡수할 수 있도록 설치되어야 한다(25~30cm 이상의 모래, 우레탄 바닥, 매트 등). 충격흡수제 사용 시 마모되어 구멍이 나거나 끝 부분이 말림으로 인해 영유아들이 걸려 넘어질 수 있다. 따라서 즉각적인 안전조치 후 전문 업체에 의뢰한다.
- 놀이기구의 높이가 영유아에게 적합한지 확인한다. 놀이기구의 구입 시 연령에 따른 영유아의 신체 등에 적합한지 확인한다. 참고로 놀이기구의 높이는 2.5m 이하로 설치한다.

한 걸음 더

어린이 놀이시설 안전관리제도

▪ 근거법령

「어린이 놀이시설 안전관리법」, 같은 법 시행령 및 시행규칙

▪ 어린이 놀이시설 안전관리제도 주요내용

– 어린이 놀이시설의 설치(설치자)

설치자는 '어린이 놀이시설의 시설기준 및 기술기준'에 맞게 어린이 놀이시설을 설치하고, 관리주체에게 인도하기 전에 설치검사를 받아야 함(법 제12조)

※ 관리주체는 설치자로부터 놀이시설 인수 시 설치검사 합격 여부 확인

– 어린이 놀이시설의 유지(관리주체)

관리주체는 어린이놀이시설에 대하여 2년에 1회 이상 정기시설검사 및 안전교육을 받아야 하고, 월 1회 자체적으로 안전점검을 실시하여야 함

안전점검 결과 위해를 가할 우려가 있는 경우 안전진단 신청

안전관리자 신고 및 안전교육 이수, 보험가입(보험한도액은 사망 시 8,000만 원 이상), 중대 사고 발생보고 등

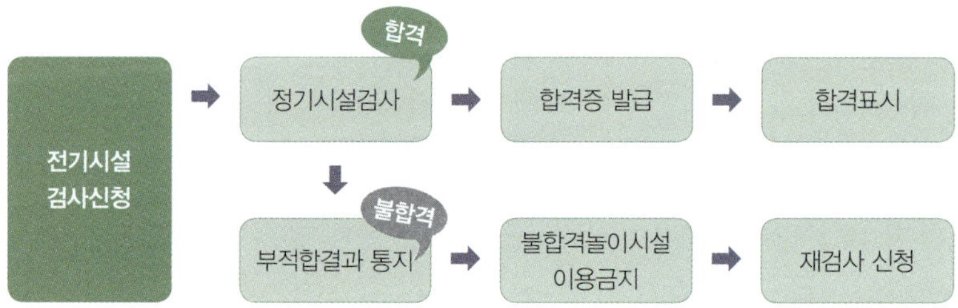

출처: 행정안전부 어린이놀이시설안전관리시스템(https://www.cpf.go.kr/front/sub04/sub0401.do).

② 어린이집 주변

• 어린이집 보호벽 및 어린이집 주변의 관리 상태는 양호한지 확인한다. 담, 울타리, 창살, 가스 혹은 난방기 등의 계량기, 보일러 설비, 퓨즈박스, 비상 미끄럼틀, 외부 차양 등 설비의 안전 상태를 확인하여 위험요소를 즉시 안전하게 제거·수리 및 관리한다.

- 어린이집 주변에 감전위험은 없는지 살펴본다. 어린이집 50m 이내에 고압선, 전선, 가로등 등 감전위험을 확인한다. 확인물 발견 시 관련 기관 및 지방자치단체에 통보하고 안전조치를 요청한다.
- 위험한 적치물, 축대 붕괴, 맨홀 등에 대한 위험은 없는지 살핀다. 어린이집 주변 50m 이내에 위험한 물건·물품(방치된 자동차, 생활쓰레기 적치, 붕괴 위험이 있는 축대, 맨홀, 파인 곳, 공사장 등)이 확인되면 지방자치단체(주민자치센터 포함)에 통보하고 안전조치를 요청한다.

(3) 어린이집 설비 관리

실내외 설비를 정기적으로 점검하여 위험요인 없이 영유아가 안전하게 활동할 수 있도록 관리한다. 어린이집에서 가스, 전기 등의 사고 발생이 가능한 부분을 일일점검을 통해 확인하고 예방, 평가하여 안전한 환경을 마련한다. 또한 사고발생 시 비상대피시설 및 소방 장비 등을 주기적으로 점검하여 유사시 사용하는 데 어려움이 없도록 관리한다.

① 전기 및 가스, 위험물 관리

○ 전기설비

- 전선, 콘센트, 플러그 등이 손상된 부분은 없는지 확인한다. 실내 전선의 노후, 피복손상, 파손된 콘센트 및 플러그 등을 확인한다. 벗겨진 전선은 절연테이프로 감싸고, 파손된 콘센트 플러그 등은 즉시 교체한다. 필요시 전문업체에 수리·점검을 의뢰한다.
- 분배전반 및 각종 전기기구의 노후 및 파손된 것은 없는지 확인한다. 노후하거나 파손된 분배전반 및 각종 전기기구는 전기전문업체에 의뢰하여 수리·교체하도록 한다. 또한, 전기사업법이 정하는 바에 따라 인가 시 전기안전점검과 정기점검이 실시될 수 있도록 한다.

○가스설비

- 가스경보기의 설치 상태가 양호한지 확인한다. LNG 또는 LPG에 따른 가스경보기의 위치 · 설치 상태 · 정상작동 여부 및 관련 법에 의해 점검을 받았는지 확인한다. 필요시 가스경보기를 전문업체에 의뢰하여 이동설치 · 수리 · 교체하도록 한다.

② 소방시설 관리

- 소화기, 스프링클러 등 소화장비의 관리 상태는 적합한지 확인한다. 소화기의 비치 위치, 압력 등의 적합한 관리 상태를 확인한다. 소화기는 연면적 33㎡ 이상에 1대 이상을 비치한다. 또한, 공간의 제약성 등을 확인한 후 필요시 추가로 비치한다. 소화기는 눈에 잘 띄는 곳에 위치하고 있는지를 확인하되 영유아 보행 시 충돌 방지를 감안하여 적절한 위치에 놓는다. 소화기는 압력 상태를 월 1회 이상 점검한다. 이상이 있는 것은 새것으로 교체하거나 소방전문업체에 점검을 의뢰한다. 스프링클러 설비의 정상적인 작동 여부를 확인하고 필요시 소방전문업체에 수리 · 점검을 받도록 한다.
- 자동화재 탐지설비의 설치 상태가 양호한지 확인한다. 자동화재 탐지설비의 정상적인 작동 여부를 확인하고 필요시 소방전문업체에 수리 · 점검을 받도록 한다.
- 옥내소화전의 관리 및 작동 상태가 양호한지 확인한다. 소화전 함의 내용물(관창 1, 호스 2)과 옥내소화전설비의 정상적인 작동여부를 확인하고 필요시 소방전문업체에 수리 · 점검을 받도록 한다.

③ 비상대피시설 관리

- 비상계단 및 미끄럼대 등이 화재 등 유사시 사용이 가능한지 확인한다. 설치기준에 적합한 상태, 평상시 영유아가 개폐할 수 없는 상태, 유사시 용이한 개방 가능 등의 정상적인 작동 여부를 확인하고 필요시 전문업체에 수리·점검을 받도록 한다.
- 피난유도등, 유도 표지 등이 잘 갖추어져 있고 정상 작동하는지 확인한다. 유도등, 유도 표지의 위치, 유도등의 상태·점등 등을 확인한다. 피난구 유도등의 경우 30m 거리에서 문자 및 색채 식별이 가능해야 한다. 설치기준에 적합성 및 위치·작동 여부를 확인하고 필요시 전문업체에 수리·점검을 받도록 한다.
- 건물 내 대피경로에 장애가 되는 요소는 없는지 확인한다. 계단, 통로, 출입문 등 피난경로에 적치물 방치, 피난에 필요한 유효너비 확보, 비상출구의 잠금장치 설치 여부를 확인한다. 계단, 통로, 출입문 등 피난에 장애가 되는 물건 등은 즉시 이동조치 한다. 계단·통로·출입구의 유효너비, 출입문의 개폐방향, 비상구의 잠금장치 등을 확인하고 시정조치 하도록 한다.

| 표 10-1 | 어린이집 통합 안전점검표 〈일별 점검표〉

(점검 상태: 양호○, 보통△, 불량×)

구분	점검항목	점검결과 / 월	/ 화	/ 수	/ 목	/ 금	/ 토	조치사항
실외 환경	• 어린이집 보호벽 및 주변의 관리 상태는 양호한가?							
	• 실외놀이 공간 주변의 돌, 유리조각, 요철, 녹이 슨 부분, 벗겨진 페인트, 돌출된 모서리가 방치되어 있지는 않은가?							
	• 놀이터 바닥에 오물, 방치된 물 웅덩이가 없는가?							
실내 환경	• 문과 창문 등의 추락 위험은 없는가?							
	• 바닥에는 다칠 수 있거나 미끄러운 곳이 없는가?							
	• 복도, 계단, 비상계단, 미끄럼대 등에 방치된 물건이 없어 피난계단, 미끄럼대 등을 사용하기에 양호한가?							
	• 보육용품이나 비품, 유리창 등에 날카로운 모서리 등이 없는가?							
놀잇감 및 놀이 기구	• 망가져 날카롭고 위험한 것 또는 부품이 빠지거나 작은 볼트 등이 빠진 것은 없는가?							
	• 유해 색소가 칠해진 놀잇감은 없는가?							
	• 영유아가 삼킬 만한 작은 놀잇감이나 부품은 없는가?							
	• 놀잇감 및 놀이기구의 수납 상태가 양호한가?							
화장실·세면대	• 화장실 내 세제나 락스 등 위험한 물건이 영유아들의 손이 닿는 곳에 방치되어 있지 않는가?							
전기·화기·위험물	• 콘센트는 안전덮개로 보호되어 있는가?							
	• 화기에 의한 안전사고 위험은 없는가?							
	• 위험물에 의한 안전사고 위험은 없는가?							
	• 가스밸브와 가스중간밸브 잠금은 양호한가?							

출처: 보건복지부(2020). 2020 보육사업안내 (부록), p. 340.

| 표 10-2 | 어린이집 통합 안전점검표 〈월별 점검표〉

(점검 상태: 양호○, 보통△, 불량×)

구분	점검항목	점검 결과 월	조치 사항
안전 관리	• 안전관리의 책임 및 위기관리 체계가 적합한가?		
	• 일별 안전점검 체크리스트에 의해 관리되고 있는가?		
	• 응급전화번호 및 비상연락망 등이 잘 관리되고 있는가?		
실외 환경	• 어린이집 주변에 감전 위험은 없는가?		
	• 위험한 적치물, 축대 붕괴, 맨홀 등에 대한 위험은 없는가?		
실내 환경	• 모든 설비는 움직이거나 떨어지지 않도록 바닥과 벽면에 단단히 고정되어 있는가?		
	• 창문, 방충망의 상태는 안전한가?		
현관·통로·계단·비상구	• 출입문, 현관문 등의 안전장치는 정상 작동하는가?		
	• 계단, 통로부분에 미끄럼 방지처리가 되어 있는가?		
	• 계단의 안전 상태는 양호한가?		
화장실·세면대	• 화장실 내 전기 콘센트 등 전기용품은 안전한가?		
	• 세면대의 고정 상태는 안전한가?		
실내외 놀이기구 및 공간	• 모든 놀이기구가 바닥에 안전하게 고정되어 있는가?		
	• 놀이 시설물의 상태(틈새나 간격)가 영유아의 몸이 끼이지 않는 넓이인가?		
	• 기초대, 지지대 등 매설부분이 노출되지 않았는가?		
	• 모든 놀이기구 아래와 주위(안전지대)의 충격흡수재 성능은 양호한가?		
	• 보수가 필요한 놀잇감 및 놀이기구가 방치되어 있는가?		
	• 놀이기구의 높이가 영유아에게 적합한가?		
	• 「어린이제품 안전 특별법」, 「품질경영 및 공산품 안전관리법」 등에 의한 안전검사(KC 인증 등)를 필한 제품인가?		
전기·가스·위험물 안전관리	• 전선, 콘센트, 플러그 등 손상된 부분은 없는가?		
	• 한 개의 콘센트에 용량을 초과해 사용하고 있지 않은가?		
	• 분배전반 및 각종 전기기구의 노후 및 파손된 것은 없는가?		
	• 가스경보기의 설치 상태가 양호한가?		
소방시설 관리	• 대피를 위한 대피도가 잘 관리되어 있는가?		
	• 소화기, 스프링클러 등 소화장비의 작동 및 관리 상태는 양호한가?		
	• 자동화재 탐지설비의 설치 상태가 양호한가?		
	• 옥내소화전의 관리 및 작동이 양호한가?		
비상대피 시설 관리	• 비상계단 및 미끄럼대 등이 화재 등 유사시 사용이 가능한가?		
	• 피난유도등, 유도 표지 등이 잘 갖추어져 있고 정상 작동하는가?		
	• 건물 내 대피경로에 장애가 되는 요소는 없는가?		

출처: 보건복지부(2020). 2020 보육사업안내(부록), p. 341-342.

(4) 안전관리 업무분장

영역별(보육실, 실외 놀이터, 소화기 등), 시설별 안전 점검표를 마련하여 항목에 따라 매일 및 월별 점검을 실시한다. 이와 함께 전문기관의 정기적인 안전점검을 통해 안전사고를 예방한다.

| 표 10-3 | 안전점검표 관리 목록

<table>
<tr><th colspan="2">안전점검표 관리항목</th><th>보완조치</th></tr>
<tr><td rowspan="3">보육실
및
화장실</td><td>· 보육실 일일 시설·설비 및 놀잇감 안전 위생 점검표
· 매일 1회 각 반 담임교사 점검
· 매월 마지막 금요일 원장 확인</td><td rowspan="3">· 보완 필요시 즉각 조치
· 보수 필요시 보수의뢰를 신청
· 물품 필요시 물품신청 작성
· 비품 및 시설보수 시 방재센터에 의뢰</td></tr>
<tr><td>· 보육실 환경점검표
· 매월 1회 각 반 담임교사 점검
· 점검을 통해 보육환경을 보완, 원장확인</td></tr>
<tr><td>· 화장실 위생 안전점검표
· 담당자가 청결 상태, 비품유무여부, 안전 영역으로 나누어 매일 1회 각 반 담임교사 점검
· 매월 마지막 금요일 원장 확인</td></tr>
<tr><td>실외
놀이터</td><td>· 실외 놀이터 안전점검표
· 담당자가 시설물의 상태/안전 상황 등을 매월 1회 점검 후 원장 확인</td><td>· 보수 및 보완 시 방재센터에 건의
· 점검표에 다른 색 펜으로 진행 및 보완 결과를 기록</td></tr>
<tr><td>공동
구역</td><td>· 교사실 일일 안전 및 위생 점검표
· 교사실 화장실 위생·안전 점검표
· 복도 및 현관 일일 안전 및 위생 점검표
· 원장실 일일 안전 및 위생 점검표
· 매일 1회 각 담당자가 점검</td><td>· 보완 필요시 원장에게 건의
· 시설보수 시 방재센터에 의뢰</td></tr>
</table>

2) 안전사고 대처 체계

(1) 비상연락체계구축

어린이집의 원장은 안전사고에 대응하기 위하여 인근 소방서, 경찰서 및 가스, 유류 등의 안전 상태를 점검하는 유관기관 등과 비상연락체계를 구축하여야 한다.

- 비상시 긴급 연락처(소방서, 구조대, 파출소, 병원이나 보건소 등), 응급전화를 걸 때 말해야 할 주요 내용(간략한 사고 내용, 어린이집의 이름과 위치 등), 이외 비상시 연락해야 할 어린이집 보육교직원의 비상연락망, 보호자의 연락처 등을 전화기 옆에 비치해 둔다.

응급의료체계 신고요령

- 119로 전화하면 응급처치 지도를 받을 수 있다.
- 응급 환아가 발생하며 그 즉시 119에 신고한다.
- 119에 신고 환아의 상태를 설명한다.
- 전화를 끊지 않고 119의 응급처치 요령을 전달받는다.
- 119 구급대가 현장에 도착하기 전까지 교사는 환아에게 응급처치를 실시한다.

119 전달 시 필수 전달사항

주소는? ➡ ㅇㅇ구 ㅇㅇ로 ㅇㅇ길 ㅇㅇ어린이집
주변 건물은? ➡ 가까운 거리에 있는 큰 건물(은행, 관공서 등)
어떤 상태입니까? ➡ 질병 또는 사고 상태 등
전화번호는? ➡ ㅇㅇㅇ-ㅇㅇㅇㅇ(경우에 따라 핸드폰)

응급 시 나의 역할

- 응급시 나는
  (   ) 을 합니다.
- 119에는 (   ) 선생님이 신고합니다.
- 응급처치는 (   ) 선생님이 합니다.
- 응급처치 보조는 (   ) 선생님이 합니다.
- 비상약품과 기구 준비는 (   ) 선생님이 합니다.
- 남아 있는 아이들은 (   ) 선생님이 돌봅니다.

| 그림 10-1 | 응급의료체계 신고요령

출처: 서울특별시(2016). 서울시어린이집 안전수칙 매뉴얼, p. 61.

(2) 안전사고 대응

① 응급 상황을 위한 대비

- 모든 교사는 기도확보와 심폐소생술 등의 응급처치법에 관한 교육을 받도록 한다. 응급처치는 가까운 전문기관에서 손쉽게 배울 수 있다.

- 교사의 손이 쉽게 닿는 곳에 필요한 물품이 갖추어진 구급상자를 준비한다. 구급상자에는 응급전화번호, 약품의 사용방법 등을 부착한다.
- 영유아의 비상연락망, 응급 시 도움을 요청할 수 있는 기관의 전화번호와 응급절차과정 목록 등을 전화기 옆에 비치한다.
- 야외학습을 나갈 때 교사는 휴대용 구급상자와 비상연락망을 준비한다.
- 응급상황 발생 시 조치에 대한 부모동의서를 입소할 때 받도록 한다.

② 응급상황 발생 시 대응

비상상황 및 재해 등 안전사고 발생 시 안전관리책임관의 지시에 따라 인명과 재산피해 최소화를 위한 대응활동 전개 및 어린이집의 비상대응계획을 가동 및 운영한다.

- 당황하지 않고 사고의 원인을 파악하여 필요한 조치를 취한다. 안전사고가 발생하면 우선 교사 자신이 당황하지 않는 것이 무엇보다 중요하다. 교사가 당황하게 되면 사고를 당한 영유아나 나머지 영유아들이 함께 당황해하거나 더 불안해할 수 있다.
- 사고를 파악할 때에는 누가 어떻게 다쳤는지, 그 현장에 남아 있는 위험이나 또 다른 사고의 위험은 없는지 판단한다.
- 다친 영유아의 부상 정도를 파악하여 적절한 대처법을 실시한다. 심각한 상황인 경우 119나 응급실에 구조를 요청하고, 부모에게 연락한다.
- 불안해하는 다른 영유아를 안심시킨다.

한 걸음 더

안전사고 발생 시 부모와의 소통 요령

1) 응급처치 후 즉시 부모에게 연락하여 사고에 대해 상세히 설명
   - 장소 및 위치, 상황(어디서 무엇을 어떻게), 영유아의 상태, 응급조치, 병원 방문 등을 상세히 설명
2) 부모와 충분히 소통
   - 사고로 인해 놀랐을 부모의 감정에 공감
   - 부모의 감정이 가라앉을 때까지 경청
   - 사고가 난 날 저녁, 부모에게 연락하여 아이의 상태를 묻고 사고에 대한 유감을 표명
3) 사고가 일어난 후 지속적인 부모와의 소통
   - 영유아가 등원하지 않았을 경우 현재 상태와 어린이집 등원이 가능한 날을 확인
   - 영유아가 등원한 경우 어린이집에서 주의해야 할 사항에 대해 등·하원 시 부모에게 물어보고, 원에서 보낸 하루 생활에 대해 이야기함
4) 부상 시 후속 정보를 알아보고 이를 부모에게 전달
   - 어린이집안전공제회에서 보상과 관련한 절차 및 제출 서류 등을 확인하여 학부모에게 전달

(3) 보험가입

안전사고에 대비하여 어린이집안전공제 및 화재보험, 자동차 보험 등에 가입해야 한다(보건복지부, 2020).

| 표 10-4 | 안전사고에 대비한 보험가입

구분	영유아 생명·신체 피해보상 관련 공제 가입	화재보험(공제) 가입	자동차보험 가입
가입대상	입소 아동 전원 의무 가입	모든 어린이집 의무 가입 * 공제회의 '화재공제' 가입 가능	차량을 운행하는 모든 어린이집
가입내용	· 보육통합정보시스템을 통해 어린이집안전공제회의 '영유아생명·신체 피해' 공제에 가입 · 집단급식소로 신고·운영하는 어린이집이나 어린이놀이시설 관리 주체인 어린이집은 해당법률*에 따라 공제회의 해당 공제에 가입('가스사고 배상책임' 공제, '놀이시설 배상책임' 공제) *「액화석유가스의 안전관리 및 사업법」 제57조 등과 「어린이놀이시설 안전관리법」 제21조 등	· 화재로 인한 손해배상책임의 이행 대비 · 공동주택 내 가정어린이집의 경우 공동주택 화재보험 가입으로 갈음 가능 * 교재교구 등 집기를 위한 화재보험(공제) 추가 가입 가능 · 공제회의 화재 공제에 가입하면 「사회복지사업법」 제34조의 2에 따라 화재보험에 가입하여야 하는 의무를 이행한 것으로 봄	· 교통사고로 인한 피해를 전액 배상할 수 있도록 대비(「도로교통법」 제52조 제3항 및 같은 법 시행령 제31조)
보험료부담	어린이집 부담 원칙	어린이집 부담 원칙	어린이집 부담 원칙

(4) 안전관리책임관 지정

어린이집 안전관리에 관한 총괄적 관리감독 및 사고 발생 시 효과적인 대응을 위해 안전관리책임관을 지정하며, 원장이 안전관리책임관 역할을 수행한다.

① 평시 주요업무

- 어린이집이 직면할 수 있는 재난, 재해에 대해 비상대응계획 수립(연 1회)
- 어린이집 비상대응 훈련 계획 수립 및 실시 총괄(월 1회)
- 어린이집의 비상연락망 수립 및 관내 안전관리 기관과의 연락체계 수립
- 어린이집 내 안전관리 시설 유지관리 담당

② 비상상황 및 재해발생 상황

- 발생 시: 인명과 재산 피해 최소화를 위한 대응활동 전개 및 어린이집의 비상대응계획 가동 및 운영
- 발생 후: 재해발생 전 상황으로 어린이집 운영이 되돌아갈 수 있도록 복구 절차 총괄

(5) 사고보고체계의 확립

안전사고에 대한 사고보고체계를 수립하여 운영한다. 또한 이를 운영안내 책자에 기록하여 입소 시 부모에게 정확하게 안내한다.

어린이집의 원장은 사고에 대비하여 부모와의 비상연락망을 확보하여야 하며 응급처치동의서를 비치해야 한다. 안전사고 발생 시 긴급 상황일 때는 부모가 요청한 병원이나 인근 의료기관에 조치한다. 사고 발생 시 응급처치 및 책임에 관한 부모의 동의서를 통해 신속하게 응급사태를 해결하고 비상연락망을 통해 부모가 사고의 내용을 어린이집에 도착하기 전에 미리 전달받을 수 있도록 한다.

어린이집에서 발생한 안전사고는 어린이집에서 가입한 어린이집안전공제회 보험을 적용하며 안전사고의 처리는 보험약관에 의한 절차에 따른다.

사고에 대한 안전사고 보고서를 기록하여 영유아의 건강 및 신체발달에 관한 정보를 위한 기초 자료로 사용하며, 보육교직원들이 예방을 위한 방안을 토의하고 대책을 마련한다.

어린이집 원장은 사고발생 24시간 이내에 사고보고서를 작성하여 시장·군수·구청장에게 보고하여야 하며, 중대사고(중상 이상의 안전사고, 감염병 및 식중독 등 집단 질병, 화재·침수·붕괴 등 재난사고 등)는 사고발생 즉시 보고(유선 통보 후 서식에 의한 보고)해야 한다. 어린이집 영유아의 안전사고 및 감염병 발생 보고는 보육통합정보시스템에 입력보고를 원칙으로 한다.

2. 유치원 안전관리

유치원에서 안전한 환경이 유지될 수 있도록 유치원 내 안전의 위해요소를 조기에 발견·예방하여 보다 효율적이고 체계적인 유치원 안전관리가 이루어지도록 한다(교육부, 2015).

안전한 유치원 환경이란 시설과 설비 및 교구와 그 사용에 있어서 위험요소가 나타나지 않는 것을 말한다. 유아는 스스로를 보호하는 능력이 부족하기 때문에 교직원은 유아들이 안전하고 건강하게 성장·발달할 수 있도록 안전한 환경을 제공할 책임이 있다.

요즘 눈에 띄게 증가하고 있는 안전사고는 우발적인 것이 아니라 환경과의 상호작용을 통한 역동적인 개념으로, 이를 예방하기 위해서는 유치원의 실내외 제반시설과 설비 및 환경을 미리 점검하여 사고 원인을 제거해야 한다. 또한 이를 지속적으로 관리하여 안전한 유치원 환경에 대한 대책을 마련하는 것은 잠재적 안전사고의 위험을 사전에 방지할 수 있는 가장 적극적인 방법이다.

1) 유치원 안전관리 계획 수립

유치원에서는 안전점검을 실시하기 전에 점검과 관련하여 업무분담과 책임이행에 대한 안전점검 조직을 구성하고 시설 관리지침을 마련하여 명문화해 놓아야 한다.

| 표 10-5 | 안전점검 계획에 포함되어야 할 내용과 점검시기

관리내용	점검시기	관련 기관
실내외 시설 및 설비점검	매월 4일/6개월	자체점검/안전보건공단
전기 및 가스 점검	1년	전기안전공사/가스안전공사
재해대비시설	분기별	소방서
냉·난방용품	수시점검	해당제조업체
통학버스	수시/정기점검	자체점검/정비기관 점검
어린이놀이터	수시/2년 정기점검, 안전교육	자체점검/안전검사기관, 어린이놀이시설안전 관리 지원기관
정기방역	매월	구청(보건소) 및 전문 방역업체
응급처치	수시점검	소방서
안전관리 인적조직 구성	수시점검	자체점검
관련 보험 가입	원아 입학 시 수시등록	학교안전공제회, 교육시설재난공제회, 해당보험사
안전교육 실시 (유아/학부모/교직원)	수시교육	안전교육기관

출처: 교육부(2015). 유치원 시설안전관리 매뉴얼, p. 8.

2) 유치원 안전점검의 시행

점검은 일회성이 아닌 수시(상시)점검과 정기점검으로 분류하여 실시하고 위험한 곳에 대해서는 수시로 확인하여야 한다. 유치원의 연간 안전점검 계획을 수립한 후, 자체적으로 정기 또는 수시 안전 점검을 실시하되, 실내 환경과 시설·설비 및 비품·교구에 대해서는 매일 점검하고 기록·관리해야 한다.

3) 유치원 안전점검 기록 및 사후관리

(1) 안전점검 결과 기록

안전 담당자는 안전점검 결과를 기록하여 비치하여야 한다. 정기점검 또는 특별 점검을 위하여 기기를 사용한 경우에는 측정기기, 측정조건, 측정결과 사항을 자세하게 기록하도록 한다.

(2) 사후관리

안전점검을 실시 후 개선된 사항은 즉시 수정 기록한다. 연말에는 실시된 안전점검 사항을 정리하여 유치원 내 자체평가를 실시하여 향후 유치원 시설 개보수 및 안전점검 계획에 개선사항을 반영하도록 한다.

(3) 사고보고서 작성 및 활용방안

사고보고서에는 기관명, 전화번호, 기관주소, 상해원아 인적사항(원아명, 성별, 연령), 사고일자, 사고시간, 목격자명, 부모에게 연락한 사항, 연락시간, 119 신고 여부(신고여부, 신고시간), 사고발생 장소, 사고당시 활동내용, 사고원인, 사고유형, 상해를 입은 시설설비, 사고부위, 응급처치, 진료여부, 원아보호를 위한 추후 계획, 재발방지에 필요한 교정활동, 교사서명, 부모서명 등이 포함되어야 한다.

유치원에서는 사고발생 24시간 이내에 사고보고서를 작성하여 부모에게 전달하며 작성된 사고보고서를 토대로 위험물 제거 및 교정활동 계획을 수립한다.

또한 연말에는 1년간의 사고보고서를 분석하여 유치원 내 자주 발생하는 사고유형 및 원인을 내년도 안전관리 및 안전교육 계획 수립 시 반영하도록 한다. 이와 더불어 신임교사 훈련 시 교육내용에 포함시키도록 한다.

4) 수시 안전점검 체크리스트

교육부(2015)에 제시된 수시 안전점검 내용은 다음과 같다.

	점검사항	그렇다	아니다	비고
일반사항	안전관리를 위한 명문화된 지침이 눈에 띄는 곳에 비치되어 있는가?			
	파손된 용품이나 시설물은 없는가?			
	계단과 통로에 불필요한 시설물이나 피난에 방해가 되는 적치물이 없는가?			
	적절한 환기를 하고 있는가?			
	안전장치(안전덮개, 모서리보호대, 손끼임방지장치 등)는 잘 부착되어 있는가?			
교실	실내온도는 18도 이상 28도 이하를 유지하고 있는가?			
	창문 주변에는 딛고 올라설 만한 물건이 비치되어 있는가?			
비품 및 놀잇감	날카로운 물건(칼, 송곳, 가위 등)은 잠금장치가 있는 곳에 보관하고 있는가?			
	모든 비품은 날카롭거나 부서진 곳은 없는가?			
	모든 놀잇감에는 날카로운 부분이나 모서리, 가시, 갈라진 곳, 삼킬 우려가 있는 작은 부속품이 없는가?			
	비품 및 놀잇감은 유아가 꺼내고 수납하기 알맞은 높이에 있으며 크거나 무거운 비품 및 놀잇감은 교구장 아래에 위치해 있는가?			
가구	책상, 정리장 등 가구들은 바닥과 벽에 안전하게 배치되어 있는가?			
	가구의 볼트, 너트, 못 등이 튼튼하게 고정되어 있는가?			
현관 및 계단	방문한 사람의 신원을 확인한 후 출입시키고 있는가?			
	바닥은 미끄럽지 않고 미끄럼 방지장치가 파손된 곳은 없는가?			
	계단에 부착된 게시물은 잘 고정되어 있는가?			
	계단에 부착된 논슬립은 잘 고정되어 있는가?			
화장실	바닥이 항상 건조한 상태로 유지되어 있으며 미끄럽지 않은가?			
	락스, 세제 및 변기를 청소하는 솔 등은 유아의 손이 닿지 않는 곳에 관리하고 있는가?			

	점검사항	그렇다	아니다	비고
놀이터	실외놀이시설물은 바닥에 안전하게 고정되어 있는가?			
	놀이시설물은 녹슬거나 금이 가거나 페인트칠이 벗겨진 곳이 없는가?			
	놀이기구가 연결된 부분에 볼트나 나사가 풀려 있는 곳은 없는가?			
	놀이기구의 베어링은 윤활유 주입이 잘 되고 있는가?			
	놀이터 바닥은 망가지거나 파진 곳, 이물질이 없는가?			
	실외놀이시설물(놀이구, 울타리, 의자, 표지판)은 파손되거나 고장난 곳은 없는가?			
통학버스	차량 내에 구급상자가 비치되어 있는가?			
	차량 내에 안전수칙이 부착되어 있는가?			
	차량 내에 비상연락망이 게시되어 있는가?			
	차량 내에 날카로운 곳이나 불필요한 물건이 없는가?			
	차량용 소화기가 고정되어 있는가?			
	통학버스 운행 시 반드시 보조교사가 탑승하고 있는가?			
	통학버스 운행 시 긴급 연락할 수 있는 휴대용 전화를 가지고 탑승하는가?			
	운전자 및 통학버스 담당자들은 운행 일일 안전점검표를 기록하고 있는가?			
	통학버스 이용 어린이를 위하여 지정된 승하차 장소를 지정하는가?			
	차량은 정기적으로 안전점검을 실시하고 있는가?			
화재예방 시설	소화기는 눈에 띄는 곳에 설치되고 잘 작동하고 있는가?			
	감지기는 잘 작동하고 있는가?			
	사용하지 않는 콘센트에는 안전덮개가 설치되어 있는가?			
	가스렌지의 중간밸브, 가스누설자동차단기는 잘 작동하고 있는가?			
	피난유도등이나 유도 표지 등이 잘 부착되어 있고 작동하고 있는가?			
비상대응 계획	비상연락망, 비상대피로는 눈에 잘 띄는 곳에 부착되어 있는가?			
	구급상자는 유아의 손이 닿지 않는 곳에 비치되어 있는가?			
안전감독	유아와 관련된 모든 장소와 상황에는 교직원이 감독하고 있는가?			
	안전사고 발생 시 사고일지를 기록하고 있는가?			
	안전사고 발생 시 일어난 사고에 대해 부모에게 알리고 있는가?			

교육부(2015). 2015 유치원 시설안전관리 매뉴얼. 교육부.

◈ 해 봅시다! ◈

안전점검 해 보기

위에 제시된 어린이집 안전점검표, 유치원 안전점검표를 활용하여 관찰실습이나 실습을 했던 어린이집이나 유치원의 안전을 점검해 보세요.

3. 영유아의 안전한 보호

1) 등·하원 안전

(1) 영유아 출석 관리

담임교사의 매일아침 등원확인활동은 영유아의 안전등원을 위한 핵심행동이다. 출석부에는 모든 재원 아동의 아동명, 출석일, 등·하원 시간을 포함하여 기록한다. 담임교사가 재원 아동의 출결상황 및 등·하원 시간을 기록하는 것이 원칙이다.

(2) 영유아의 안전한 인계

영유아교육기관은 인계과정 규정을 정하여 실행한다. 인계과정 규정에는 영유아가 등·하원하는 구체적인 절차와 방법, 반드시 지정된 보호자에게 영유아를 인계한다는 내용, 부모가 희망하더라도 영유아를 혼자 귀가시키지 않는 내용이 반드시 포함되어야 한다.

또한 모든 영유아의 귀가동의서를 구비하여 영유아의 이름, 귀가 시 영유아를 인계받을 보호자의 이름, 관계 및 연락처, 보호자의 서명을 받아둔다. 교사는 영유아가 하원 시 반드시 지정된 보호자에게 인계하여야 한다.

(3) 차량 등·하원 안전

등·하원 차량 운행 시 운전기사 및 교사 등 동승자는 영유아를 안전하게 담당 교사나 보호자에게 인도하여야 하며, 모든 영유아가 안전하게 인도되었는지 여부를 확인해야 한다.

- 교사 등 동승자는 기관에 통학차량이 도착하여 영유아가 하차한 후 지체없이 통학차량 이용 영유아의 승하차 상황을 확인하고 담임교사에게 통보한다.
- 담임교사는 통학차량 이용 영유아 중 무단결석 영유아가 있을 시 보호자에게 유선 또는 문자, 메신저 등으로 연락하여 영유아의 소재를 확인하고, 확인이 되지 않을 시 통학차량에 영유아가 남아 있는지 확인한다.
- 운전자는 출결상황 확인이 종료될 때까지 통학차량을 다른 장소로 이동하지 않고 대기한다. 어린이 통학차량에 미처 내리지 못한 영유아를 방치했다가 숨지는 사고가 여러 차례 발생하면서 커져 가는 학부모들의 불안감과 불신을 해소하기 위해 통학차량에 '잠자는 아이 확인장치'가 도입되었다. 장치의 실행도 철저히 해야 하지만, 모든 영유아가 하차하였는지 반드시 확인하는 안전습관이 더욱 중요하다.

한 걸음 더

통학차량 안전지도

1. 통학차량에 안전수칙을 부착하고 차량용 소화기 및 구급상자를 비치해야 하며, 차량안전점검표에 의해 안전점검을 실시하세요.
2. 차량 운행 시 반드시 보육교직원이 함께 타세요.
3. 모든 유아가 안전벨트를 착용할 수 있도록 한 좌석에 한 유아만 앉도록 하세요.
4. 36개월 미만의 영아는 보호자와 함께 등원하는 것이 좋습니다. 부득이한 경우 영아의 수만큼 영아용 보호장구를 준비하세요.
5. 출발 전 모든 영유아가 좌석에 앉았는지, 안전벨트를 착용했는지 확인하세요.
6. 하차 전 내리기 안전한 장소에 도착한 것을 확인 후 안전벨트를 풀어주세요.
7. 차량에 남은 영유아들이 없는지 확인하고, 모든 영유아가 어린이집 안으로 들어가는지 확인하세요.
8. 등·하원 시, 영유아를 반드시 보호자에게 인계 후 출발하세요.

출처: 서울특별시(2016). 서울시 어린이집 안전수칙매뉴얼. p. 32.

2) 영유아 보호 책임

영유아는 항상 교사의 보호 아래 있어야 한다. 따라서 교사는 영유아의 안전을 위해 항상 전체 상황을 주시한다. 원장은 교사에게 영유아 보호 책임을 강조하고 관리할 의무가 있다.

- 교실 환경 구성은 교사가 전체 영유아를 한눈에 볼 수 있도록 구성되어 있으며, 교사는 어느 장소에서든 가능한 한 많은 영유아를 관찰할 수 있는 자리에 위치해야 한다.
- 교사는 일부 영유아와 활동을 하고 있어도 주기적으로 전체 영유아를 살펴보는 등 전체 영유아가 어디에 있는지 수시로 확인하며 전반적인 상황을 주시하고 있어야 한다. 특히 영아반의 경우 돌연사 등의 위험을 예방하기 위하여 영유아가 낮잠을 자는 경우에도 수시로 확인한다.
- 산책이나 견학 등을 위해 영유아와 함께 기관 밖으로 나갈 때는 모든 영유아가 교사의 보호하에 있도록 유의하여 살핀다.
- 교사는 일과를 시작할 때, 전이활동 후, 교실에서 놀이실, 화장실 등으로 이동 시, 실내에서 실외로 이동하였을 때 등 장소나 일과가 바뀔 때마다 담당하고 있는 모든 영유아가 안전한지 확인한다.
- 영유아를 두고 자리를 비울 때에는 책임 있는 성인에게 인계한다. 교사는 영유아만 남겨 두고 활동공간에서 자리를 비우지 않는다. 교사가 등·하원 지도 등을 위해 일정 시간 이상 활동공간에서 자리를 비워야 하는 경우에는 원장이나 다른 교사 등 책임 있는 성인과 교체한 후 자리를 비우도록 한다.

3) 아동학대 예방 및 신고

(1) 아동학대 정의

아동학대란 보호자를 포함한 성인이 아동의 건강 또는 복지를 해치거나 정상적인 발달을 저해할 수 있는 신체적·정신적·성적 폭력이나 가혹행위를 하는 것과 아동의 보호자가 아동을 유기하거나 방임하는 것을 말한다(근거: 「아동복지법」 제3조 제7호).

아동학대 중 보호자에 의한 아동학대를 아동학대범죄로 규정한다(근거: 「아동학대범죄의 처벌 등에 관한 특례법」 제2조 제4호). 보호자란, 친권자, 후견인, 아동을 보호·양육·교육하거나 그러한 의무가 있는 자 또는 업무·고용 등의 관계로 사실상 아동을 보호·감독하는 자를 말하는 것(아동복지법 제3조제3호)으로 아동이 영유아교육기관에서 생활을 하는 동안 당해 아동을 담당하는 교직원도 보호자에 해당한다.

(2) 아동학대예방

영유아교육기관에서 발생하는 아동학대를 예방하기 위해서는 아동학대의 발생 원인을 파악하고 아동 권리 존중에 대한 감수성을 높이는 것이 필요하다.

① 영유아교육기관에서의 아동학대 예방

영유아교육기관해서는 교직원의 채용 관리, 근무환경 관리, 지속적인 예방교육이 함께 이루어져야 한다.

○ 교직원 인성검사 및 인성교육

교사, 조리원, 운전기사, 사무원 등 영유아와 직접적으로 생활하는 교직원 채용 시 면접에 신중을 기해야 하며 면접 시 인성검사 등을 할 수 있다. 또한 교직원은 영유아를 진심으로 배려하고 교육할 수 있는 기본 인성을 갖춘 사람으로 채용해야 한다.

○ 교직원 아동학대 예방교육

신입교직원은 사전 오리엔테이션을 실시해야 하며, 실습생 및 자원봉사자도 사전 오리엔테이션을 실시해야 한다. 오리엔테이션 내용에 아동학대를 예방하기 위한 교직원의 구체적 수칙과 예방절차에 관해 설명해야 한다.

○ 교직원 근무환경 및 정신건강 관리

- 모델링과 멘토 지원하기: 신입교사의 경우 교사로서의 역할을 습득할 수 있도록 모델링이 필요하며 자문을 줄 수 있는 멘토 교사가 필요하다. 따라서 경력교사는 신입교사의 멘토가 되어 관찰하고 피드백을 줄 수 있어야 한다.
- 휴식시간 배려하기: 별도의 쉬는 시간 없이 종일 영유아를 보육하고 교육해야 하는 직업의 특성상 교사의 정신적 피로감 누적으로 아동학대 가능성이 증가하므로 휴식을 위한 공간과 시간을 배려하여 교사가 피로감을 완화할 수 있도록 한다.
- 직무스트레스 관리: 영유아 교사는 직장상사, 동료교사와의 관계, 학부모와의 관계, 영유아의 생활지도 등에 많은 스트레스를 받고 있다. 이러한 직무스트레스가 누적되면 교사의 직무수행능력을 떨어뜨리며, 민감한 시기를 지나고 있는 영유아에게 심각한 영향을 줄 수 있다. 직무스트레스의 예방과 관리는 매우 어려운 일이며 개인의 적절한 방법과 조직적 협력이 필요하다. 교사들이 직무스트레스를 받게 될 때 어떻게 대처해야 할 것인가는 매우 중요하다. 직장생활을 하는 과정에서 직무스트레스를 피할 수 없다고 한다면 직무스트레스의 양을 최소화하면서 개인에게 가장 적절한 방법을 찾아 효율적으로 관리하는 것이 중요하다.

2 영유아 권리 존중 실천

영유아교사가 아동 권리감수성을 가지고 영유아의 발달적 요구와 영유아의 감정과 의사를 존중하는 보육·교육을 해야 학대예방을 넘어 진정한 영유아존중을 실천할 수 있다(서울특별시·서울특별시육아종합지원센터, 2015). 최근 일과 운영을 포함하여 영유아 권리 존중에 대한 실천적 방법론에 대한 다양한 탐색이 활발하게 이루어지고 있고, 표준보육과정과 누리과정이 영유아중심, 놀이중심 과정으로 개정되어 한층 더 영유아 권리 존중을 강조하고 있다. 영유아 권리 존중 실천을 위해서는 다음과 같은 점을 실천해야 한다.

○ 영유아의 행동을 발달적 관점에서 이해하기

영유아의 행동을 교사의 관점에서가 아니라 영유아의 발달적 관점에서 이해하려는 자세가 필요하다. 영유아가 보이는 바람직하지 못한 행동은 성인 중심의 기준에서 보았을 때 미성숙하고 문제가 되는 부적응 행동일 뿐, 발달적 관점에서 보면 정상적인 발달 단계에서 보여지는 행동 특성인 경우가 많기 때문이다(이완정·이윤선·권기남, 2015). 따라서 영유아의 연령별 발달특성을 이해하고 이에 적절한 교사의 역할이 필요하다.

○ 영유아를 존중하는 일과운영하기

영유아를 존중하는 일과운영은 영유아의 권리를 보장하고 증진시키며 전인적 발달을 도울 수 있는 보육·교육을 의미한다. 그러므로 교사는 영유아가 잘 성장하고 발달할 수 있도록 권리를 존중하고 보장하려는 강한 윤리의식과 영유아발달과 일과운영에 대한 전문 지식을 바탕으로 영유아를 존중하는 일과운영을 위해 노력해야 한다(서울특별시·서울특별시 육아종합지원센터, 2015). 이를 위해 교사는 매일 영유아의 개별적 요구를 자세히 파악하고 긍정적인 상호작용을 통해 영유아가 정신적으로나 신체적으로 건강하고 편안하며 안정된 상태를 유지할 수 있도록 배려해야 한다.

또한 영유아의 바람직한 습관과 태도, 일상생활에 필요한 의사소통 능력, 상황에 알맞게 자기의 생각과 느낌을 조절하는 능력이 발달될 수 있도록 적극적으로 상호작용해야 한다. 이를 통해 영유아는 또래, 교사, 가족 등 다른 사람과 관계하는 기술을 익히고 자아 및 타인에 대한 존중감과 신뢰감을 형성하게 될 것이다.

○ 보육·교육활동에 대한 반성적 사고하기

영유아교사는 영유아 권리 존중 체크리스트〈표 10-6〉를 활용하여 자신의 활동을 점검해 본다.

| 표 10-6 | 영유아 권리 존중 자가 체크리스트

연번	내용	확인
1	어린이집 일과에서 영유아의 권리 존중을 실천하고 있습니까?	
1-1	낮잠 및 휴식에 대한 영유아의 개별적 욕구를 반영할 수 있는 적절한 환경(시간, 공간)을 조성해 주고 있다.	□
1-2	대소집단활동에 참여하지 않거나 계속해서 놀이하려는 영유아의 욕구를 존중해 주고 있다.	□
1-3	급·간식에 대한 영유아의 기호, 먹는 속도와 양을 존중해 주고 있다.	□
1-4	배변, 배뇨 등 영유아의 기본적인 생리적 욕구를 존중해 주고 있다.	□
1-5	보육교직원은 일관성 있는 태도로 영유아의 욕구를 존중해 주고 있다.	□
2	영유아가 보육과정의 계획과 운영에 참여할 수 있는 구조가 있습니까?	
2-1	영유아가 만든 결과(작품, 사진, 노래, 블록, 구조물 등)에 대해 존중하며 적절히 게시되어 있다.	□
2-2	영유아의 의견이 잘 표현될 수 있는 분위기를 조성하며 영유아의 의견을 반영한 보육과정을 운영한다.	□
2-3	규칙을 정할 때는 영유아의 의견을 반영하거나 동의를 구하고 있다.	□
3	자유선택활동시간에 영유아를 존중하는 상호작용을 하고 있습니까?	
3-1	영유의 개인차를 인정하고 놀이에서 자율성과 주도성을 지지하는 상호작용을 한다.	□
3-2	영유아의 흥미, 관심, 기분 및 건강 상태를 전반적인 맥락으로 파악하고 있다.	□
3-3	영유아 간의 관계를 살피며 상호 역동성을 파악하여 상호작용한다.	□
4	영유아 권리 실천을 위해 어린이집을 다양한 방법으로 개방하고 있습니까?	
4-1	어린이집 운영위원회를 운영하고 있다.	□
4-2	열린어린이집 운영 등의 다양한 방식으로 양육자의 참여가 이루어지고 있다.	□
4-3	양육자의 보육실 참관(절차 및 방법, 안내)이 이루어지고 있다.	□
5	보육교직원은 영유아 권리 존중을 위해 양육자와 소통하고 있습니까?	
5-1	보육교직원은 양육자와의 소통을 통해 영유아의 전반적인 상태(기분, 건강, 배변 등)와 가정 내 주요한 정보를 파악하고 있다.	□
5-2	양육자에게 규칙적인 등·하원 시간 등 안정된 생활습관의 중요성을 전달하고 있다.	□
5-3	보육교직원은 영유아에 대하여 양육자와 서로 협의하고 책임을 공유하는 적극적인 노력을 하고 있다.	□
6	영유아 권리 존중의 이해와 실천을 위한 보육교직원의 교육이 이루어지고 있습니까?	
6-1	영유아 권리 존중을 위한 보육교직원의 교육이 실행되고 있다	□
6-2	아동학대 신고의무자에 대한 교육, 양성평등교육 등을 이수하였다.	□
6-3	영유아 권리의 기초가 되는 'UN아동권리협약'의 내용을 이해하고 있다.	□
7	영유아의 권리 보호를 위해 보육교직원의 적절한 근무환경이 이루어져 있습니까?	
7-1	보육교직원의 적절한 근무환경에 대한 노력이 이루어지고 있다.	□
7-2	보육교직원의 업무스트레스 해소를 위한 구체적인 노력이 이루어지고 있다.	□
8	영유아 권리 존중을 위해 보육교직원 간 협의 지원이 이루어지고 있습니까?	
8-1	어린이집 운영(보육과정, 특별활동, 견학, 행사 등)의 계획과 평가에 보육교직원의 의견이 수렴되고 있다.	□
8-2	반 운영의 어려움이 있을 때 자체회의를 통해 협력 및 해결하는 구조가 있다.	□

출처: 서울특별시·서울특별시 육아종합지원센터(2015). 어린이집 영유아 권리 존중을 위한 자가 체크리스트.

✧ 해 봅시다! ✧

영유아 권리 존중을 위한 자가 체크리스트

어린이집 영유아 권리 존중을 위한 자가 체크리스트를 활용하여 예비교사로서 관찰실습, 보육(교육)실습에서 자신의 영유아 권리 존중 실천 정도를 평가해 보세요.

(3) 아동학대 신고

① 아동학대 신고 의무자

영유아교육기관 교직원은 영유아가 가정에서 보호자로부터 아동학대를 당하고 있을 경우 가장 먼저 발견할 수 있는 위치에 있다. 교직원이 아동학대를 조기에 발견하고 이에 대해 적절히 대응할 수 있도록 한다. [그림 10-2]와 같이 무단결석 아동에 대한 결석사유를 파악하는 것도 아동학대 조기 발견에 도움이 된다.

○ 아동학대 신고

- 영유아교육기관 교직원은 「아동학대범죄의 처벌 등에 관한 특례법」 제10조의 규정에 의한 신고의무자로서 직무상 아동학대를 알게 된 경우 및 의심되는 경우 즉시 아동보호전문기관 또는 수사기관에 신고해야 한다. 신고의무를 이행하지 않을 경우 500만 원 이하의 과태료를 부과한다(「아동학대범죄의 처벌 등에 관한 특례법」 제63조). (신고인의 신분은 보호되며 그 의사에 반하여 신원을 노출하지 않는다.)

○ 성폭력 신고

- 영유아교육기관 교직원은 자기의 보호를 받는 사람이 성폭력 범죄의 피해자인 사실을 안 때에는 즉시 수사 기관에 신고한다(근거: 「성폭력 방지 및 피해자보호 등에 관한 법률」 제9조). 영유아교육기관 교직원은 직무상 아동

대상 성범죄가 발생한 사실을 알게 된 때 즉시 그 사실을 수사기관에 신고하고, 신고를 하지 않거나 거짓으로 신고한 경우 300만 원 이하의 과태료를 부과한다(근거: 「아동 · 청소년의 성보호에 관한 법률」 제34조).

시기	주요 점검사항	조치 필요사항	행정사항
결석당일(1일)	• 결석아동의 결석사유 확인	• 지속적 유선 연락을 통한 확인	• 무단결석 아동에 대한 조치 결과 관리대장 작성(부록 5)
2일	• 결석아동의 출석 여부 확인 및 소재·안전 확인	• 결석아동에 대한 가정 방문 실시 • 가정방문 결과 아동학대가 의심되거나 아동의 소재·안전이 확인되지 않는 경우 수사기관(112)에 신고	• 무단결석 아동에 대한 조치 결과 관리대장 작성(부록 5) • 무단결석 아동 중 아동학대 신고현황 교육청/시·군·구 보고(부록 6)
사후관리	• 유관기관 연계 수사기관에서 협조 요청 시 요청사항에 대해 적극 협조 • 무단결석 아동 관리 무단결석 아동이 재등원하였을 경우, 아동의 상태에 따라 적절히 조치 • 보호자 관리 해당 보호자에 대해서는 면담 또는 부모교육 등을 실시		
비고	• 전화 연락 시 필요한 경우 아동과 직접 통화하여 소재·안전 확인 • 가정방문 시 교직원 및 읍·면·동 공무원이 함께 실시		

| 그림 10-2 | 무단결석아동에 대한 관리 및 대응

출처: 교육부·보건복지부(2016). 유치원·어린이집 아동학대 조기 발견 및 관리 대응 매뉴얼, p. 19.

② 아동학대 신고의무자 교육

• 유치원 · 어린이집의 장은 소속 아동학대 신고의무자에게 신고의무 교육을 매년 1시간 이상 실시하고, 그 결과를 교육감 · 교육장(유치원) 또는 시 · 도지사(어린이집)에게 제출하여야 한다. 교육을 실시하지 아니하면 300만 원 이하의 과태료가 부과된다.

- 자격취득 과정이나 보수교육 과정에 아동학대 예방 및 신고의무와 관련된 교육을 1시간 이상 포함시켜야 한다.
- 교육감 · 교육장(유치원) 또는 시 · 도지사(어린이집)는 아동학대 신고의무자에게 본인이 아동학대 신고의무자라는 사실을 고지할 수 있고, 아동학대 예방 및 신고의무와 관련된 교육을 실시할 수 있다.
- 교육방법: 집합 교육, 시청각 교육 또는 인터넷 강의 등
- 교육내용
  - 아동학대 예방 및 신고의무에 관한 법령
  - 아동학대 발견 시 신고 방법
  - 피해아동 보호 절차

③ 아동학대 신고절차

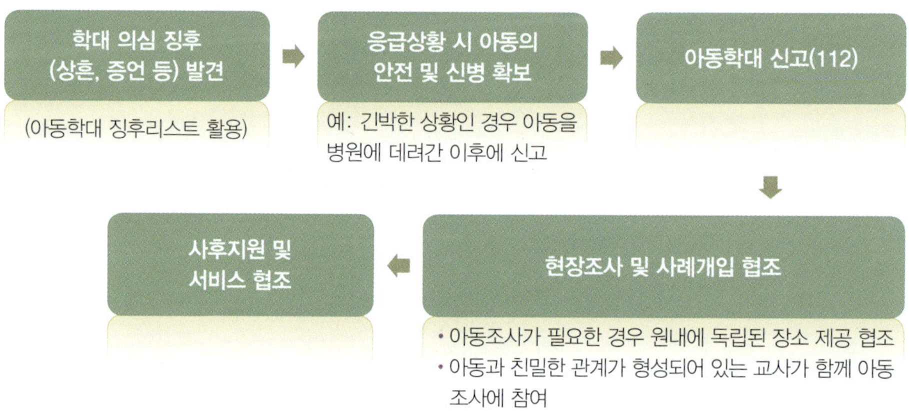

| 그림 10-3 | 아동학대 신고절차

출처: 교육부·보건복지부(2016). 유치원·어린이집 아동학대 조기 발견 및 관리 대응 매뉴얼, p. 17.

ISUSSE & TALK

영유아교육기관의 안전사고

영유아교육기관에서 발생한 안전사고와 관련된 뉴스검색을 해 보고 안전사고의 발생원인과 재발 방지를 위한 방안에 대해 토론해 보세요.

CHAPTER 11

영유아교육기관의 문서 및 재정관리

영유아교육기관의 문서, 재정 및 회계 관리가 체계적이고 안정적으로 이루어지면, 물리적 자원의 계획적인 배분을 통해 기관에 재직하고 있는 교직원과 영유아의 생활이 원활하게 전개되고 기관 운영이 합리적으로 이루어질 수 있다. 이 장에서는 체계적이고 투명한 문서 및 재정관리 방안에 대해 살펴본다.

1. 문서관리

1) 문서관리의 개념 및 필요성

문서관리란 문서업무의 절차와 방법을 합리화시킴으로써 모든 문서사무가 효율적으로 운영될 수 있도록 하는 과정을 말한다(도윤경, 2003; 신경식, 2005). 기관의 문서작성 및 관리는 체계적인 기준을 수립하여 정리하고 간소화하여 작성하는 것이 바람직하다.

영유아교육기관의 문서관리는 보육·교육활동에 수반되는 제반기록과 장부의 작성 및 보관, 공문서 등의 문서관리를 집행하고 처리하는 것으로 간접적으로 보육·교육활동을 일정하게 유지하도록 도움을 주는 업무이다. 영유아교육기관 운영의 체계화 및 투명화 등 운영의 효율성과 관련하여 문서관리의 중요성이 제기되고 있으므로 각 기관에서는 관련 법령에서 제시되는 문서뿐만 아니라, 행정 지도점검, 평가 등에서 활용하는 문서자료를 체계적으로 관리할 필요가 있다.

영유아교육기관에서는 운영 영역별로 운영에 필요한 문서 및 서식 자료을 활용, 작성하여 영유아교육기관의 효율적인 운영관리뿐 아니라 행정 지도점검, 평가 등에 필요한 문서 자료로 사용한다. 영유아교육기관은 체계적 문서 관리를 통해 부모 및 유관기관에 정확한 정보를 제공할 수 있으며, 문제발생 시 증거자료 제시 및 각종 연구 자료로 활용할 수 있다.

2) 문서의 종류와 기능

(1) 문서와 기록물

문서는 일반적으로 사람의 의사나 사물의 형태, 관계 등을 문자, 기호, 숫자 등을 활용하여 종이 등 매체에 기록, 표기한 것을 말한다. 최근에는 컴퓨터 등 정보처리능력을 가진 장치에 의하여 전자적인 형태로 작성 송·수신 또는 저장된 '전자 문서'를 많이 사용한다. 또한 서식을 이용한 문서와 자체적으로 구성한 문서가 포함된다.

서식은 장기간에 걸쳐 반복되는 업무와 관련하여 행정상의 필요사항을 기재할 수 있도록 도안한 일정한 형식 또는 그 업무용지를 말한다. 서식은 상자형, 비상자형 또는 기안문서 형태를 이용하여 글씨의 크기, 항목 간의 간격, 기재할 여백의 크기 등을 균형 있게 조절하여 사용하기 편리하도록 제정한다. 법령서식과 일반서식으로 구분되는데, 생활기록부, 영유아 사고보고서 등은 법령서식에 해당된다. 관련 법령 및 행정기관에서 제시한 행정서식은 그대로 사용하여야 하며, 기타 문서자료 작성은 기관 상황에 맞게 수정하여 사용할 수 있다.

기록물이란 업무와 관련하여 생산 또는 접수한 문서·도서·대장·카드·도면·시청각물·전자문서, 웹기록 등 모든 형태의 기록정보 자료와 행정박물을 말한다. 공식적으로 결재 또는 접수한 기록물을 포함하여 결재과정에서 발생한 수정내용 및 이력 정보, 업무수행과정의 보고사항, 검토사항 등을 기록물로 남겨 관리하여야 한다.

| 표 11-1 | 문서 및 기록물의 종류

구분	종류	내용
전자	전자문서	업무관리시스템을 이용하여 접수·생산·등록하는 모든 기록물
비전자	일반 문서류 – 지출증빙서 – 각종 협의록 – 우편으로 접수된 문서 등	업무의 필요에 따라 생산된 각종 종이기록물로서, 생산 후 업무관리 시스템의 문서등록대장에서 '비전자문서등록'하여 관리
	카드류 – 인사기록카드 – 생활기록부	인사기록카드, 생활기록부, 행동발달사항 등 추가적으로 계속 기입해야 하는 카드류의 경우 사안이 종료된 후 등록
	시청각기록물 – 졸업앨범 – 행사 사진	졸업앨범은 '사진·필름류'로 등록하여 '졸업대장' 단위 과제에 편철
	행정박물 – 기관직인 – 상장 및 기념품	직인 변경 등으로 인하여 새로운 직인을 만들 때에는 구 직인을 행정박물 등록

출처: 서울특별시교육청(2018). 사립유치원행정실무가이드북, p. 140.

(2) 문서의 기능

문서는 다음과 같은 기능을 한다(도윤경, 2003).

① 의사의 기록 구체화

문서는 사람의 의사를 구체적으로 표현하는 기능을 갖는다. 사람이 가지고 있는 주관적인 의사는 문자·숫자·기호 등을 활용하여 종이나 다른 매체에 표시하여 문서화함으로써 그 내용이 구체화된다. 이 기능은 문서의 기안에서부터 결재까지 문서가 성립하는 과정에서 나타나는 것이다.

② 의사의 전달

문서는 자기의 의사를 타인에게 전달하는 기능을 갖는다. 문서에 의한 의사전달은 전화나 구두로 전달하는 것보다 좀 더 정확하고 변함없는 내용을 전달할 수 있다. 이것은 의사를 공간적으로 확산하는 기능으로서 문서의 발송도달 등 유통 과정에서 나타난다.

③ 의사의 보존

문서는 의사를 오랫동안 보존하는 기능을 갖는다. 문서로써 전달된 의사는 지속적으로 보존할 수 있고 역사자료로서 가치를 갖기도 한다. 이는 의사표시를 시간적으로 확산시키는 역할을 한다.

④ 자료 제공

보관·보존된 문서는 필요한 경우 언제든 참고자료 내지 증거자료로 제공되어 행정활동을 지원, 촉진시킨다.

⑤ 업무의 연결조정

문서의 기안결재 및 협조 과정 등을 통해 조직 내외의 업무처리 및 정보순환이 이루어져 업무의 연결조정 기능을 수행하게 된다.

(3) 문서의 작성과 관리방법

영유아교육기관의 공문서는 주로 보건복지부의 보육통합정보시스템, 교육부의 업무관리시스템(K-에듀파인)을 통해 전자문서로 작성하여 전자결재를 하고 있다. 그 밖의 대부분의 서류도 전자문서로 작성하여 보관하거나, 전자문서로 작성한 것을 출력하여 사용하기도 한다.

① 문서 취급의 원칙

- 문서는 신중하되, 신속하게 처리한다.
  문서는 해당 기관의 공식적인 의사를 결정, 표현하고 법률 또는 사실관계를 형성하는 것이므로 문서의 검토, 결정은 신중하되 시행, 처리는 신속하게 취급한다.

- 문서는 정확하게 처리한다.
  기관 및 개인의 권리, 의무관계에 영향을 미치는 공문서는 정확성이 최우선되어야 하며 정확성은 사회적 공신력의 관건이 된다.
- 문서는 책임 있게 취급해야 한다.
  문서는 처리과정에서 여러 과정을 거치므로 책임범위 내에서 정확하게 처리하여야 하며 담당자 교체 시 인계인수를 철저히 해야 한다.
  (문서접수→전달 시 인수, 인계(배부)→문서 전결→담당자 접수→문서 작성(기안)→문서 결재→문서 시행문 작성(시행)→관인 또는 직인 날인→발송 등)
- 문서의 내용에 적합하게 취급하여야 한다.
  긴급을 요하는 문서는 신속하게 처리하고, 기밀을 요하는 문서는 보완유지를 철저히 해야 한다.

2 문서의 수정

- 종이문서의 일부분을 삭제하거나 수정하는 경우에는 원안의 글자를 알 수 있도록 해당글자의 중앙에 가로로 두 선을 그어 삭제하거나 수정하고, 삭제하거나 수정한 사람이 그 곳에 서명이나 날인을 하여야 한다.

3 문서 관리 방법

- 문서는 일정한 기준에 따라 분류, 편철하고 보관, 보존하며 불필요한 문서를 적시에 폐기하여야 한다.
- 문서는 같은 기능 또는 같은 제목으로 정리하고 모든 문서 파일 겉면에는 문서명, 연도 등을 표기하고 일련번호를 표기해 두면 관리하기가 쉽다.
- 교직원의 직무와 수를 고려하여 원장, 주임교사, 각 반 교사, 영양사, 조리

원 등이 맡아야 할 문서의 종류를 분담하여 관리한다.

(4) 문서의 보존과 폐기

- 장부 등의 보존기간은 「공공기록물 관리에 관한 법률 시행령」 제26조 제1항에 준한다. 전자적 문서로 보존 가능하다.
- 보존기간이 경과된 문서는 매년 1회 정기적으로 문서정리 기간 중 폐기하나 무조건 폐기할 것이 아니라 계속 보존 여부를 다시 한번 재검토한 후 폐기한다.
- 문서의 관리는 개인 정보가 포함되어 있으므로 보존 연한이 지난 후에는 파쇄하여 정보가 유출되지 않도록 한다.
- 폐기 시 원장은 보존문서기록대장을 확인하고 서명하여야 하며 내용이 중요하다고 인정되는 문서는 원형을 알 수 없도록 폐기한다.
- 기록관리법의 대상이 아닌 개인정보는 「개인정보 보호법」에 따라 보유기간이 경과하면 즉시 파기한다.

한 걸음 더

개인정보관리(개인정보 보호법)

개인정보란 "살아있는 개인을 식별할 수 있는 정보 · 다른 정보와 쉽게 결합하여 개인을 알아볼 수 있는 정보(법 제2조)"를 말한다.

– 개인정보가 포함되어 있다 하더라도 기록관리법에 따라 관리되어야 하는 기록물은 개인정보 보호기간이 경과한 경우에도 해당 기록물의 보존기간까지 관리해야한다.

※ 「개인정보 보호법」 제21조(개인정보의 파기) ① 개인정보처리자는 보유기간의 경과, 개인정보의 처리 목적 달성 등 그 개인정보가 불필요하게 되었을 때에는 지체 없이 그 개인정보를 파기하여야 한다. 다만, 다른 법령에 따라 보존하여야 하는 경우에는 그러하지 아니하다.

※ 업무PC에 저장된 개인정보 파일을 업무관리시스템 문서의 첨부파일로 등록한 경우, 시스템에 등록된 파일은 보존기간까지 보존하고 업무PC에 남아있는 파일은 보유기간 경과 후 파기한다.

3) 영유아교육기관 문서관리

(1) 어린이집 문서관리

어린이집에는「영유아보육법 시행규칙」제23조 [별표 8]에 의한 장부 등을 비치하여야 한다. 장부 등의 보존기간은「공공기록물 관리에 관한 법률 시행령」제26조 제1항에 준하여 아래와 같이 하되, 전자적 문서로 보존할 수 있다.

1) 재산목록과 그 소유를 증명하는 서류(부동산을 임차하는 경우에는 임대차 계약서를 포함한다)
2) 어린이집 운영일지 및 보육통합정보시스템의 전자출석부
3) 보육교직원의 인사기록카드(채용구비서류, 이력서 및 사진을 포함한다)
4) 예산서 및 결산서
5) 총계정원장 및 수입·지출 보조부
6) 금전 및 물품출납부와 그 증명서류
7) 소속 법인의 정관 및 관계 서류
8) 어린이집 이용신청자 명부
9) 생활기록부, 영유아보육일지
10) 보육교직원의 인사·복무 및 어린이집 운영에 관한 규정 등
11) 통합안전점검표
12) 영상정보 열람대장
13) 그 밖에 어린이집 운영에 필요한 서류

| 표 11-2 | 어린이집 운영에 필요한 문서목록

상시관리	필요시 관리	기록 확인 등
운영관리		
출석부 부모동의 및 조사서 운영규정 운영일지 폐쇄회로 설치 및 개인 정보보호 관련 (11종)	상하위반편성신청서 시간연장보육 이용신청서 시간연장보육 실적확인서 24시간 어린이집 이용신청서 특수어린이집지정신청서(2종) 폐쇄회로 미설치 관련(2종) 네트워크 카메라 설치 동의서	입소신청서 가정통신문 알림장 운영안내서 문서수·발신대장
건강/영양/안전		
통합안전점검표 일일/월간(2종) (차량분야 관련) 안전교육 계획 및 보고서 비상대응훈련 계획 및 평가 비상연락체계(망) 식단표	차량 안전수칙	
보육교직원 관리		
근로계약서 복무규정 출근부	보육실습평가서 보육실습생신상카드 보수교육교과목 수강면제 신청	보육교직원 업무분장 (비상시 대처 방안 포함) 보육교직원 교육 및 평가 관리 (전문성 강화 지원 관련)
보육과정 운영		
보육일지 (주간보육계획안 활용)		보육계획안(연간) 개별화 보육 관련(2종) 영유아 관찰 및 부모면담
회계 및 사무관리		
세입예산서 세출예산서 세입세출 결산총괄 세입결산서 세출결산서 현금출납부 총계정원장 재산대장 비품관리대장 봉급대장 보육료대장 수입결의서 지출결의서 정부보조금명세서 보육료수납영수증	추가경정세입예산서 추가경정세출예산서 과목전용조서 위임장 반납결의서 예비비사용조서 인수인계서	

출처: 보건복지부·한국보육진흥원(2017). 보육제도주요사항 안내, p. 50.

어린이집의 문서는 보존기간에 따라 보존한다. 영유아보육법령, 공공기록물 법령, 보육사업안내(지침) 등을 고려하여 정한다.

| 표 11-3 | 어린이집 문서 보존 연한

구분	보존기간
• 기관 및 단체의 신분, 재산, 권리, 의무를 증빙하는 서류 – 인사기록카드, 보육교직원관리대장 등	준영구
• 공사 관련 장부 및 증빙서류	10년
• 회계 관련 장부 및 증빙서류 – 현금출납부, 총계정원장, 재산대장, 비품관리대장 – 과목전용조서, 수입 · 지출 원인행위 위임에 관한 위임장 – 보육료대장, 봉급대장 – 수입과 지출에 따른 증빙서류 등 • 영유아 생활기록부	5년
• 기타 어린이집 운영에 관한 서류 – 어린이집 운영일지 – 어린이집 이용신청자명부 및 이용아동연명부 – 연간 · 월간 · 주간보육계획안, 보육일지 등	3년
• 기타 업무연락, 통보, 조회 등과 관련된 기록물	1년

출처: 보건복지부(2020). 2020 보육사업안내, p. 83.

(2) 유치원 문서관리

유치원 운영에 필요한 서류는 〈표 11-4〉와 같다.

| 표 11-4 | 유치원 운영에 필요한 서류 예시

분야	업무	생산기록물	보존기간
기본운영	유치원 원칙 제·개정	• 원칙 변경 신청서 등	영구
	유치원 설립 및 폐쇄	• 설립 및 폐쇄인가 신청서 등	영구
	유치원 운영위원회	• 운영위원회 관련 기록물 및 회의록	영구
인사관련	교원 임해임	• (기간제) 교원 채용 계약서 • 임용교원 4대보험 관련 서류 • 교원 임해임 보고서 • 인사대장	30년 10년 준영구 준영구
	교원 복무관리	• 근무상황부(연가, 휴가, 복무처리 관련)	10년
교육과정	교육과정 운영	• 방과 후 운영 관련 서류	5년
	학적관리	• 특성화 프로그램 강사 임용 관련	5년
		• 출석부	3년
		• 생활기록부(정정대장 포함)	준영구
		• 졸업대장	준영구
회계운영	예산 및 결산	• 예결산 서류	5년
	회계장부	• 현금출납부, 지출결의서 등	5년
	회계관리	• 예산집행 증빙서류(교재교구 구입비 등)	5년
	유아학비 지원	• 장애유아 무상교육비지원관련 증빙서류	5년
	인건비 지원	• 학급편성 및 증설 관련 문서	3년
	교재교구비 지원	• 교재교구 구매 내역, 영수증 등 지출서류	5년
기타	안전관리	• 놀이시설 통학차량 안전점검·관리	5년

출처: 서울특별시교육청(2018). 사립유치원행정실무가이드북, p. 148.

2. 영유아교육기관 정보공시

어린이집·유치원 통합정보공시는 어린이집·유치원 전반의 주요 정보를 투명하게 공개하여 부모의 권리를 보장하기 위한 정보공시 제도이다. 부모 선택의 폭을 더욱 넓히고 불편을 최소화하기 위하여 기존 유치원과 어린이집의 정보를 한눈에 확인할 수 있는 『어린이집·유치원 통합정보공시(http://www.childinfo.go.kr)』 서비스를 14년 11월부터 제공하고 있다.

1) 어린이집 정보공시

어린이집 정보공시는 어린이집 전반의 주요 정보를 객관적이고 투명하게 공개한다. 이를 통해 부모들이 보다 쉽고 편리하게 어린이집 정보를 이용할 수 있도록 한다(법적근거: 「영유아보육법」 제49조의 2). 정보공시 주요 내용은 「영유아보육법」 제49조의 2에 명시된 어린이집의 시설 설치·운영자, 보육료와 그 밖에 필요경비, 영유아의 건강·영양 및 안전관리, 어린이집 운영에 관한 사항을 공시하고 있다.

| 표 11-5 | 어린이집 정보공시

정보공시사항	항목	내용
1. 어린이집의 시설 설치·운영자 보육교직원 등	설치운영정보	어린이집 명칭, 시설 현황 등
	아동 및 보육교직원정보	반 수, 원아 수, 직위, 자격별 교직원 현황 등
2. 어린이집 보육과정에 관한 사항	어린이집 교육과정 및 운영에 관한 정보	어린이집 교육과정 편성·운영 등에 관한 사항
3. 보육료와 그 밖의 필요경비에 관한 사항	어린이집 원비 등	어린이집 보육료 수납 현황(학부모가 부담하는 경비 일체)
4. 어린이집 예·결산 등 회계에 관한 사항	예·결산 등 회계사항	어린이집 회계 예·결산서
5. 영유아의 건강·영양 및 안전관리에 관한 사항	건강·급식·위생관리 및 안전관리	아동 건강검진 현황 환경 위생관리 현황, 사고 발생 현황, 어린이집 급식 현황, 안전점검 현황, 공제회 및 보험가입 현황 등
6. 보육여건 및 어린이집 운영에 관한 사항	보육여건 및 어린이집 운영에 관한 사항	대통령령으로 정하는 사항

출처: 어린이집·유치원 통합정보공시(http://www.childinfo.go.kr/info/info.jsp).

2) 유치원 정보공시

유치원 정보공시는 유치원 전반의 주요 정보를 객관적이고 투명하게 공개하는 제도로, 학부모의 알 권리를 보장하고 유치원의 실태를 정확하게 파악하여 유아 교육의 질을 높이기 위한 제도이다.

유치원 정보고시를 통해 유치원별 다양한 장점 등의 정보를 제공하여 학부모의 선택권을 강화하며 유치원 관련 국가통계를 확보할 수 있게 된다. 또한 국민의 알 권리 보장 및 유치원 교육정보에 대한 학부모의 요구가 증가되는 시점에서 유치원 운영의 투명성을 제고한다.

| 표 11-6 | 유치원 정보공시

구분	공시 항목	공시 항목
수시(2)	• 식단표(선택) • 위반 내용 및 조치결과	
4월 정시(19)	• 기관 기본현황, 원장명 • 설립 경영자명 • 유치원 규칙 • 교지·교사 등 시설현황 • 연령별 학급 수, 원아 수	• 직위 자격별 교직원 현황 • 교사의 현 기관 근속연수 • 교육과정 편성·운영에 관한 사항 • 방과 후 과정 편성·운영에 관한 사항 • 수업일수 현황
	• 교육과정비, 방과 후 과정 운영비 • 특성화 활동비 • 유치원 회계 예산서 • 급식실시 및 급식사고 발생 처리 현황 • 환경위생관리 현황	• 안전점검 및 안전교육 현황 • 공제회 및 보험가입 현황 • 통학차량 운영 현황 • 유치원 평가에 관한 사항
10월 정시 (12)	• 연령별 학급수, 원아 수 • 직위 자격별 교원현황 • 교사의 현 기관 근속연수 • 교육과정비, 방과 후 과정 운영비 • 특성화 활동비	• 유치원 회계 결산서 • 급식실시 및 급식사고 발생 처리 현황 • 환경위생관리 현황 • 안전점검 및 안전교육 현황 • 공제회 및 보험가입 현황
	• 통학차량 운영 현황 • 원장명, 설립 경영자명	

출처: 어린이집·유치원 통합정보공시(http://www.childinfo.go.kr/info/info.jsp).

◈ 해 봅시다! ◈

어린이집·유치원 정보 검색해 보기

어린이집·유치원 통합정보공시(http://www.childinfo.go.kr/info/info.jsp)에 접속하여 관심있는 어린이집, 유치원의 정보를 검색해 봅시다.

3. 재정관리

영유아교육기관의 재무회계관리는 기관에서 이루어지는 경제활동을 기록하고 정리한 후 그 내용을 이용해서 예산집행의 투명성을 확보하고 효율적이고 효과적인 예산집행 및 관리를 꾀하고자 하는 활동과 과정이라 할 수 있다. 또한 안정적이고 체계적인 운영을 위해 예·결산서와 회계서류를 구비하여 관리하고, 정부지원금을 별도 예산으로 수립하여 투명하게 사용하여야 한다.

1) 어린이집의 재정관리

(1) 재무회계 운영의 원칙

재무회계 및 후원금 관리의 명확성·공정성·투명성을 기함으로써 사회복지법인 및 사회복지 시설의 합리적인 운영을 위해서 「사회복지사업법」 제23조 제4항, 제34조 제3항 및 제45조 제2항에서는 사회복지법인 및 사회복지시설의 재무·회계 및 후원금 관리에 관한 사항을 규정하고 있다. 어린이집은 비영리조직으로 어린이집의 재무회계는 사회복지법인 및 사회복지시설 재무회계 규칙 및 보육사업 안내에 따른다(중앙육아종합지원센터, 2016).

① 예산총계(총액)주의 원칙

예산이란 법인 또는 시설의 한 회계연도에 있어서의 세입과 세출에 관한 집행 예정계획으로, 사회복지법인 재무회계규칙이 정하는 바에 따라 법인 또는 시설이 일정한 형식에 의하여 편성하고, 이사회의 심의 및 의결을 거쳐 확정된 회계연도의 재정 계획을 의미한다.

모든 수입과 지출은 세입과 세출 예산에 계상해야 한다. 아무리 적은 금액이라도 수입과 지출이 예산 될 경우 세입과 세출 예산에 계상되어야 한다.

② 수입의 직접 사용 금지원칙

시설에서 발생하는 모든 수입을 세입처리하지 않고는 이를 직접 사용할 수 없다는 원칙으로 모든 수입은 어린이집 운영 통장에 입금 처리 후 지출하여 사용하여야 한다.

③ 예산의 목적외 사용 금지 원칙

세출 예산은 정해진 목적 외에는 사용할 수 없다는 원칙으로 지출은 세출 항목에 정해진 목적대로만 사용할 수 있다. 예산 초과 집행의 경우, 예산 부족으로 인한 예산 조정이 필요할 경우, 과목전용 또는 추가경정을 통해 예산집행이 가능하다.

④ 회계 연도 독립의 원칙

어린이집의 재무 · 회계 회계 연도는 3월 1일~2월 말일까지이다.

(2) 재무회계의 운영

① 관리 주체

수입 및 지출사무 관리주체는 원장이며, 필요할 경우 보육 교직원에게 업무를 위임 할 수 있다. 위임할 경우 반드시 위임장을 작성해야 한다.

② 회계 방법

어린이집과 같은 비영리조직은 사회복지법인 및 사회복지시설 재무회계는 단식회계방법을 따른다. 단식회계는 예산서에 근거한 예산집행의 원리, 자산의 증감이나 손익 계산이 아닌 단순한 현금의 수입/지출만 기장, 예금, 장부, 증빙서 일치의 원리 등을 특징으로 한다.

③ 회계 관리

모든 수입 및 지출 관리는 어린이집 명의 통장(원칙적으로 운영비 통장 1개)으로 해야 한다. 단, 세금관리 및 감가상각비 적립, 퇴직금 적립, 차입금 통장 개설이 가능하다. 수입과 지출 행위 시에는 수입·지출 결의를 한 후 현금출납부, 총계정원장에 기록하고 청구서, 영수증, 지급내역서 등 관련근거 서류를 반드시 첨부한다.

④ 회계 보고

어린이집 재무회계 규칙에 의한 회계 보고를 의무적으로 해야 한다. 어린이집은 매월 보조금 신청 시 보육통합정보시스템에서 정한 형태와 내용에 따라 재무회계 관련 자료를 전송 또는 입력한다. 보육통합정보시스템(CIS)에 입력(전송)해야 하는 수입·지출 항목 등 재무회계 자료는 동 시스템에서 요구하는 바에 따라 시행한다.

(3) 재무회계 절차

| 표 11-7 | 재무회계절차

	예산편성	예산집행		결산
원칙	· 모든 세입과 세출은 예산에 포함	· 예산의 목적 외 사용금지/예산의 전용 · 수입 · 지출의 관리는 예금통장에 의해 행한다.		· 세출예산의 이월
관련 서류	· 사업계획서 · 세입세출 예산서 · 준예산 · 추가경정예산	〈장부〉 · 현금출납부 · 총계정원장 · 봉급대장 · 보육료대장 · 비품관리대장	〈증빙서류〉 · 계좌입금증빙서류 · 수입 · 지출결의서 · 반납결의서 · 과목전용조서 · 예비비 사용조서 · 정부보조금 명세서	· 세입세출 · 결산총괄 설명 · 세입 · 세출결산서 · 연도말 잔액증명 · 퇴직적립금 통장사본 & 잔액증명서
과정	· 예산편성지침(2개월 전) · 예산안 제출(개시 5일 전)	· 수입 · 지출 사무의 관리책임자 선정		· 제출(다음 연도 5월 31일까지)

출처: 보건복지부(2020). 2020 보육사업안내, p. 86.

① 예산편성

예산을 편성하기 위해서는 우선 사업계획서를 작성하고 보육료 및 기타 필요 경비를 결정한다. 이를 바탕으로 세입과 세출예산을 편성한다.

○ 사업계획서 작성

예산 편성 시 기초가 되는 어린이집 현황 및 연간행사 시행 계획 등을 근거하여 사업계획서를 작성하며 보건복지부 '보육시설 재무회계 규칙'의 세입 · 세출 예산 항목에 따라 편성한다. 보육료 수납액, 필요경비 수납액, 보수기준 등은 보육사업안내를 기초하여 적용한다. 예산을 편성하기 위해서는 다음과 같은 사항이 포함되어 있어야 한다.

- 시설현황
- 보육아동현황
- 보육교직원 현황
- 보육료 수납 현황
- 필요경비 수납 현황
- 인건비 현황
- 정부지원금 현황

○ 보육료 결정

- 원장은 시·도 보육료 수납한도액 범위 내에서 수납액을 결정하고 시장·군수·구청장에게 신고한다. 보육료(필요경비 등)를 제외한 여타 잡부금품 수납은 원칙적으로 금지한다.
- 보육료 내역: 인건비, 교재교구비, 급식비 1회, 간식비 2회, 관리운영비(난방비, 공공요금 및 제세공과금, 사무용품비 등) 등이 포함된다. 보육료 등 수납액을 결정한 후, 어린이집에 게시(입소 희망자에게 서면으로 안내)한다.

○ 기타필요경비 결정

- 필요경비란 보육료에 포함되지 않는 현물의 구입비용과 통상적인 보육프로그램에 속하지 아니하는 특별활동·현장학습 등에 드는 실비 성격의 비용을 말한다. 시·도 수납한도액 내 어린이집 운영위원회에서 필요경비 항목별 수납액을 결정한 후 시·군·구청에 보고한다.
- 어린이집에서 부모에게 기타필요경비를 청구할 경우에는 항목별로 청구금액을 명시해야 하며, 시·도지사가 정하지 아니하는 항목을 보호자에게 수납할 수 있다.

| 표 11-8 | 기타 필요경비의 내용

항목	내용	수납주기
입학준비금	• 피복류 구입비–원복, 체육복, 모자, 가방, 수첩, 명찰 등(부모 선택 수납 가능) • 상해보험료–안전공제회 당연가입 시행 이전 가입자 또는 부모 요청 ☞ 재입소료, 재원료 원칙적으로 수납금지(단순히 학년이 바뀌는 것으로 별도 비용 수납 금지) ☞ 입학준비금 반환 – 입학 전에 입학을 취소하거나, 입학 후에도 어린이집 미이용 시, 100% 반환 – 단, 입소원서를 제출하고 입학 이후 취소한 경우 물품 지급 여부, 상태 등을 고려하여 보호자와 협의하여 처리	연
특별활동비	• 특별활동 강사 인건비, 특별활동 교재교구 구입비, 특별활동 운영 소요경비 • 표준보육과정에 따른 보육프로그램 이외의 활동프로그램을 뜻하는 '특별활동' 비용 – 보육교직원이 아닌 외부 강사에 의해 어린이집 내·외에서 이루어지는 프로그램 – 특별활동비도 아이행복카드를 통해 수납(부모가 업체에 직접 비용 지불 안 됨)	월
현장학습비	• 현장학습비, 수련회비, 견학비 – 어린이집 외부에서 이루어지는 프로그램 소요비용(입장료, 사용료, 교통비, 음료비 등)	분기
차량운행비	• 통학차량 운행 시 소요되는 실비 – 기사 인건비 및 승·하차 시 안내요원 수당, 유류비, 수리비, 부품 구입비 등 – 기사 인건비는 어린이집 '인건비'에서 우선 집행 권고	월
행사비	• 입학, 졸업, 연말, 생일, 재롱잔치, 어린이날, 여름캠프, 성탄절 행사, 영유아 개인용 앨범비, 액자제작비, 의복비 등	연
아침, 저녁급식비	• 아침 및 저녁 급식비	월
기타 시도 특성화 비용	• 시·도지사가 별도로 정하는 비용 – 통상적인 연령별 보육프로그램에 포함되지 않는 별도의 프로그램을 보육교사가 진행할 경우 필요한 개인용 교재교구비(일반적인 운영규정은 특별활동 준용)	시·도 지사 자체 정함

출처: 보건복지부(2020). 2020 보육사업안내, p. 95.

○ 예산 작성

| 표 11-9 | 수입 예산의 구성

<table>
<tr><th colspan="6">과목</th><th rowspan="2">내 역</th></tr>
<tr><th colspan="2">관</th><th colspan="2">항</th><th colspan="2">목</th></tr>
<tr><td rowspan="2">01</td><td rowspan="2">보육료</td><td rowspan="2">11</td><td rowspan="2">보육료</td><td>111</td><td>정부지원 보육료</td><td>만 0~5세아, 장애아, 다문화·맞벌이가구 등에 지원되는 보육료 및 카드수수료 환급금 등</td></tr>
<tr><td>112</td><td>부모부담 보육료</td><td>보호자로부터 받은 보육료</td></tr>
<tr><td rowspan="2">02</td><td rowspan="2">수익자부담 수입</td><td>21</td><td>선택적 보육활동비</td><td>211</td><td>특별활동비</td><td>보호자가 부담하는 특별활동 비용</td></tr>
<tr><td>22</td><td>기타 필요경비</td><td>221</td><td>기타 필요경비</td><td>보호자가 부담하는 입학준비금, 현장학습비, 차량운행비, 아침·저녁급식비, 졸업앨범비, 행사비 등 기타 필요경비</td></tr>
<tr><td rowspan="6">03</td><td rowspan="6">보조금 및 지원금</td><td>31</td><td>인건비 보조금</td><td>311</td><td>인건비 보조금</td><td>국가 및 지방자치단체로부터 받은 인건비(어린이집으로 지원되는 처우개선비 등 포함)</td></tr>
<tr><td rowspan="4">32</td><td rowspan="4">운영보조금</td><td>321</td><td>기관보육료</td><td>국가 및 지방자치단체가 보육비용의 일정 부분을 어린이집에 지원하는 보조금</td></tr>
<tr><td>322</td><td>연장보육료</td><td>국가 및 지방자치단체가 연장보육에 대해 어린이집에 지원하는 보조금</td></tr>
<tr><td>323</td><td>공공형 운영비</td><td>국가 및 지방자치단체가 공공형 어린이집에 지원하는 운영 보조금</td></tr>
<tr><td>324</td><td>기타 지원금</td><td>국가 및 지방자치단체가 지원하는 급·간식비 및 냉난방비, 누리과정운영비 등</td></tr>
<tr><td>33</td><td>자본 보조금</td><td>331</td><td>자본보조금</td><td>신·증축비, 개·보수비, 장비비 등</td></tr>
<tr><td rowspan="3">04</td><td rowspan="3">전입금</td><td>41</td><td>전입금</td><td>411</td><td>전입금</td><td>법인, 단체, 개인 등 운영·경영자로부터의 운영지원금</td></tr>
<tr><td rowspan="2">42</td><td rowspan="2">차입금</td><td>421</td><td>단기차입금</td><td>회계연도 내 상환을 원칙으로 시설운영에 필요한 비용을 금융기관 등으로부터 일시 차입한 단기차입금</td></tr>
<tr><td>422</td><td>장기차입금</td><td>시설 개·보수 등을 위해 금융기관 등으로부터 차입한 장기차입금</td></tr>
</table>

과목						내 역
관		항		목		
05	기부금	51	기부금	511	지정후원금	국내외 민간단체 및 개인으로부터 후원명목으로 받은 기부금 · 결연후원금 · 위문금 · 찬조금 중 후원목적이 지정된 수입
				512	비지정후원금	국내외 민간단체 및 개인으로부터 후원명목으로 받은 기부금 · 결연후원금 · 위문금 · 찬조금 중 후원목적이 지정되지 않은 수입과 자선행사 등으로 얻어지는 수입
06	적립금	61	적립금	611	적립금 처분 수입	적립금 및 퇴직적립금에서 이전받은 금액
07	과년도 수입	71	과년도 수입	711	과년도 수입	전년도 출납정리기간 이후에 납입된 수입
08	잡수입	81	잡수입	811	이자수입	금융기관에 예치한 예금의 이자수입
				812	기타 잡수입	차량 · 물품 등 어린이집 재산 매각수입, 변상금, 위약금 수입, 교육 외 수입(보증금 수입 등), 보육교사 실습비, 보험료 수령액 등
09	전년도 이월액	91	전년도 이월액	911	전년도 이월금	전년도 불용으로 이월된 금액
				912	전년도 이월사업비	전년도에 종료되지 못한 이월사업비

| 표 11-10 | 지출예산의 구성

과목						내역
관		항		목		
100	인건비	110	원장 인건비	111	원장급여	원장인건비 중 기본급 등
				112	원장수당	원장에게 지급하는 상여금과 제(諸)수당
		120	보육교직원 인건비	121	보육교직원 급여	보육교직원 인건비 중 기본급 등
				122	보육교직원 수당	보육교직원에게 지급하는 상여금과 제(諸)수당
		130	기타 인건비	131	기타 인건비	기타 일급 또는 단기 채용 임시 · 일용직 급여
		140	기관부담금	141	법정부담금	어린이집에서 부담하는 법정부담금(건강보험, 국민연금, 고용보험, 산업재해보상보험 등)
				142	퇴직금 및 퇴직적립금	어린이집에서 부담하는 퇴직급여 및 퇴직적립금

과목						내역
관		항		목		
200	운영비	210	관리 운영비	211	수용비 및 수수료	소모품 및 집기 구입비, 도서구입비, 인쇄비, 홍보물, 각종 사무용 및 교구 비품의 수선비, 수수료, 구급약품, 치료비, 대관·비품대여료, 협회비, 우편료, 광고료 등
				212	공공요금 및 제세공과금	세금 및 공과금, 안전공제회비, 전기료, 상·하수도료, 도시가스료, 자동차세, 각종 보험료(자동차·화재 등), 전신·전화료(통신비) 등
				213	연료비	보일러 및 난방시설 연료비, 취사에 필요한 연료비
				214	여비	국내·외 출장여비
				215	차량비	차량 관련 유류대, 정비유지비, 소모품 등
				216	복리후생비	보육교직원 복리후생을 위한 현물·서비스 지급비(교직원 건강검진비·피복비·치료비·급량비 등)
				217	기타 운영비	그 밖에 운영경비로서 분류되지 않은 경비(건물임대료, 건물융자금 이자 등)
		220	업무 추진비	221	업무추진비	어린이집 운영 및 유관 기관과 업무협의, 종무식 등 공식적인 업무추진에 소요되는 제반경비
				222	직책급	어린이집 원장의 직책수행을 위하여 정기적으로 지급하는 경비
				223	회의비	어린이집운영위원회, 부모회의 등 각종 회의 등에 소요되는 경비
300	보육 활동비	310	기본 보육활동비	311	교직원 연수·연구비	교직원에게 지급하는 연수비 및 연구비
				312	교재·교구 구입비	보육 기자재, 도서 등 구입 및 제작비
				313	행사비	아동과 직접 관련되어 발생하는 각종 행사경비
				314	영유아복리비	영유아 건강 및 안전관련 비용(건강검진 비용 등)
				315	급식·간식 재료비	정규보육시간 내 제공되는 주·부식 재료 구입비 및 간식비
400	수익자 부담 경비	410	선택적 보육 활동비	411	특별활동비 지출	특별활동에 따라 지출하는 비용
		420	기타 필요경비	421	기타 필요경비 지출	입학준비금, 현장학습비, 차량운행비, 아침·저녁 급식비, 졸업앨범비, 기타 필요경비
500	적립금	510	적립금	511	적립금	어린이집의 안정적인 기관 운영 및 완성에 수년을 요하는 공사나 제조 등 특정목적사업을 위한 적립금

과목						내역
관		항		목		
600	상환·반환금	610	차입금 상환	611	단기 차입금 상환	단기 차입금 원금 및 이자 상환액
				612	장기 차입금 상환	장기 차입금 원금 및 이자 상환액
		620	반환금	621	보조금 반환금	정부보조금 미사용분에 대한 반환금
				622	보호자 반환금	보호자 부담비 미사용분에 대한 반환금
				623	법인회계 전출금	법인에서 지원한 전입금과 연계하여 지출하는 법인회계로의 전출금
700	재산 조성비	710	시설비	711	시설비	시설 신·증축비 및 부대경비, 그 밖에 환경개선을 위한 개·보수비
				712	시설장비 유지비	시설, 장비 및 물품 등의 유지를 위한 수선경비
		720	자산 구입비	721	자산취득비	시설운영에 필요한 비품구입비, 노후 업무용차량 교체 등 차량구입비(차량할부금 포함), 그 외 자산 취득비
800	과년도 지출	810	과년도 지출	811	과년도 지출	과년도 미지급금 및 과년도 사업비의 지출(지출대상 부도 등 부득이한 경우에 한해 제한적으로 인정)
900	잡지출	910	잡지출	911	잡지출	보상금·사례금·소송경비 및 원 단위 절사금 등
1000	예비비	1010	예비비	1011	예비비	예측할 수 없는 불가피한 지출소요

◆ 해 봅시다! ◆

어린이집 운영계획서 수립해 보기

1장~10장에서 학습한 내용을 바탕으로 어린이집 운영계획서를 수립해 보세요.

1. 2장에서의 학급편성에 따라 교직원을 배치해 봅시다.
2. 어린이집의 시설유형, 어린이집 명칭을 정하고 운영계획서를 수립해 봅시다.
3. 위의 운영계획서에 따라 어린이집의 세입세출계획서를 작성해 봅시다(2020 보육사업안내: 부록 p. 22–67 참조).

○ 예산 심의

어린이집운영위원회를 통해 기타필요경비(입소비, 현장학습비 등), 입소비, 교육 프로그램, 특별활동 등 어린이집 제반사항에 관한 협의 및 전년도 세입·지출 결산 및 당해년도 세입·세출 예산을 심의한다.

② 예산 집행

○ 수입관리

• 수입관리의 원칙

수입은 사업수입과 보조금으로 구분하여 관리한다. 수입금은 수납당일로 수입 결의하여 금융기관에서 예치 후 사용하여야 하며 구좌설정은 어린이집 명의로 한다.

- 금융기관에 취급시키는 경우를 제외하고는 수입원이 아니면 수납하지 못한다. 무통장입금, 통장 자동이체, 계좌이체, 지로, 신용카드 등을 이용한다.
- 수입이 발생 시 수입 결의서를 작성하고 관련서류를 첨부하여야 한다.
- 현금 수납은 원칙적으로 불가하나 현금 수납 시 보육사업안내에 따라 원칙을 준수한다.

• 보육료 수납 원칙

보육료, 아이행복카드 결제 소식지 안내 및 기타 필요경비 납부 고지서를 각 가정으로 발송하고 금융기관을 통해 수납한다(무통장입금 또는 통장 자동이체, 계좌이체, 지로 등. 현금수납은 불가능). 보육료 및 수납에 대해 기록 관리한다.

• 필요경비 수납원칙

필요경비 청구 시 항목별로 청구금액을 명시하며, 시·도지사가 정하지 않은 항목은 보호자가 수납할 수 없다. 반기별로 보호자별 수납액, 실 사용금액, 남은 금액을 정산하여 그 내역을 어린이집 운영위원회에 보고하거나 보호자에게 알려야 한다. 실 사용금액은 해당 건별 금액으로 정산 가능하다. 남은 금액은 개인별로 정산한다. 반기별로 필요경비 총 수납액의 일정비율(14% 이내)을 일반관리비로 인정하여 관리운영비로 집행할 수 있있다.

- 특별활동비 수납원칙

수납액은 매년 시·도지사가 정하는 수납한도액 범위 내에서 어린이집 운영위원회를 통해 결정한다. 수납주기는 반드시 매월로 하며, 부모가 특별활동 업체에 직접 비용을 지불하는 것은 불가하며 반드시 운영비 통장으로 입금하도록 한다. 특별활동 과목, 대상연령, 비용, 시간, 업체 등을 보육통합정보시스템에 공개한다.

특별활동비는 특별활동 운영을 위해 소요되는 경비에 한정하여 지출하여야 한다. 특별활동 강사는 보육교직원이 아니기 때문에 인건비에 불포함하며 특별활동 강사비는 수용비 및 수수료(211목)에서 지출한다.

- 정부보조금 처리

  - 정부보조금은 교부신청서에 의거 시·군·구청에 신청하여야 한다. 어린이집 구좌에 정부보조금을 온라인 입금시킨 후 즉시 보조금내역을 서면으로 시설장에게 통보한다. 시설장은 온라인 입금된 정부보조금을 확인하여 당일로 수입결의하고 총계정 원장과 현금출납부에 등재한다.

○ 지출관리

- 지출관리의 원칙

예산의 지출은 당해연도 예산범위 내에서 지출결의하여 집행한다.

- 지출 사무를 관리하는 자(원장) 및 그 위임을 받은 지출원이 한다.
- 어린이집 전용 신용(체크)카드, 계좌송금이 원칙이다.

- 지출이 발생 시 지출 결의서를 작성하고 관련 증빙서류를 첨부한다.
- 세금 계산서(계산서), 카드 결제 영수증, 현금 영수증 등 관련 증빙서류 첨부가 필요하다.
- 상용경비 또는 소액의 경비 지출은 시·도지사가 정하는 범위 내에서 현금 결제가 가능하며 이를 위해 100만 원 이하의 현금을 보관 가능(재무회계 규칙 제29조)하다.
  ▶ 예산의 전용: 편성된 예산의 총 예산액은 변동없이 일부 항목의 금액이 부족한 경우나 신규로 예산이 필요한 경우 기존 예산의 금액을 조정하는 절차로 '관·항' 간 전용은 법인 이사회의 의결 또는 어린이집 운영위원회 보고를 거쳐 전용 가능하고 동일 항 내 '목' 간 전용은 어린이집 원장이 전용 가능하다.

● 보육교직원 급여, 퇴직금 적립, 근로소득 신고 관리

- 인건비는 지출결의를 하고 개인별 은행통장구좌에 입금시킨다. 인건비 지급 시 종사자 보수에 대한 근로소득세, 주민세, 국민연금, 건강보험 등을 원천징수하고 공제액을 해당기관에 납입하여야 한다.

● 물품구입

모든 물품구입은 지출품의에 의거하여 구입토록 하고 대금결제는 계좌입금이나 신용카드를 통하여 한다. 현금 영수증과 세금계산서를 영수증으로 첨부한다. 교재교구와 비품 및 장비는 구입 후 비품대장에 등재 후 사용한다.

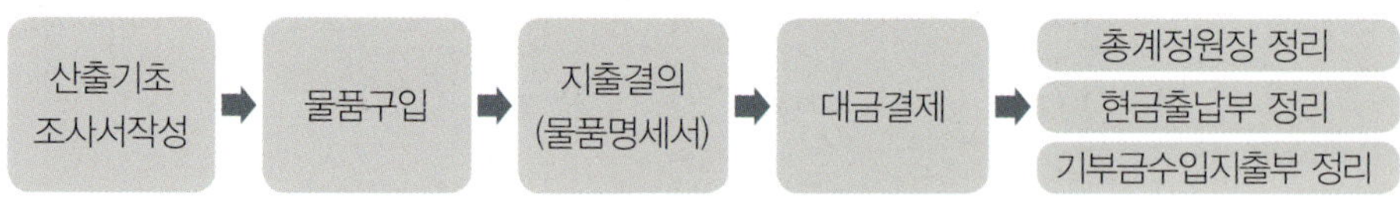

| 그림 11-1 | 물품구입 절차

- 회계문서 관리

| 표 11-11 | 회계문서 관리

회계장부	기록
총계정원장	· 한 달 마감 후 출력하여 보관
수입지출현황표	
예산원장	
현금출납부	· 수입, 지출 전표 발행 · 일일 마감 후 통장 잔액과 일치 · 한 달 마감 후 출력하여 통장 잔액과 일치보관
급여대장	· 급여 품의서를 작성하여 법인에 발신 · 매월 25일 급여 계좌입금 후 급여품의서, 급여명세표, 급여 입금증 문서화
보육료대장	· 운영비 통장을 통해 보육료 입금확인 즉시 기록
비품대장/폐기대장	· 각 비품이 반입될 시 사유와 일자 및 사진 첨부 · 각 비품이 폐기될 시 사유와 일자 및 사진 첨부

③ 결산

세입·세출 결산보고서 작성	어린이집 원장	출납 완료 시
↓		
어린이집 운영위원회 보고	어린이집 원장	해당 어린이집만
↓		
이사회의 결산보고서 의결	사회복지법인	결산보고서 작성 시
↓		
시·군·구청장에게 결산보고서 제출	어린이집 원장	익년도 5. 31.까지
↓		
세입·세출 결산개요를 해당 어린이집의 게시판이나 홈페이지에 20일 이상 공고	어린이집 원장	결산보고서 제출 후

| 그림 11-2 | 결산보고서 작성 절차

- 1/4분기씩 보조금 정산서를 작성하고 정산 월의 수입지출 현황표와 통장 잔액 사본을 제출하여 결산 보고한다.
- 결산 기준일은 회계 기간의 마지막 날인 2월 말이다.
- 최종 예산서의 계정 과목별 금액을 기준으로 집행액을 정리한다.
- 이월사업비, 퇴직적립금, 감가상각비 및 운영비 등 사용중인 통장에 대하여 결산일 기준 잔액을 차기연도로 이월하여 세입 예산에 반영한다.
- 결산보고서에는 세입·세출 결산총괄 설명, 세입·세출결산서, 연도 말 잔액증명서, 결산서 보조서류, 퇴직적립금 통장사본, 퇴직적립금 예금 잔액 증명서를 첨부한다.
- 어린이집 운영위원회 심의를 거치고 예·결산서 문서를 보관한다.

2) 유치원의 재무관리

(1) 재무회계 운영의 원칙

「유아교육법」 제19조의 2(유아교육정보시스템의 구축·운영 등) 제5항에서는 "유치원은 회계관리 업무를 위하여 정보시스템을 사용하여야 한다."고 규정하고 있다. 2020년부터 국공립사립유치원은 K-에듀파인 시스템을 사용하게 되었다.

K-에듀파인은 지역 교육청과 학교에서 예산편성, 수입 및 지출관리, 결산 등에 대해 전자적으로 처리하는 국가관리 회계시스템이다. 유치원과 학교의 한해 예산규모와 지출 현황을 한눈에 파악할 수 있어 업무효율성과 회계 투명성이 향상되는 시스템이다. 2010년 처음 시행된 이후 국공립 유치원과 초·중·고등학교에서만 활용해 왔으나, 시·도교육청과 학교에서 사용하던 에듀파인과 업무관리시스템을 하나로 통합한 차세대 지방교육 행·재정 통합시스템 K-에듀파인을 개통하여 2020년 3월부터 모든 사립유치원 3,801개 원에도 '사립유치원 K-에듀파인'을 도입하였다(교육부, 2020).

K-에듀파인은 시 · 도교육청과 유 · 초 · 중등학교 70여만 명 교직원의 행정업무와 재정업무를 전자적으로 처리 · 지원하는 차세대 지방교육 행 · 재정통합시스템이다. K-에듀파인의 개통으로 기존의 재무와 행정업무를 완전 통합하고 수기작업의 전자화, 대외기관 정보연계의 확대, 전자 금융 서비스 고도화 등 기존의 불편을 개선하였다(경상북도 교육청, 2020).

'사립유치원 K-에듀파인'은 사립유치원의 모든 수입 · 지출 이력 관리로 투명성을 강화하기 위해 도입되었다. 유치원 관리자는 K-에듀파인을 이용하여 유치원 세입예산의 수납 현황, 세출예산의 집행 현황, 회계 목별(인건비, 운영비, 일반교육활동비 등)지출 현황 확인 등을 통해 유치원 전체의 예산 · 집행 현황 확인 및 추계 등을 할 수 있게 되어 보다 효율적으로 운영이 가능하다.

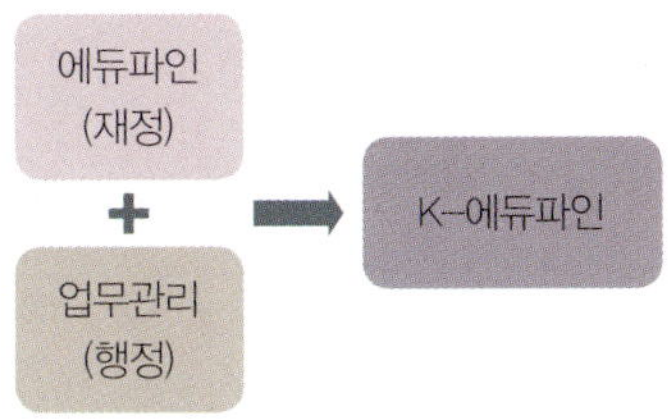

| 그림 11-3 | K-에듀파인

(2) 유치원의 재무회계절차

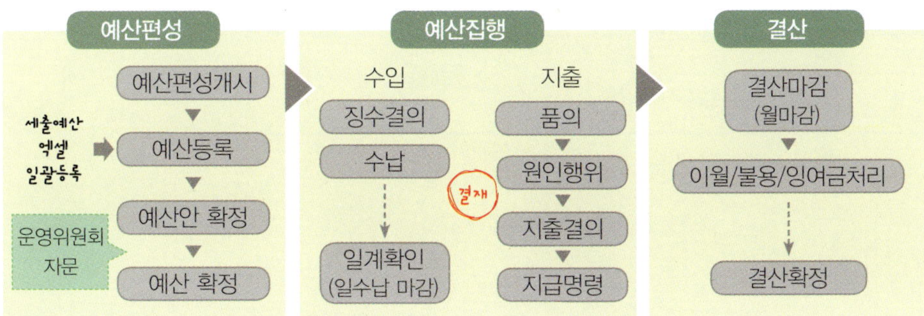

| 그림 11-4 | 에듀파인 유치원 회계시스템

출처: 교육뉴스방송(http://www.enbnews.org/news).

1 예산편성

「유아교육법」, 「사립학교법」과 같은 법 시행령 · 시행규칙 및 「사학기관 재무 · 회계규칙」, 사학기관 예산편성 및 결산지침, 전년도 예산규모 및 집행실적, 시도 교육청 교육시책을 반영하여 예산을 편성한다(부산시교육청, 2015).

예산이라 함은 1년간 유치원의 교육 활동을 위한 세입과 세출의 체계적인 계획으로 국가에서 지원되는 유아학비 및 원아들에게서 징수하는 입학금, 수업료, 법인부담금, 전년도 불용액, 수익자부담교육비 등을 재원으로 하여 1년간 유치원운영에 필요한 경비를 활동사업(과목)별로 추정하여 편성하는 것을 뜻한다(경상남도 교육청, 2019). 유치원의 회계는 건전하게 운영하여야 하며, 국가정책과 사회적 공공성을 가지는 교육기관으로서의 의무와 설립 목적에 위반하여서는 아니 된다. 세입예산과 세출예산은 반드시 일치하여야 하며 세입 세출의 구성 예시는 〈표 11-12〉와 같다(경상남도교육청, 2019).

| 표 11-12 | 유치원 세입과 세출의 구성

세입('천 원'단위, 산출기초는 '원' 단위)

- ▷ 관·항·목 구분, 절사 원칙
- ▷ 지원·재원부담주체에 따라 구분

관	항	목
보조금 및 지원금	공통과정 지원금	공통과정지원금
	방과 후 과정 운영보조금	방과 후 과정 운영보조금
	인건비 보조금	국가보조금
		지방자치단체보조금
		교육청보조금
	자본보조금	국가보조금
		지방자치단체보조금
		교육청보조금
	일반운영 보조금	국가보조금
		지방자치단체보조금
		교육청보조금
수익자 부담수입	교육비	입학금·일반 교육과정비
	방과 후 과정비	방과 후 교육·돌봄비
		방과 후 특성화비
	급식비·간식비	일반급식비·간식비
		특별급식비·간식비
	그밖의 수익자 부담수입	현장체험학습비
		통학차량이용비
		졸업앨범비
		그밖의 교육활동 수익자부담수입
경영자 이전수입	경영자이전수입	설치·경영자이전수입
차입금	차입금	단기차입금차입
		장기차입금차입
적립금 이전수입	적립금 이전수입	적립금이전수입
잡수입금	잡수입금	이자수입·행정활동수입
기부·후원 수입	기부·후원수입	기부·후원금수입
지연수납수입	지연수납수입	지연수납수입
전년도 이월금	전년도 이월금	이월사업비
		정산대상재원사용잔액
		순세계잉여금

세출('천 원'단위, 산출기초는 '원' 단위)

- ▷ 관·항·목 구분, 절상 원칙
- ▷ 경비 성격 및 재원부담주체에 따라 구분

관	항	목
인건비	교원인건비	급여
		수당
		복리후생비
		법정부담금
		퇴직금 및 퇴직적립금
	직원인건비	상동
	그밖의 인건비	그밖의 인건비
운영비	관리운영비	수용비
		수수료 및 제세공과금
		연료비
		여비
		그밖의 관리운영비
	업무추진비	일반업무추진비
		직책급업무추진비
일반교육 활동비	일반교육 활동비	교사연수·연구비
		교재·교구구입비
		행사비
		복리비
		일반급식비·간식비
선택적 교육활동비	방과 후 교육활동비	방과 후 교육·돌봄비
		방과 후 특성화비
	그밖의 교육활동비	현장체험학습비
		통학차량이용비
		특별급식비·간식비
		졸업앨범비
		수익자부담재원교육활동비
적립금	적립금	적립금
상환금	상환금	단기차입상환금
		장기차입상환금
반환금	반환금	보조금반환금
		수익자반환금
시설·설비비	시설비	신·증축비
		유지비
	설비·비품비	취득비
		유지비
지연지출금	지연지출금	지연지출금
잡지출	잡지출	잡지출
예비비	예비비	예비비

출처: 경상남도 교육청(2019). 2020학년도 사립유치원 예산 편성 및 결산 지침, p. 21.

2 예산집행

○ 수입업무

유치원의 제반 수요에 충당하기 위한 지출의 재원이 될 현금을 수납하기 위하여 행하는 일련의 회계처리 절차이다.

○ 예산집행

지출은 예산집행 품의와 지출원인행위(계약 등)에 의하여 부담한 채무를 이행하기 위하여 현금을 지급할 때까지의 일체의 행위를 말한다.

3 결산

유치원의 결산은 매 회계연도가 종료되는 시점을 기준으로 해당연도에 들어온 실질 세입과 세출의 결과를 확정계수로 표시하는 행위로서, 결산의 의의는 1년 동안 수입·지출의 타당성 및 합리성을 평가하는 것으로 유치원 재정운영에 대한 사후적 통제기능을 담당하고, 다음 회계연도의 예산편성과 집행의 효율성을 도모함에 있다.

구분	출납폐쇄	결산서 작성·제출	심의(자문) 및 확정	보고 및 공개
법인	3월 20일 이전 유치원장	4월 9일 이전 유치원장 ⇒ 해당법인 이사장	4월 24일 이전 이사회	5월 말까지 이사장
사인	3월 20일 이전 유치원장	4월 말까지 유치원장 ⇒ 유치원운영위원회	5월 말까지 유치원운영위원회 ⇒ 유치원장	5월 말까지 유치원장
		에듀파인 결산 마감 진행 및 결재 확정		정보공시 10월

| 그림 11-5 | 결산 업무

출처: 경상남도 교육청(2019). 2020학년도 사립유치원 예산 편성 및 결산 지침, p. 129.

ISUSSE & TALK

영유아교육기관 회계관리

영유아교육기관의 회계관리와 관련된 뉴스검색을 해 보고, 회계관리와 관련된 문제점 및 해결방안에 대해 토론해 보세요.

CHAPTER 12

영유아교육기관 운영 평가

영유아교육기관 운영관리에 있어서 계획이나 실행 못지않게 이에 대한 평가 및 질적 수준 개선을 위한 환류노력이 중요하다. 운영관리의 모든 영역의 계획과 실행에 대한 주기적 평가가 필요하며, 평가 결과를 반영하여 개선하고자 하는 자발적 노력이 무엇보다 중요하다. 정부의 유보통합 추진에 따라 유치원 어린이집 평가체계 통합방안을 반영하여 2017년부터 유치원 및 어린이집을 동일한 지표로 평가하는 통합평가를 시행하였었다. 그러나 유보통합 추진이 더 이상 이루어지지 않음에 따라 어린이집과 유치원의 평가는 2020년 현재 각 기관의 특성을 반영하여 평가절차 및 지표 등이 수정되어 실시되고 있다. 어린이집의 경우 2019년부터 모든 어린이집을 대상으로 하는 의무평가제가 시행되고 있다. 유치원의 경우 2020년부터 제5주기 유치원 평가가 실시되고 있는데 유치원의 자체평가와 서면심사 중심의 평가로 전환되었다. 이 장에서는 어린이집 평가와 유치원 평가를 각각 살펴보기로 한다.

1. 영유아교육기관 평가의 이해

1) 평가의 목적

어떤 일을 하려면 계획을 세우고 실천하며 그 결과를 평가하는 과정을 거치기 마련이다. 합리적인 운영관리를 위해서는 운영에 대한 기본 방침과 일관성 있는 정책의 실행이 매우 중요하다. 목표를 설정하여 계획을 세우고 계획을 수행할 조직을 만들어 과업수행에 필요한 인적, 물적 자원을 배정하며 조직성원들의 행동을 조정하여 목표를 달성하도록 지도하고 그 결과를 평가하는 일련의 연속적·순환적 과정임을 말해 주고 있다(남정걸, 2015).

영유아교육기관 운영관리에 있어서도 계획, 실행만큼이나 운영 평가는 중요하다. 운영평가의 목적은 운영 계획과 실행한 결과에 의해 현재 상황을 진단하고, 개선하여 다음 단계의 목표를 설정하기 위한 반성적 자료를 얻기 위한 것이다. 그 과정을 통해 영유아교육기관의 질을 향상시킴으로써 영유아의 건강한 성장과 발달을 돕고자 하는 것이다. 영유아교육기관에서 이루어지는 다양한 평가가 평가를 위한 평가가 아니라 질 개선으로 연결되려면 평과 결과를 개선하고자 하는 노력 없이는 기관의 발전과 변화가 이루어질 수 없다(최윤경 외, 2016).

2) 평가방식

(1) 자체평가

운영평가는 다양한 방식으로 이루어진다. 우선적으로 기관의 상시적 질 관리 체계로서 자체평가를 실시하는 것이다. 교직원의 업무수행에 대해 개인수준 및 조직수준에서 주기별로 자체평가 및 모니터링을 실시하는 것이다. 평가의 궁극적인 목적이 지속적인 질 개선 노력에 있는 만큼 기관의 자체평가는 자체점검 역량을 강화하고, 자체 모니터링 과정을 내재화시켜 기관의 자생적 활력을 높이는 효과가 있다.

(2) 행정기관 및 전문기관의 점검

행정기관 및 전문기관의 점검을 통해서도 기관의 운영이 효율적이고 효과적으로 이루어지고 있는지 평가할 수 있다. 지자체, 시·도 교육청, 급식관리센터, 소방서, 환경부 등 어린이집과 유치원의 운영과 관련된 행정 및 전문 기관의 점검을 통해 기관 운영의 적절성 등을 점검해 볼 수 있다.

(3) 평가 전문가에 의한 객관적 평가

평가 전문가에 의해 기관 운영에 대한 객관적 평가가 이루어질 수 있다. 어린이집 평가제나 유치원 평가제는 외부의 평가 전문가가 객관적 평가 지표를 판단으로 심의하고 평가하여 기관의 객관적 질을 판단함으로써 기관의 구성원은 물론 수혜자인 부모에게 기관 선택을 위한 기초자료로 활용될 수 있다.

2. 어린이집 평가

1) 어린이집 평가제의 이해

국가수준의 평가제도는 어린이집이 지향해야 하는 바람직한 보육서비스의 실제를 제시하고 질적 수준을 공정하게 평가할 뿐만 아니라, 어린이집을 이용하는 수요자가 자녀양육의 부담을 덜 수 있도록 정확하고 유익한 어린이집 선택기준 정보를 제공하여 보다 효과적인 보육서비스의 질 관리 기제이다(이완정 · 정선아 · 권혜진 · 신나리 · 손승희 · 장혜진, 2019).

2004. 1.	2005. 1.~12.	2006. 1.	2010. 2.	2014. 11.	2017. 11.	2019. 6.
어린이집 평가 인증제도 도입 근거 마련 (영유아보육법 제30조)	어린이집 평가인증 시범운영 실시	제1차 어린이집 평가인증 시행	제2차 어린이집 평가인증 시행	3차 시범지표 적용	제3차 어린이집 평가인증 시행 (통합지표)	어린이집 평가제 시행

| 그림 12-1 | 어린이집 평가제도의 변화

출처: 한국보육진흥원(https://www.kcpi.or.kr/)

어린이집 평가제도는 [그림 12-1]에 제시된 바와 같이 2005년 어린이집 평가인증 시범사업을 시작으로 2006년부터 본격 시행되었다. 어린이집의 신청으로 이루어져 왔던 평가인증제도는 2019년 6월 모든 어린이집이 의무적으로 평가를 받는 의무평가제로 전환되었다.

평가인증제도는 어린이집의 질 관리에 유의한 효과를 보이는 것으로 나타나며, 보육의 질적 수준을 향상시키는 데 기여한 것으로 평가받고 있다(서문희 · 양미선 · 이정원 · 김온기 · 원종옥 · 송신연, 2013). 그러나 평가인증제도 및 지표 등의 지속적인 개선에도 불구하고 질 수준이 미충족되거나, 평가인증에 참여하지 않는 어린이집이 일정 비율 사각지대로 존재하는 점, 실제 어린이집을 이용하는 부모들이 어린이집을 선택하는 기준으로 평가인증을 고려하는 비율이 낮다는 점 등이 한계점으로 지적되어 왔다. 이러한 점을 보완하기 위해 2019년 9월부터는 모든 어린이집이 의무적으로 평가를 받는 '의무평가제도'로 전환되었다.

어린이집 평가제의 본질적인 목적은 전체 어린이집 보육의 질을 일정 수준 이상 유지하도록 함으로써 모든 영유아의 안전과 건강, 조화로운 성장과 발달이 이루어지도록 지원하기 위한 것이다(이완정 · 정선아 · 권혜진 · 신나리 · 손승희 · 장혜진, 2019). 국가 차원의 주기적 평가를 통해 모든 어린이집의 상시적인 보육서비스의 질을 확보하고 보육에 대한 사회적 책임 강화를 실현하며 안심 보육환경을 조성하는 것을 목적으로 한다(보건복지부 · 한국보육진흥원, 2020).

한 걸음 더

어린이집 평가의 법적 근거: 영유아보육법 제30조

제30조(어린이집 평가)

① 보건복지부장관은 영유아의 안전과 보육서비스의 질 향상을 위하여 어린이집의 보육환경, 보육과정 운영, 보육인력의 전문성 및 이용자 만족도 등에 대하여 정기적으로 평가를 실시하여야 한다.

② 보건복지부장관은 제1항에 따른 평가 결과에 따라 어린이집 보육서비스의 관리, 보육사업에 대한 재정적·행정적 지원 등 필요한 조치를 할 수 있다.

③ 보건복지부장관은 제1항에 따른 어린이집 평가등급 등 평가 결과를 공표하여야 한다.

2) 어린이집 평가과정

(1) 평가운영체계

어린이집 평가과정은 평가대상 어린이집의 선정 및 통보로 시작되며, 기본사항 확인, 자체 점검보고서 제출, 현장평가, 종합평가 순으로 진행된다. 어린이집 평가운영체계는 [그림 12-2]와 같다.

| 그림 12-2 | 어린이집 평가 운영체계

출처: 보건복지부·한국보육진흥원(2020). 2020 어린이집 평가 매뉴얼, p. 18.

(2) 평가과정

① 평가대상 선정

「영유아보육법」에 따라 설치한 모든 어린이집을 대상으로 평가를 실시한다. 한국보육진흥원에서 평가주기에 따라 평가 대상을 선정하여 통보한다. 현장평가월 기준 6개월 전에 통보한다.

② 기본사항 확인

지자체(시·군·구)에서는 어린이집의 기본사항 준수 여부에 대해 확인한 후 그 결과를 한국보육진흥원에 통보한다.

- 사전점검사항: 영유아 및 보육교직원 관련 보험 가입, 어린이집의 설치기준, 보육실의 설치기준, 보육교직원배치기준, 비상재해대비시설 설치
- 위반이력사항: 운영정지, 과징금 처분, 보조금 반환명령, 원장 및 보육교사의 자격정지 및 자격취소, 금고 이상의 형, 아동복지법 등 위반, 식품위생법 위반

③ 자체점검보고서 제출

평가대상으로 확정통보된 어린이집은 자체검검을 실시하고 자체점검보고서를 작성하여 어린이집지원시스템을 통해 전산입력하여 제출한다. 원장, 보육교사, 원아부모 각 1명 이상 포함하여 자체점검위원회를 구성하고 평가지표기준으로 어린이집 운영전반을 점검한다.

④ 현장평가

어린이집의 질적 수준에 대해 현장평가자가 어린이집을 방문하여 평가지표에 근거하여 현장평가한다. 현장평가자는 하루 일과 전반에 걸쳐 관찰, 기록(문서) 검토, 면담 등의 방법을 통해 평가를 진행하고 현장평가보고서를 작성한다.

5 종합평가

현장평가 완료어린이집을 대상으로 기본사항확인서, 자체점검보고서, 현장평가보고서 등을 검토하여 소위원회→종합평가위원회를 거쳐 어린이집의 최종 등급 및 평가주기를 확정한다.

한 걸음 더

현장평가자의 자격

① 영유아 관련학과 석사학위 소지자로서 교사 경력 3년 이상인 자
② 영유아 관련학과 학사학위 소지자로서 교사 경력 3년을 포함하여 총 경력이 5년 이상인 자
- 교사경력은 유치원 교사 경력을 포함하되, 반드시 1년 이상 어린이집 근무경력(보육교사 또는 원장)이 있어야 한다.

(3) 평가 결과

1 평가영역 평정 방식

어린이집 평가제 영역 평정방식은 〈표 12-1〉에 제시된 바와 같다. 각 영역은 우수, 보통, 개선필요로 최종 평정된다.

| 표 12-1 | 어린이집 등급 평정방식

구분		지표평정				영역평정			
		항목 수	우수	보통	개선 필요	지표 수	우수	보통	개선 필요
1영역 보육과정 및 상호작용	1-1. 영유아 권리 존중 필수	2개	2개	1개	0개 이하	5개	'우수'지표 4개 이상 (필수포함)	우수 및 개선 필요 등급에 해당하지 않는 경우	'개선 필요' 지표 1개 이상
	1-2. 보육계획 수립 및 실행	6개	5개	3~4개	2개 이하				
	1-3. 놀이 및 활동지원	3개	3개	2개	1개 이하				
	1-4. 영유아 간 상호작용 지원	4개	4개	2~3개	1개 이하				
	1-5. 보육과정 평가	3개	3개	2개	1개 이하				

<table>
<tr><th rowspan="2" colspan="2">구분</th><th colspan="4">지표평정</th><th colspan="4">영역평정</th></tr>
<tr><th>항목 수</th><th>우수</th><th>보통</th><th>개선 필요</th><th>지표 수</th><th>우수</th><th>보통</th><th>개선 필요</th></tr>
<tr><td rowspan="4">2영역
보육환경 및 운영관리</td><td>2-1. 실내 공간 구성 및 운영</td><td>4개</td><td>4개</td><td>2~3개</td><td>1개 이하</td><td rowspan="4">4개</td><td rowspan="4">'우수'지표 3개 이상</td><td rowspan="4">우수 및 개선 필요 등급에 해당하지 않는 경우</td><td rowspan="4">'개선 필요' 지표 1개 이상</td></tr>
<tr><td>2-2. 실외 공간 구성 및 운영</td><td>3개</td><td>3개</td><td>2개</td><td>1개 이하</td></tr>
<tr><td>2-3. 기관 운영</td><td>4개</td><td>4개</td><td>2개</td><td>1개 이하</td></tr>
<tr><td>2-4. 가정 및 지역사회와의 연계</td><td>3개</td><td>3개</td><td>2개</td><td>1개 이하</td></tr>
<tr><td rowspan="5">3영역
건강 · 안전</td><td>3-1. 실내외 공간이 청결 및 안전</td><td>3개</td><td>3개</td><td>2개</td><td>1개 이하</td><td rowspan="5">5개</td><td rowspan="5">'우수'지표 4개 이상 (필수포함)</td><td rowspan="5">우수 및 개선 필요 등급에 해당하지 않는 경우</td><td rowspan="5">'개선 필요' 지표 1개 이상</td></tr>
<tr><td>3-2. 급 · 간식</td><td>3개</td><td>3개</td><td>2개</td><td>1개 이하</td></tr>
<tr><td>3-3. 건강증진을 위한 교육 및 관리</td><td>3개</td><td>3개</td><td>2개</td><td>1개 이하</td></tr>
<tr><td>3-4. 등 · 하원의 안전</td><td>3개</td><td>3개</td><td>2개</td><td>1개 이하</td></tr>
<tr><td>3-5. 안전교육과 사고예방</td><td>3개</td><td>3개</td><td>2개</td><td>1개 이하</td></tr>
<tr><td rowspan="4">4영역
교직원</td><td>4-1. 원장의 리더십</td><td>3개</td><td>3개</td><td>2개</td><td>1개 이하</td><td rowspan="4">4개</td><td rowspan="4">'우수'지표 3개 이상</td><td rowspan="4">우수 및 개선 필요 등급에 해당하지 않는 경우</td><td rowspan="4">'개선 필요' 지표 1개 이상</td></tr>
<tr><td>4-2. 보육교직원의 근무환경</td><td>3개</td><td>3개</td><td>2개</td><td>1개 이하</td></tr>
<tr><td>4-3. 보육교직원의 처우와 복지</td><td>3개</td><td>3개</td><td>2개</td><td>1개 이하</td></tr>
<tr><td>4-4. 보육교직원의 전문성 제고</td><td>3개</td><td>3개</td><td>2개</td><td>1개 이하</td></tr>
<tr><td colspan="2">계</td><td>59개</td><td></td><td></td><td></td><td>18개</td><td></td><td></td><td></td></tr>
</table>

② 평가등급 결정 및 평가주기

어린이집 평가등급은 4등급(A, B, C, D)으로 구분한다. 평가등급에 따라 A · B 등급은 3년, C · D 등급은 2년의 평가주기를 부여한다.

| 표 12-2 | 등급 결정 및 평가주기

<table>
<tr><th colspan="2">등급구분(정의)</th><th>지표평정</th><th>평가주기</th></tr>
<tr><td>A</td><td>국가평가에서 제시하고 있는 기준을 모든 영역에서 충족함</td><td>4개 영역 모두 '우수'인 경우 (필수지표 및 요소 충족)</td><td rowspan="2">3년</td></tr>
<tr><td>B</td><td>국가평가에서 제시하고 있는 기준을 대부분 충족함</td><td>'우수' 영역이 3개 이하이며 '개선 필요' 영역이 없는 경우</td></tr>
<tr><td>C</td><td>국가평가에서 제시하고 있는 기준 대비 부분적으로 개선이 필요함</td><td>'개선 필요' 영역이 1개 있는 경우</td><td rowspan="2">2년</td></tr>
<tr><td>D</td><td>국가평가에서 제시하고 있는 기준 대비 상당한 개선이 필요함</td><td>'개선 필요' 영역이 2개 이상인 경우</td></tr>
</table>

※ 2회 연속 D등급 어린이집은 지도점검 대상 우선 선정.

(4) 평가 후 관리

평가 이후에도 어린이집의 질적 수준을 지속적으로 유지·향상하고자 평가 후 관리가 이루어진다.

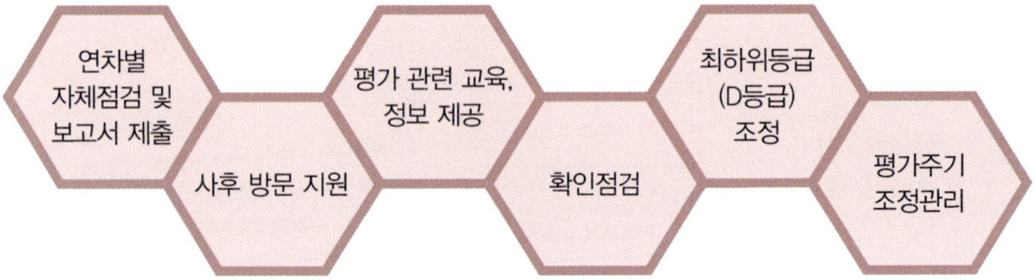

| 그림 12-3 | 평가 후 관리

평가를 받은 어린이집은 다음 차수 평가 전까지 매년 자체점검을 하고 보고서를 제출하게 된다. 평가 결과를 바탕으로 사후 방문지원을 실시하며 어린이집 운영 전반에 대한 질 향상을 지원한다. 특히 C·D 등급 어린이집은 의무참여하도록 되어 있다. 그밖에 평가 관련 교육 및 정보 제공, 확인점검 등을 통해 평가 후 질 관리가 이루어진다.

3) 어린이집 평가 내용

(1) 평가 지표와 평가기준

① 평가지표의 구성

어린이집 평가는 어린이집의 보육과정 및 상호작용, 보육환경 및 운영관리 건강·안전, 교직원 등 전반적인 질적 수준을 평정하게 된다. 어린이집의 질적 수준은 4영역, 18개 지표, 59개 항목으로 이루어진 평가지표에 근거하여 이루어진다. 평가영역, 평가지표 및 항목구성은 〈표 12-3〉과 같다.

| 표 12-3 | 평가영역, 평가지표 및 항목 구성

평가영역	평가지표	항목수
1영역 보육과정 및 상호작용	1-1. 영유아 권리 존중 필수	2
	1-2. 보육계획 수립 및 실행	6
	1-3. 놀이 및 활동지원	3
	1-4. 영유아 간 상호작용 지원	4
	1-5. 평가	3
2영역 보육환경 및 운영관리	2-1. 실내 공간 구성 및 운영	4
	2-2. 실외 공간 구성 및 운영	3
	2-3. 기관 운영	4
	2-4. 가정 및 지역사회와의 협력	3
3영역 건강·안전	3-1. 실내외 공간의 청결 및 안전	3
	3-2. 급·간식	3
	3-3. 건강증진을 위한 교육 및 관리	3
	3-4. 등·하원의 안전	3
	3-5. 안전교육 및 사고 대책	3
4영역 교직원	4-1. 원장의 리더십	3
	4-2. 보육교직원의 근무환경	3
	4-3. 보육교직원의 처우와 복지	3
	4-4. 보육교직원의 전문성 제고	3
4개 영역	18개 지표	59개 항목

② 필수 지표 및 요소

평가제 지표는 특히 영유아 안전 및 권리 존중 및 놀이중심 보육과정 운영을 강조하고 있다. 이를 위해 영유아 권리 존중(1영역 1-1 지표), 급·간식위생, 안전 (3영역 8개 평가요소)를 필수로 지정하여, 필수지표 및 필수 요소를 충족하지 못할 경우 A등급 부여가 불가능하도록 하였다.

| 표 12-4 | 필수지표 및 필수요소

필수지표	1-1. 영유아 권리 존중	
필수요소	3-2-2-1	식자재는 신선한 것을 구입하고 이를 위생적으로 보관함
	3-2-2-2	유통기한 경과식품(식자재)이 없음
	3-2-3-3	1회 조리된 음식은 당일 소모하고 재배식하지 않음
	3-4-1-4	영유아의 인계과정이 규정에 따라 안전하게 이루어짐
	3-4-2-4	영유아를 두고 자리를 비울 때에는 책임 있는 성인에게 인계함
	3-4-3-4	운전자와 함께 차량에 동승한 성인은 영유아를 안전하게 보호함
	3-5-2-1	보육교직원을 대상으로 기본적인 안전교육을 정기적으로 실시함(영유아 학대 예방교육 포함)
	3-5-2-4	영유아 학대 예방 지침(체벌 금지 포함)을 준수함

③ 평가지표의 평가방법

평가지표의 평가방법은 관찰, 면담, 기록 확인의 방법으로 이루어진다.

○ 관찰

- 보육환경, 보육과정, 상호작용 등에 대한 관찰을 진행한다.
- 등원에서 하원까지 일과 동안 이루어진다.

○ 면담

- 원장과 교사 등을 대상으로 면담을 진행한다.
- 평가지표(항목 · 요소)에 관한 실행 여부 및 관련 내용을 확인한다.

○ 기록

- 평가지표(항목 · 요소)에서 실행 여부 및 내용 확인을 위해 요구되는 관련 기록을 확인한다.

(2) 평가영역별 지표구성

① 1영역: 보육과정 및 상호작용 영역

보육과정은 보육철학(목적 및 목표), 보육 내용(보육 계획), 보육 실행(교수·학습 방법), 보육 평가로 구성된다. 즉, 보육과정은 어린이집에서 어떤 철학을 가지고 영유아에게 무엇을, 어떻게 경험하게 할 것인가와 이에 대한 평가에 관한 것이다. 어린이집에서 영유아가 경험하는 보육의 질은 보육과정 운영의 질에 달려 있는 만큼 영유아 중심의 보육과정으로 양질의 보육을 제공하여야 한다. 「영유아보육법」에서 '보육'은 영유아 이익을 최우선으로 고려하여 제공되어야 하며, 영유아는 어떤 종류의 차별도 받지 않아야 한다고 명시하고 있다. 또한, '어린이집 표준보육과정'에서 우리나라 국가수준의 보육목적 및 목표, 내용, 실행, 평가에 대해 제시하고 있다. 이에, 개별 어린이집에서는 영유아의 권리 존중을 필수적으로 실천하고, 표준보육과정을 기초로 보육과정 운영에 관한 기준을 세워야 한다.

개별 어린이집은 자신의 어린이집이 추구하는 보육철학을 수립하고, 이와 함께 표준보육과정, 영유아의 흥미와 요구를 반영하여 보육계획을 세우도록 한다. 보육계획은 영유아가 편안하게 일상생활을 유지하고 자유놀이와 바깥놀이를 충분히 할 수 있도록 적절한 수준(월간 또는 주간 또는 일일)에서 수립할 수 있다. 또한, 하루 일과는 영유아의 자발적 놀이, 다양한 활동, 일상생활 경험이 균형 있게 이루어지도록 운영한다.

교사는 영유아의 놀이와 활동이 원활하게 이루어질 수 있도록 놀이 및 활동 자료, 공간, 시간을 충분히 제공하고, 또래 간에 일어나는 상호작용에도 적절히 개입하도록 한다. 특히, 교사는 영유아의 놀이와 활동에서 나타나는 영유아의 흥미, 행동, 정서 상태, 표현 방식의 개인차를 민감하게 파악하여 이에 적합한 지원을 해야 한다.

이와 함께 하루 일과운영과 영유아의 놀이 및 활동 실행에 대한 평가를 실시하고, 그 내용을 이후 보육계획에 반영하는 순환적 과정을 통해 보육과정 운영의 질을 높이도록 한다.

영역 1. 보육과정 및 상호작용 필수
1-1. 영유아 권리 존중 필수
1. 교사는 영유아를 존중한다.
2. 교사는 영유아를 차별 없이 대한다.
1-2. 보육계획 수립 및 실행
1. 표준보육과정을 바탕으로 어린이집의 철학을 반영한 보육계획을 수립한다.
2. 영유아가 편안한 분위기에서 일상경험을 할 수 있도록 운영한다.
3. 하루 일과에서 영유아의 자유놀이가 충분히 이루어지도록 한다.
4. 바깥놀이시간을 매일 충분히 배정하여 운영한다.
5. 특별활동은 운영 지침에 따라 운영한다.
6. 장애 장애영유아를 위한 관련서비스(치료지원 포함)를 일과 중에 통합적으로 제공한다.
1-3. 놀이 및 활동 지원
1. 교사는 놀이와 활동이 영유아의 자발적 선택에 의해 주도적으로 이루어지도록 격려한다.
2. 교사는 영유아의 놀이 상황을 관찰하면서 놀이와 관련된 상호작용을 한다.
3. 영유아의 다양한 놀이와 활동에 필요한 적절한 자료를 제공한다.
1-4. 영유아 간 상호작용 지원
1. 교사는 또래관계에서 발생하는 영유아의 감정에 공감하고 스스로의 감정을 다룰 수 있도록 돕는다.
2. 교사는 영유아가 일상에서 자신의 의견, 생각 등을 또래와 나눌 수 있도록 격려한다.
3. 교사는 영유아가 적절한 약속과 규칙을 지키도록 격려한다.
4. 교사는 영유아 간 다툼이나 문제가 발생할 경우 다양한 해결방식을 사용한다.
1-5. 평가
1. 반별 보육일지에 하루일과 및 놀이실행에 대해 평가한 내용이 있고, 필요한 경우 평가 내용을 다음 보육계획에 반영한다.
2. 개별 영유아의 일상생활, 실내외 놀이 및 활동에 대한 관찰 내용을 기록하고 평가한다.
3. 원장은 각 반별 보육 과정 운영에 대한 평가를 통해 어린이집 전체 보육과정 운영을 파악하고 있다.

② 2영역: 보육환경 및 운영관리 영역

영유아는 환경과의 상호작용을 통해 성장하므로 어린이집 실내외 놀이 공간, 시설 및 설비를 영유아의 연령 및 발달수준, 흥미와 요구에 적합하게 구성하는 것은 매우 중요하다. 어린이집에서 실시하는 보육프로그램이 잘 운영될 수 있는 환경으로 구성해야 한다.

영유아의 다양한 요구를 수용하기 위해서는 보육실뿐 아니라 그 이외의 공간도 필요하며, 이러한 공간은 영유아의 놀이 및 활동과 일상생활을 지원하도록 구성·관리되어야 한다. 같은 조건의 물리적 환경이라도 영유아가 어린이집에서 경험하는 놀이나 활동, 일상생활의 내용은 다를 수 있다. 즉, 단순히 물리적 환경을 갖추었는지뿐만 아니라 그 환경에서 영유아가 의미 있는 경험을 하고 있는지 아닌지에 대한 평가도 함께 이루어진다. 이러한 취지에 따라 어린이집의 실내외 환경구성과 바깥놀이운영에 대해 평가한다.

어린이집 운영관리는 어린이집 운영방침 수립, 가정 및 지역사회와의 연계에 이르기까지 어린이집 운영 업무에 대한 효율적인 관리방안을 의미한다. 어린이집은 운영계획 수립, 원아관리 등과 관련하여 정해진 규정이나 지침에 따라 체계적으로 운영되어야 한다. 더불어 가족을 위한 다양한 프로그램을 실시하고 지역사회와 협력적인 관계를 맺음으로써 영유아가 자신을 둘러싼 환경을 긍정적으로 인식하고 생활할 수 있도록 지원하여야 한다.

영역 2. 보육환경 및 운영관리
2-1. 실내 공간 구성 및 운영
1. 보육실 내 흥미영역 또는 놀이영역은 영유아의 연령 및 발달 특성을 고려하여 영유아의 놀이와 연계하여 구성한다.
2. 실내 시설 및 설비가 영유아의 발달 수준에 적합하다.
3. 영유아의 요구를 충족하는 보육실 이외의 별도의 공간을 마련하고 있다.
4. 비품과 활동자료를 보관하는 별도의 공간이 있고 체계적으로 정리하고 있다.
2-2. 실외 공간 구성 및 운영
1. 옥외놀이터 등을 구비하고 있다.
2. 영유아의 발달을 지원하는 다양한 놀이 및 활동자료가 준비되어 있다.
3. 영유아의 발달을 지원하는 다양한 바깥놀이 및 활동이 이루어진다.
2-3. 기관 운영
1. 모든 반을 편성 규정에 맞게 운영하고 있다.
2. 어린이집 운영계획을 수립하여 부모에게 안내한다.
3. 신규 보육교직원에게 오리엔테이션을 실시하고 있다.
4. 신입 영유아 적응을 위한 지원을 하고 있다.
2-4. 가정 및 지역사회와의 연계
1. 어린이집을 개방하여 다양한 부모참여와 교육이 이루어지도록 한다.
2. 평소 가정과 다양한 방법으로 소통하고 정기적인 개별면담을 통해 가족을 지원한다.
3. 지역사회와 연계한 다양한 활동을 실시하고 있다.

③ 3영역: 건강 안전 영역

영유아가 어린이집에서 건강하고 안전하게 생활할 수 있도록 보장하는 것은 영유아의 기본적인 권리와 삶의 질을 보장하는 필수 요건이다. 영유아의 건강과 안전은 일차적으로 신체적 상해 없이 건강하게 보호되는 것을 말하지만 궁극적으로는 방임, 학대 등과 같은 정서적 문제로부터도 안전하게 보호되는 것을 포함한다. 사회와 가족 환경의 변화에 따라 어린이집에서 생활하는 영유아의 연령이 점점 더 어려지고 있고, 어린이집에서 보내는 시간이 더 길어지면서, 보육교직원의 영유아의 건강·안전에 대한 역할과 중요성은 점점 더 커지고 있으며 그 책임 역시 막중하다.

영유아의 건강·안전을 위해 우선적으로 어린이집의 보육교직원은 실내외 공간을 청결하게 유지하고 사고나 위험으로부터 영유아를 보호할 수 있는 안전한 보육환경을 제공해 주어야 한다. 또한 영유아와 보육교직원이 위생적인 생활습관을 갖도록 하고 질병 예방관리를 통해 건강한 생활을 할 수 있다. 영유아에게 안전하고 풍부한 식재료로 영양적 균형을 고려하여 청결하게 조리한 음식을 제공함으로써 영유아가 건강하게 성장할 수 있도록 지원한다.

보육교직원은 영유아가 어린이집에 등원할 때부터 귀가할 때까지 항상 주의 깊게 보호하여야 한다. 이와 함께 영유아 및 보육교직원은 안전교육 및 안전사고에 대한 대처능력을 길러 어린이집의 일과 중에 위험이 생기거나 사고가 날 염려가 없는 상태를 유지하도록 지속적으로 관리한다.

영역 3. 건강·안전
3-1. 실내외 공간의 청결 및 안전
1. 실내외 공간을 청결하고 쾌적하게 관리하고 있다.
2. 실내외 공간과 설비를 위험요인 없이 안전하게 관리한다.
3. 실내외 놀잇감과 위험한 물건을 안전하게 관리한다.
3-2. 급 · 간식
1. 영양의 균형을 고려한 급·간식을 제공하고 있다.
2. 식자재의 구입·보관 및 조리공간을 위생적으로 관리하고 있다.
3. 조리 및 배식과정을 청결하고 위생적으로 관리하고 있다.
3-3. 건강증진을 위한 교육 및 관리
1. 손 닦기, 양치질 등 청결한 위생습관을 실천한다.
2. 교사는 영유아의 건강 상태를 살펴보고 적절하게 지원한다.
3. 영유아와 보육교직원의 건강증진을 위한 예방관리와 교육을 실시한다.
3-4. 등 · 하원의 안전
1. 교사는 영유아의 출석을 확인하며 인계규정에 따라 귀가지도를 한다.
2. 영유아는 등원부터 하원까지 성인의 보호하에 있다.
3. 등·하원 차량을 운행할 경우, 안전요건을 갖추어 관리한다.
3-5. 안전교육 및 사고 대책
1. 영유아를 대상으로 안전교육을 지속적으로 실시하고 있다.
2. 교직원은 안전교육을 받고, 영유아 학대 예방 지침을 준수한다.
3. 안전 설비를 비상시 효율적으로 사용할 수 있도록 관리하고 있다.

④ 4영역: 교직원 영역

보육교직원은 어린이집에서 영유아가 직접적으로 접하는 대표적인 인적 환경으로, 영유아가 일상생활을 원활하게 할 수 있도록 돕고, 일과 중의 놀이와 활동을 통해 영유아의 전인적인 성장과 발달을 지원한다. 이처럼 보육교직원의 역량은 보육서비스 질에 큰 영향을 미치는 요인이므로, 원장은 자신과 보육교사의 전문성을 향상하고 보육교직원이 안정적으로 근무할 수 있는 환경을 마련해 주어야 한다.

보육교직원의 전문성 향상을 위해 어린이집은 개인의 직무, 경력과 역량 등을 고려하여 체계적인 교육을 계획하고 실시하여야 한다. 또한 충분하고 다양한 자료와 설비의 마련과 스트레스 경감을 위한 기회 제공을 통해 보육교직원을 배려하는 근무환경을 조성하고, 적절한 처우 및 복지를 제공하여 직무만족도를 고취시킬 수 있도록 지원해야 한다. 이러한 상황이 충족될 때 보육교직원은 자신의 능력을 최대한 발휘하여 영유아에게 보다 우수한 수준의 보육서비스를 제공할 수 있게 된다.

영역 4. 보육교직원
4-1. 원장의 리더십
1. 원장은 자신의 전문성 향상을 통해 어린이집 발전에 기여한다.
2. 원장은 보육교직원을 존중한다.
3. 원장은 건전한 조직문화 조성을 위해 노력한다.
4-2. 보육교직원의 근무환경
1. 보육교사를 위한 별도공간을 마련하고 있다.
2. 보육교사를 위한 개인사물함과 업무지원 설비를 마련하고 있다.
3. 성인용 화장실을 영유아용과 별도로 설치하여 사용하고 있다.
4-3. 보육교직원의 처우와 복지
1. 보육교직원의 복무와 보수에 관한 규정이 있으며, 이를 준수하고 있다.
2. 보육교사의 직무스트레스를 예방하고 관리할 수 있는 서비스를 안내하거나 제공한다.
3. 보육교직원을 위한 복지제도를 운영하고 있다.
4-4. 보육교직원의 전문성 제고
1. 보육교직원의 전문성 제고를 위한 다양한 연수 기회를 부여하고 있다.
2. 보육교사의 상호작용에 대한 관찰과 지원을 실시하고 있다.
3. 보육교사에 대한 근무평가를 실시하고 있다.

3. 유치원 평가

1) 유치원 평가의 이해

유치원 평가의 목적은 유치원 교육 서비스의 질적 수준제고와 누리과정을 충실히 운영할 수 있는 유치원 운영체계 구축 및 유치원의 책무성 제고를 통해 유치원 교육 서비스의 질적 수준을 향상하기 위함이다. 유치원 운영 전반을 체계적·종합적으로 점검하고 평가 결과 환류 및 맞춤형 지원을 통해 유치원 운영 개선에 이바지하고자 한다. 또한 학부모의 알 권리를 보장하고, 유치원 선택권 확대와 평가 결과 공개를 통해 학부모의 유치원 교육에 대한 만족도를 높이고자 하는 목적을 가지고 있다.

| 표 12-5 | 제1주기-4주기 유치원 평가 비교표

구분	제1주기	제2주기	제3주기	제4주기
기본 방침	• 서면평가와 현장방문평가를 병행 • 공통지표, 자체지표, 학부모 만족도 조사를 병행 실시	• 제1주기와 동일 • 결과는 점수화·서열화하지 않고 공개하되, 재정지원과 연계	• 매년 자체평가 실시 • 서면·현장평가, 유치원 정보공시 공개정보 활용 • 평가 결과 공개	•「유치원·어린이집 평가체계 통합방안」 반영 • 통합평가지표 사용 • 평가 결과 공개
평가 주체	• 교육과학기술부장관	• 시·도교육감 ※「유아교육법」 개정('12. 1. 26.)	• 시·도교육감	• 시·도교육감
대상 및 주기	• 국·공·사립유치원 • 3년('08~'10년)	• 국·공·사립유치원 • 3년('11~'13년)	• 국·공·사립유치원 • 3년('14~'16년)	• 국·공·사립유치원 • 3년('17~'19년)
평가 영역 구성	• 4개 영역(교육과정, 교육환경, 건강·안전, 운영관리) – 14개 항목 – 28개 지표(91개 기준	• 4개 영역 동일 – 9개 항목 – 15개 지표(47개 요소)	• 4개 영역 동일 – 항목 삭제 – 11개 지표(30개 요소)	• 4개 영역(교육과정, 교육환경 및 운영관리, 건강·안전, 교직원) • 20개 지표 • 77개 항목
지표 구성	• 국가공통지표 • 시도자체지표	• 국가공통지표 • 시도자체지표	• 국가공통지표 • 시도자체지표	• 국가공통지표 • 시도자체지표
평가 방법	• 정성평가 – 5점 평정척도 활용	• 정성평가 – 5점 평정척도 활용	• 정성평가 – 5점 평정척도 활용	• 정량평가 – T, N 체크
평정 방식	• 국가공통지표 200점 ※학부모 만족도(10점) 포함 • 시·도자체지표 점수는 시·도 자율 결정	• 국가공통지표 100점 • 시·도자체지표 점수는 시도 자율 결정	• 국가공통지표 90점 • 시도자체지표 10점	• 4등급(A–B–C–D)
평가 절차	• 자체평가→서면평가→현장평가 – 현장평가 시 '학부모 만족도' 조사를 별도의 개별 지표로 실시	• 자체평가→서면평가→현장평가 – '학부모 만족도'를 '부모교육·참여활동 및 가정·지역사회와의 연계' 관련 지표에 포함	• 자체평가→서면평가→현장평가 – 유치원 정보공시 공개정보 활용	• 자체평가→현장평가→종합평가 ※ 현장·종합평가를 통합하여 추진 가능

유치원은 2007년 시범평가 이후 평가 제도를 도입하여 2008년부터 평가를 실시하여 2020년 제5주기 평가가 시작되었다. 제4주기 평가는 영유아교육·보육통합의 추진으로 유치원과 어린이집 통합평가 운용의 필요성이 제기됨에 따라 영유아교육보육통합추진단의 통합 추진 1단계 과제 중 하나로 유치원과 어린이집의 평가체계를 연계·통합하였다. 통합평가지표 개발을 동일한 평정기준을 제시함으로써 평가의 객관성 및 일관성을 제고하고 유치원과 어린이집의 질을 상호 비교할 수 있도록 하여, 학부모에게 평가 결과 정보에 기초한 선택이 가능하도록 지원하고자 하는 목적을 가지고 있었다(서울특별시교육청, 2017).

그러나 유보통합 추진이 더 이상 이루어지지 않음에 따라 제5주기 유치원 평가는 자체평가, 서면평가를 실시하되 현장의 업무 부담을 최소화하는 방식으로 변화하였다.

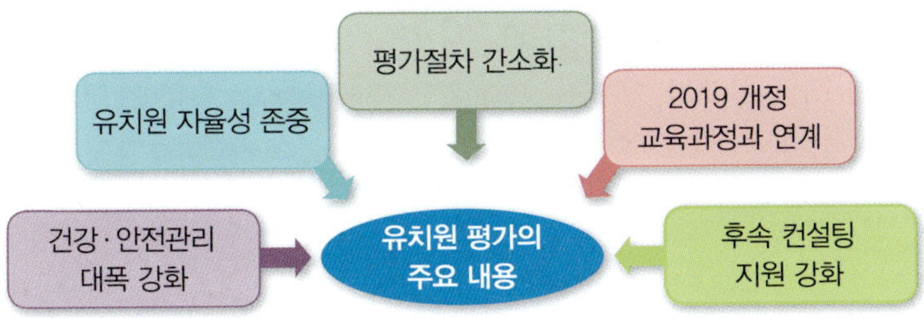

| 그림 12-4 | 5주기 유치원 평가 주요 내용

출처: 서울시유아교육진흥원(http://seoul-i.sen.go.kr/).

5주기 유치원평가는 현장 적합성 제고를 위해 자율적인 유치원 교육 활동의 진단 및 개선을 통한 유치원 교육의 질을 향상시키는 것을 목적으로 한다. 또한 평가를 통해 2019 개정 교육과정을 충실히 운영할 수 있는 유치원 운영체계 구축 및 유아의 건강·안전 관리 강화를 통한 유치원의 책무성 및 공공성을 강화하고자 한다. 이와 함께 유치원 교육공동체의 참여·소통·협력을 통한 자율과 책임의 유치원 자치문화를 조성하는 것을 목적으로 한다.

한 걸음 더

유치원 평가의 법적 근거: 유아교육법 제19조

제19조(평가)

① 교육감은 유아교육을 효율적으로 하기 위하여 필요하면 유치원 운영실태 등에 대한 평가를 할 수 있다.

② 교육부장관은 필요한 경우 각 시·도 교육청의 유아교육 전반에 대한 평가를 실시할 수 있다.

③ 제1항과 제2항에 따른 평가를 실시한 경우 교육부장관 및 교육감은 평가의 결과를 공개하여야 한다.

| 표 12-6 | 5주기 유치원 평가 기본방향

구분	4주기 평가	5주기 평가
평가절차	• 자체평가→서면평가→현장평가	• 자체평가→서면평가로 **단계 간소화**
평가방식	• 객관화·정형화된 형식의 현장방문을 통한 외부자 중심 평가 • 획일화된 평가지표, 평가문항 제시	• 단위 유치원의 구성원과의 협력·소통을 통한 **유치원 자체평가 역량 제고** • 평가문항 자율 구성으로 **유치원 자율성 존중**
결과환류	• 평가 결과의 실질적 활용 부족	• 조직적이고 체계적인 **후속 컨설팅 강화**

출처: 서울시유아교육진흥원(http://seoul-i.sen.go.kr).

2) 유치원 평가과정

유치원 평가주체는 교육부가 아니라 시·도교육감으로 되어 있기 때문에 지역별로 유치원 평가의 운영 방법에서 차이가 있다. 공·사립유치원 전체를 대상으로 평가를 실시하고 있으며, 유아교육진흥원, 시교육청, 각 교육지원청의 협력을 통해 유치원 평가의 효과성, 신뢰도를 높이고 있다.

(1) 평가운영체계

유치원 평가 주기는 3년이며 동일 주기에는 동일 방식으로 평가한다. 유치원 평가 추진 체계는 [그림 12-5]와 같다.

단계	내용	주관
유치원 평가 기본 계획 수립 및 의뢰	• 2020 유치원 평가 기본 계획 수립(2월)	시교육청
유치원 평가 세부 계획 수립	• 유치원 평가위원회 구성 및 평가 세부계획 수립(4월) • 2020 유치원 평가 세부추진계획 현장 안내(4월)	유아교육진흥원
단위 유치원 평가 계획 수립	• 유치원 자체평가 계획 수립(5~6월) (내부결재/유아교육진흥원 홈페이지 탑재)	유치원
	• 현장 맞춤형 컨설팅 운영(6~11월)	유아교육진흥원
단위 유치원 평가 결과 보고서 작성	• 유치원 평가 결과 보고서 작성 및 제출(11월) 내부결재: 평가 결과 전체 • 공문제출: 유치원 평가 결과 보고서, 정보공시 탑재용 보고서	유치원
평가 결과 관리	• 2020학년도 유치원 평가 결과 시교육청 보고(2021년 2월) • 2020학년도 유치원 자체평가 현장 만족도 조사 • 2020학년도 유치원 평가 업무담당자 협의회(2021년 2월)	유아교육진흥원
정보공시의 공시 정보 입력	• 유치원 정보공시(2021년 4월 중) 입력	유치원
정보공시의 공시 정보 관리	• 유치원별 평가 결과 자료 입력 검증(2021년 상반기)	유아교육진흥원

| 그림 12-5 | 평가 추진절차

출처: 광주광역시 유아교육진흥원(2020). 제5주기(2020~2022년)『유치원 평가』시행 계획, p. 2.

(2) 평가과정

유치원의 자체평가, 서명평가단의 서면평가를 실시하되 현장의 업무 부담을 최소화하는 방향으로 추진되고 있다.

준비	실행	정리
• 유치원 자체평가위원회 구성 • 유치원 자체평가계획 수립 • 유치원 자체평가계획서 제출 • 사전 컨설팅 참여	• 유치원 자체평가 실시 • 유치원 자체평가 결과보고서 작성·심의·제출	• 사후 컨설팅 참여 • 자체평가 결과 환류 • 차학년도 교육계획 수립에 반영 • 유치원 평가 결과 유치원알리미 탑재

| 그림 12-6 | 유치원 자체평가과정

출처: 부산광역시교육청·부산광역시유아교육진흥원(2020). 2020학년도 유치원평가매뉴얼, p. 23.

(3) 평가방법

유치원의 자체평가는 유치원 운영에 대해 5점 척도를 활용한 평점척도 방식으로 이루어진다. 서면 평가는 영역별로 우수, 적합, 개선 필요로 평가한다.

| 표 12-7 | 평가영역별 평가방법

제5주기(2020~2022년)				
평가 영역	지표 수	항목 수	평가 방법	비고
Ⅰ. 교육과정 및 방과 후 과정	5	14	5단 척도 체크리스트와 자유서술식 병행	자율 영역
Ⅱ. 교육환경 및 운영관리	4	9	5단 척도 체크리스트와 자유서술식 병행	공통 영역
Ⅲ. 건강·안전	4	14	[항목 평가] • 항목에 대한 평가 결과를 충족(Y), 또는 미충족(N)으로 표시 • 평가 세부 기준은 유치원 자체평가 매뉴얼 참고(유아교육진흥원 홈페이지 탑재) [영역 평가] • 영역 전체 항목에 대한 평가 결과 '충족'개수에 따라 3개 등급(우수, 적합, 개선 필요)으로 책정 • 우수(80% 이상): 충족 10개 이상 • 적합(60%~80% 미만): 충족 8~9개 • 개선 필요(60% 미만): 충족 7개 이하	공통 영역
Ⅳ. 교직원	4	10	5단 척도 체크리스트와 자유서술식 병행	자율 영역
Ⅴ. 학교문화혁신	4	8	5단 척도 체크리스트와 자유서술식 병행	공통 영역
계	21	55		

출처: 광주광역시 유아교육진흥원(2020). 제5주기(2020~2022년)『유치원 평가』 시행 계획, p. 4.

(4) 평가 결과 활용 및 사후관리

평가 결과에 대한 환류를 강화하여 유치원 운영 개선을 통한 유치원 교육 서비스를 향상한다. 평가 참여 유치원 결과는 장학 참고자료로 활용한다.

- **평가 결과 처리:** 서면평가 결과는 정량평가 기준으로 명시하여 2020년 12월 말까지 유치원으로 송부, 자체평가는 평정척도를 활용하여 자체평가서에 입력
- **토론회 실시:** 교직원, 학부모 등 유치원 교육공동체가 공감·공유할 수 있도록 유치원 평가 결과에 대한 토론회 실시
- **교육계획 수립에 반영:** 구성원 간 논의 내용은 차년도 유치원 교육활동 수립 시 반영하고 사업별 평가내용 및 대상 등을 명시하여 선환 체제 확립
- **정보공시:** 차년도 정보공시(유치원 알리미http://e-childschoolinfo.moe.go.kr)에 공시
  ※ 공시 내용: 자체평가 결과 및 서면평가 결과(영역 종합 소견 및 총평) 공개
- **후속컨설팅 실시:** 유치원 평가 결과, 개선이 필요한 영역에 대한 컨설팅 장학을 실시하며, 각 유치원별 우수사례 공유 및 유치원 간 네트워크 구축

3) 유치원 평가 내용

평가영역-지표-항목으로 구성한다. 2019 개정 교육과정 구성 방향 및 현장 적합성, 안전한 교육환경 조성, 유치원 학교문화혁신 등을 반영하여 평가 내용을 구성한다. 유치원 평가주체는 교육부가 아니라 시·도교육감으로 되어 있기 때문에 지역별로 유치원 평가의 영역 및 내용은 차이가 있다. 다음 예시는 광주광역시 교육청의 평가영역 및 평가지표이다(광주광역시 유아교육진흥원, 2020).

(1) 교육과정 및 방과 후 과정

평가영역	평가지표	평가항목
Ⅰ. 교육과정 및 방과 후 과정	1-1. 교육계획 수립	1-1-1. 국가 수준의 공통 교육과정을 바탕으로 각 유치원의 실정을 반영한 교육계획을 수립한다.
		1-1-2. 유아의 발달과 장애 정도를 고려하여 교육계획을 수립한다.
		1-1-3. 가정과 지역사회와의 협력과 참여를 포함하여 교육계획을 수립한다.
	1-2. 일과운영	1-2-1. 놀이와 활동을 융통성 있게 운영한다.
		1-2-2. 성, 신체적 특성, 장애, 종교, 가족 및 문화적 배경 등으로 인한 차별이 없도록 운영한다.
	1-3. 교수·학습 및 평가	1-3-1. 유아중심 놀이가 이루어지도록 지원한다.
		1-3-2. 교사는 유아가 놀이에 대한 흥미와 관심을 갖도록 지원한다.
		1-3-3. 유아의 특성 및 변화 정도와 교육과정 운영에 대한 평가를 실시한다.
		1-3-4. 유아와 교육과정 운영에 대한 평가 결과를 다음 계획에 반영한다.
	1-4. 교사와 유아 상호작용	1-4-1. 교사는 유아의 요구나 질문에 적절하게 반응한다.
		1-4-2. 교사는 유아의 감정에 공감하고 유아가 스스로의 감정을 다룰 수 있도록 돕는다.
		1-4-3. 교사는 유아의 놀이 상황을 주의 깊게 관찰하고 적절히 지원한다.
	1-5. 방과 후 과정	1-5-1. 방과 후 과정을 적절하게 계획하여 운영하고 있다.
		1-5-2. 방과 후 과정을 위한 환경을 갖추고 있다.

(2) 교육환경 및 운영관리

평가영역	평가지표	평가항목
Ⅱ. 교육환경 및 운영관리	2-1. 놀이 공간의 다양성	2-1-1. 실내외 공간을 다양한 놀이와 활동이 가능하도록 구성하고 있다.
		2-1-2. 놀이 영역 간의 연계 및 놀이 확장이 가능하도록 실내외 공간을 구성하고 있다.
	2-2. 시설·설비의 적합성	2-2-1. 실내외 시설·설비가 유아의 발달 수준에 적합하다.
		2-2-2. 유아의 놀이와 활동을 지원하는 공간을 마련하고 있다.
	2-3. 놀이 자료의 구비 및 관리	2-3-1. 다양한 놀이와 활동이 가능한 놀이 자료를 충분히 구비하고 있다.
		2-3-2. 놀이 자료 및 비품을 보관하는 공간이 있고 체계적으로 관리하고 있다.
	2-4. 행·재정관리	2-4-1. 유치원운영위원회를 구성·운영하고 있다.
		2-4-2. 유치원생활기록부 작성 및 관리지침에 따라 생활기록부를 작성·관리하고 있다.
		2-4-3. 유치원 예산·회계를 체계적으로 관리하고 있다.

(3) 건강 안전

평가영역	평가지표	평가항목
Ⅲ. 건강·안전	3-1. 시설 및 환경	3-1-1. 실내 공간을 청결하고 안전하게 관리한다.
		3-1-2. 실외 공간을 청결하고 안전하게 관리한다.
		3-1-3. 수도시설 공간을 청결하고 안전하게 관리한다.
		3-1-4. 전기 및 가스를 안전하게 관리한다.
		3-1-5. 안전시설 및 용품을 충실히 관리하고 사용법을 숙지한다.
	3-2. 건강 및 안전 증진	3-2-1. 질병 및 상해 관리와 감염병 대응관리가 적절히 이루어진다.
		3-2-2. 의약품을 철저하게 관리하고 있다.
		3-2-3. 건강 및 안전 증진을 위한 예방 관리를 실시하고 있다.
		3-2-4. 건강 및 안전 증진을 위한 교육이 충실히 이루어지고 있다.
	3-3. 급·간식 건강 및 안전	3-3-1. 균형 잡힌 급·간식 계획을 수립·제공하고 있으며, 식자재 관리가 적절하게 이루어진다.
		3-3-2. 조리 및 배식과정이 안전하고 위생적이다.
		3-3-3. 급·간식 시간 및 이후 관리가 위생적으로 이루어진다.
	3-4. 등·하원 안전	3-4-1. 등·하원 계획 및 지도가 안전하게 이루어진다.
		3-4-2. 통학차량(유): 차량 관리 및 운행이 안전하게 이루어진다.
		3-4-2. 통학차량(무): 등·하원 시 유아의 건강 상태를 확인한다.

(4) 교직원

평가영역	평가지표	평가항목
IV. 교직원	4-1. 원장의 전문성	4-1-1. 수평적 리더십으로 조직을 운영한다.
		4-1-2. 2019 개정누리과정에 대한 이해를 바탕으로 놀이중심 수업을 지원한다.
		4-1-3. 교육공동체의 협력을 위해 노력한다.
	4-2. 교사의 전문성	4-2-1. 교직원은 교수·학습에 대한 전문성 개발 등을 위한 다양한 연수에 적극적으로 참여한다.
		4-2-2. 교육과정과 방과 후 과정을 담당하는 교직원은 열린 사고와 개방적 태도를 가지고 학습 공동체와 협력하여 전문성을 향상 시킬 수 있는 기회를 갖는다.
	4-3. 교사의 업무지원	4-3-1. 교사의 업무지원을 위한 교사실, 설비 및 자료를 적정하게 갖추고 있다.
		4-3-2. 교사는 교육과정 준비를 위한 시간을 확보하고 있다.
	4-4. 교직원 복지	4-4-1. 교직원이 이용하는 시설을 유아용과 별도로 설치하고 있다.
		4-4-2. 교직원의 직무공간에 냉난방설비 및 공기정화설비를 갖추고 있다.
		4-4-3. 교직원 처우에 대한 규정이 있으며 이에 따라 교직원의 복지를 향상시키기 위해 노력하고 있다.

(5) 학교문화혁신

평가영역	평가지표	평가항목
V. 학교문화 혁신	5-1. 수업 혁신	5-1-1. 유아의 적극적 참여와 협력을 통한 배움과 성장이 일어나는 유아·놀이 중심 수업이 이루어지고 있다.
		5-2-2. 교원의 자발성을 기반으로 한 수업나눔을 실천하고 있다.
	5-2. 생활교육 혁신	5-2-1. 유아 개개인을 공정하게 대하고 인격체로서 존중하고 있다.
		5-2-2. 유아들이 더불어 살아가는 민주시민(바른 인성, 애향심)으로 성장해 나가도록 노력하고 있다.
	5-3. 교직문화 혁신	5-3-1. 교육공동체가 함께 민주적 의사결정을 통해 유치원 운영에 참여한다.
		5-3-2. 청렴한 유치원 문화 만들기를 실천하고 있다.
	5-4. 업무 혁신	5-4-1. 유치원 운영계획서 중심으로 유치원을 운영한다.
		5-4-2. 관행적 행사 폐지·개선, 일하는 방식 개선 등 업무정상화를 위해 노력하고 있다.

ISUSSE & TALK

영유아교육기관 평가의 역할

영유아교육기관의 평가에 관해 뉴스검색을 해 보고, 기관 평가와 기관의 질 향상과의 관련성에 대해 토론해 보세요.

참고문헌

강경석 · 박용진(2008). 학교장의 수퍼리더십과 교사의 셀프리더십이 교사의 학교조직몰입에 미치는 영향. 교육행정학연구, 26(3), 181-209.

강경석 · 정우영(2006). 학교조직문화와 교사효능감 및 학교조직몰입간의 인과관계. 한국교원교육연구, 23(1), 397-419.

강경석 · 최기만(2003).학교 · 학급경영의 이론과 실제. 원미사 .

경상남도교육청(2019).2020학년도 사립유치원 예산 편성 및 결산 지침.

경상북도교육청(2020). 2020학년도 경상북도 유아교육 계획.

경상북도교육청(2020). 사립유치원 K-에듀파인 업무관리 매뉴얼.

고전(2012). 교권 보호 법제화의 쟁점과 과제. 교육행정학연구, 30(4), 53-72.

광주광역시 유아교육진흥원(2020). 제5주기(2020~2022년)『유치원 평가』시행 계획.

교육부(2015). 2015 유치원 시설안전관리 매뉴얼. 교육부.

교육부(2016). 유아 감염병 예방, 위기대응 매뉴얼(유치원용:상세본). 교육부.

교육부(2017). 교육통계.

교육부(2018). 2019년 교원연수 중점 추진방향.

교육부(2018). 유아교육발전기본계획(2018-2022).

교육부(2020) 유치원생활기록부 작성 및 관리지침 일부개정(안) 행정예고 공고문

교육부 · 보건복지부(2016). 유치원 · 어린이집 아동학대 조기 발견 및 관리 대응 매뉴얼.

교육부 · 보건복지부(2019). 2019개정누리과정 놀이실행자료. 교육부 · 보건복지부.

교육부 · 보건복지부(2019). 2019개정누리과정 놀이이해자료. 교육부 · 보건복지부.

교육부 · 보건복지부(2019). 2019개정누리과정 해설서. 교육부 · 보건복지부.

권기남 · 민하영(2009). 유아교육기관 시설장의 변혁적 리더십과 거래적 리더십, 교사의 주관적 삶의 질 및 조직헌신간의 관계. 한국생활과학회지, 18(4), 1-11.

권미경(2016). 유치원과 어린이집 지역사회 연계 실태 및 활성화 방안. 이슈페이퍼 2016-4, 1- 30.

권혜진(2008). 보육교사의 정서노동과 소진-정서적 부조화의 매개효과에 대한 탐색. 인간발달연구, 15(4), 93-113.

권혜진(2009). 보육교사의 직무스트레스가 이직의도 및 전직의도에 미치는 영향과 개인적 성취감의 조절효과. 한국지역사회생활과학회지, 19(4), 655-670.

기순신(2002). 교사론. 서울: 학지사.

김길숙 · 문무경 · 이민경(2015). 유치원 어린이집 교사 권익 보호 실태 및 증진 방안. 육아정책연구소.

김남수 · 신손문 · 김홍량 · 엄애선(2017). 안전한 영유아보육, 교육환경 조성방안(Ⅲ): 영유아건강관리 가이드북 개발:유치원, 어린이집용. 육아정책연구소.

김미정 · 임예슬(2019). 경기도보육교사권리보호방안. 경기도가족여성연구원.

김보현 · 박미경 · 최양미 · 이홍재(2020). 보육교사의 발달단계에 따른 교권침해 경험 및 대응 요구 분석. 학습자중심교과교육연구, 20(5), 653-674.

김식현(1999). 인사관리론. 무역경영사.

김신영(2003). 유아교육 현장에서 예비 유아교사들이 인식한 교사들의 어려움. 유아교육연구, 23(2), 27-44.

김용미(2003). 유아교사들의 소진에 영향을 주는 요인과 사회적 지지에 관한 연구. 영유아보육학, 34, 111-128.

김은설 · 박수연(2010). 보육 시설장 · 교사 윤리강령 개발 연구. 한국보육시설연합회 · 육아정책연구소.

김은설 · 이진화 · 김혜진 · 배지아(2014). 유치원 · 어린이집 운영실태 비교 및 요구분석. 육아정책연구소.

김은영 · 권미경 · 조혜주(2012). 교사양성과정 내실화를 위한 유치원과 어린이집 일과운영 및 교사의 직무분석. 육아정책연구소.

김은정 · 황해익(2019). 유아교육기관 중간관리자의 멀티플라이어십 증진을 위한 프로그램 개발 및 적용. 유아교육학논집, 23(2), 43-64.

김현경 · 신동주(2009). 보육시설장의 갈등인식 및 갈등관리유형이 교육성과에 미치는 영향. 유아교육학논집, 13(1), 5-24.

김혜금(2008). 보육시설 안전실태와 배상책임 법적근거 및 판례 분석을 통한 안전사고 예방과 보상에 대한 고찰. 유아교육논총, 17(2), 109-126.

김희태(2004). 유아교사의 갈등관리에 관한 질적 연구. 유아교육논집, 8(2), 5-34.

남정걸(2015). 교육행정 및 교육경영. 교육과학사.

도남희 · 최정화 · 이상신(2019). 유치원 급식 운영관리 지침 개발. 육아정책연구소.

도윤경(2003) 문서관리와 실용문서. 두남.

류윤석(2005).유아교육조직의갈등관리방안연구.한국영유아보육학, 43, 45-69.

모아라 · 이소현(2017). 어린이집 원장이 기대하는 중간관리자의 역할에 대한 탐색. Journal of Family Welfare, 22(1), 169-184.

문채련 · 이소은(2005). 유아교사의 직무만족도와 소진. 한국생활과학회지, 14(3), 387-399.

문혜미 · 유태용 · 신강현(2007). 정서지능과 정서노동전략이 직무관련 태도에 미치는 영향: 개인적 성취감의 매개효과. 한국심리학회지: 산업 및 조직, 20(4), 529-550.

박미영 · 박한숙(2018). 유치원 교사의 교권 및 교권침해에 대한 인식. 학습자중심교과교육연구, 18(8), 195-218.

박순호 · 고은미(2008). 유치원교사와 보육교사의 경력에 따른 직무수행 비교연구. 유아교육학논집, 12(6), 195-213.

박은혜(2006). 유치원 안전사고 처리와 판례를 통해 본 교사의 법적 책임에 관한 고찰. 유아교육연구, 26(6), 83- 102.

박은혜(2009). 유아교사론(제3판). 창지사.

백은주(2006). 유치원 초임교사의 어려움과 교사 자아개념 및 조직풍토와의 관계. 유아교육연구, 26(2), 27-46.

보건복지부(2011). 어린이집 건강관리 매뉴얼. 보건복지부.

보건복지부(2016). 어린이집 영상정보처리기기 설치 · 운영 가이드라인.

보건복지부(2017). 2017 보육통계.

보건복지부(2017). 제3차 중장기보육 기본계획(2018~2022).

보건복지부(2018). 2018 보육사업안내. 보건복지부.

보건복지부(2019). 보육지원체계 개편 방안.

보건복지부(2020). 2019년 보육통계.

보건복지부(2020). 2020 보육사업안내. 보건복지부.

보건복지부(2020). 열린어린이집 가이드라인(어린이집용). 보건복지부.

보건복지부 · 육아정책연구소(2020). 2020 개정 표준보육과정(0~2세) 해설서 개발 연구. 보건복지부 · 육아정책연구소.

보건복지부 · 한국보육진흥원(2017). 보육제도 주요사항 안내.

보건복지부 · 한국보육진흥원(2020). 2020 어린이집 평가 매뉴얼:어린이집용. 보건복지부 · 한국보육진흥원.

보건복지부 보도자료(2018. 6. 22.). 어린이집 교사의 쉼을 위해, 보조교사 6000명 추가 채용한다.

부산광역시교육청 · 부산광역시 유아교육진흥원(2020). 2020학년 유치원평가매뉴얼. 부산광역시교육청. 부산광역시 유아교육진흥원.

부산시교육청(2015). 사립유치원회계업무매뉴얼.

서문희 · 양미선 · 이정원 · 김온기 · 원종옥 · 송신영(2013). 보육시설 평가인증 중장기 발전방안. 보건복지부 · 육아정책연구소.

서울특별시(2016). 서울시 어린이집 안전수칙매뉴얼. 서울특별시.

서울특별시 · 서울특별시육아종합지원센터(2015). 서울시어린이집 영유아 권리 존중을 위한 자가 체크리스트. 서울특별시 · 서울특별시육아종합지원센터.

서울특별시교육청(2017). 2017 유치원 평가 편람. 서울특별시교육청 교육연구정보원.

서울특별시교육청(2017). 유치원 방과 후 과정 길라잡이. 서울특별시교육청.

서울특별시교육청(2018). 사립유치원 행정실무 가이드북. 서울특별시교육청.

서울특별시교육청(2019). 사립유치원교원인사실무매뉴얼. 서울특별시교육청.

석은조 · 신성철(2008). 유아교사가 지각한 유아교육기관의 조직문화유형에 따른 직무스트레스와 스트레스 대처방안. 미래유아교육학회지, 15(1), 327-347.

식품의약품안전처(2017). 어린이 급식관리지침서. 식품의약품안전처.

신강현 · 이랑 · 허창구 · 김재연(2006). 정서노동 예측시 성격 5요인과 직무환경변수의 역할: 미국호텔업 종사자를 대상으로. 한국심리학회지: 산업 및 조직, 19(1), 105-124.

신경식(2005). 문서관리론. 대영출판사.

신유근(2011). 경영학원론(2판)– 시스템적 접근. 다산출판사.

양미선 · 정주영 · 임지희 (2013). 어린이집 및 유치원 운영의 공공성 제고를 위한 정책 방안. 육아정책연구소.

어린이집안전공제회(2015). 어린이집 안전사고 대처행동 매뉴얼. 어린이집안전공제회.

어린이집안전공제회(2019). 어린이집안전관리백과: 건강, 환경, 위생, 급식. 어린이집안전공제회.

어린이집안전공제회(2019). 어린이집안전관리백과: 실내외 보육환경. 어린이집안전공제회.

염지숙(2005). 유아교육현장에서 돌봄의 실천과 한계. 유아교육연구, 25(5), 147-171.

오석규(2014). 학교안전사고의 법적 책임에 대한 소고. 교육정책포럼, 254, 20-24.

울산광역시교육청(2020). 유치원 교육과정 편성 · 운영지침.

유희정 · 이미화(2004). 보육교사의 근무환경 및 직무실태 분석. 한국여성개발원.

윤종건(1986). 학교행정과 교육경영. 교학연구사.

이명환(2009). 유아교육기관 원장의 리더십 유형이 교사의 조직몰입과 직무만족에 미치는 영향. 교육의 이론과 실천, 14(2), 55-78.

이성훈(2014). 어린이집 안전사고 판례분석을 통한 법적 책임 고찰. 중앙대학교 대학원 석학위청구논문.

이완정(2005). 보육시설 영유아의 권리보호를 위한 각국의 보육종사자 윤리강령 연구. 아동권리연구, 9(4), 789-816.

이완정 · 이윤선 · 권기남(2015). 영유아, 교사, 부모를 위한 인성교육의 방향성. 한국아동학회 2015년도 추계학술대회, 103-147.

이완정 · 정선아 · 권혜진 · 신나리 · 손승희 · 장혜진(2019). 보육서비스 질 제고를 위한 의무평가제 시행방안 연구. 한국보육진흥원.

이은해 · 최혜영 · 박주희(2003). 어린이집 프로그램에 대한 부모관점의 평가. 유아교육연구, 23(3), 241-259.

이재목(2016). 유치원사고로 인한 유아의 인신손해와 민사책임의 귀속관계-교사의 주의의무위반을 중심으로. 홍익법학, 17(1), 245-270.

이종수(2009). 행정학사전. 대영문화사.

이진화(2006). 한국유아교육기관에서의 교사-리더십의 적용가능성 탐색. 미래유아교육학회지, 13(1), 231-255.

이진화 · 이승연(2006). 보육교사가 지각한 의사결정 참여와 조직적 · 심리적 요인, 직무만족도, 이직의도간의 관계. 유아교육학논집, 10(1), 229-250.

임승렬(2007). 교원의 권리와 의무에 관한 교원의 인식수준에 관한 연구. 열린유아교육연구, 12(3), 1-18.

정은경(2009). 세 유치원 원감의 교직역할 수행에 관한 이야기. 유아교육연구, 29(5), 141-162.

정지현 · 문선화(2004). 리더십의 측면에서 분석한 영유아보육 및 교육기관장의 역할인식에 관한 질적 연구. 한국영유아보육학, 39, 253-283.

정효정(2003). 보육교사의 조직환경이 직무만족도에 미치는 요인 분석. 한국영유아보육학, 33, 273-305.

조부경 · 서윤희 (2011). 셀프리더십 교육활동이 예비유아교사의 자기효능감 및 교직에 대한 인식에 미치는 효과. 열린유아교육연구, 16(6). 93-115.

조성연 (2005). 보육교사의 직무만족도와 소진. 한국생활과학회지, 14(1), 69-79.

조성연 · 최미숙(2009). 법인보육시설과 민간보육시설 보육교사의 의사결정참여도와 조직몰입차이 분석. 한국영유아보육학, 56, 169-186.

조은진 · 한세영 · 신혜은(2016). 영유아교사의 교직윤리: 윤리강령을 중심으로. Korean J Child Study, 37(6), 185-200.

조혜선(2008). 유치원교직문화분석: 경력교사 10인의 인식을 중심으로. 이화여자대학교 대학원 박사학위논문.

조혜진 · 김수연(2013). 어린이집 신규 원장의 직무역량 교육요구에 따른 직무교육과정 분석. 열린유아교육연구, 18(2), 199-220.

주영효 · 김규태(2009). 분산적 지도성의 이론적 탐색. 교육행정학연구, 27(2), 25-54.

중앙육아종합지원센터(2016). 어린이집 재무회계컨설팅교육. 중앙육아종합지원센터.

중앙육아종합지원센터(2018). 2018 어린이집 설치운영 길라잡이. 중앙육아종합지원센터.

지명원 · 이주연 (2012). 정서노동자의 자아탄력성, 스트레스 대처방식이 직무스트레스에 미치는 영향. 한국보육학회지,12(2), 249-263.

채승희 · 김정희(2020). 보육교사의 사회적 지지와 직무만족도 및 회복탄력성과의 관계. 어린이문학교육연구, 21(2), 233-252.

최남례(2005). 서번트리더십에 대한 유아교육기관 종사자의 지각이 조직헌신성에 미치는 영향. 영유아보육학회지, 34, 41-57.

최미숙 · 박영미(2004). 유아교사와 어머니 의사소통에 대한 상호인식. 열린유아교육연구, 9(2), 137-160.

최미숙 · 박지영 · 윤유증(2009). 국공립 유치원 교사의 의사결정 참여도와 성취목표성향 및 전문성 인식 간의 관계. 열린유아교육연구, 14(6), 83-101.

최윤경 · 이진화 · 박진아 · 조형숙 · 권혜진 · 조혜주(2016). 유치원 · 어린이집 운영시간 조정 방안 연구. 영유아교육보육통합추진단 · 육아정책연구소.

최은영 · 김정숙 · 송신영(2013). 유아교육정책의 성과와 과제. 육아정책연구소.

한국보육진흥원(2016). 2016 어린이집평가인증안내. 한국보육진흥원.

한국보육진흥원(2018). 2018 제3차 어린이집 평가인증 안내(통합지표). 한국보육진흥원.

한국심리학회(2014). 심리학용어사전. 한국심리학회(http://www.koreanpsychology.or.kr, 2020. 12. 1.) 인출.

한유미 · 김정화 · 이완정 · 장영인(2021). 보육교직원 윤리강령 개발. 한국보육진흥원.

허영림 · 정선영(2009).보육교사가 인지한 시설장의 서번트리더십이 보육교사의 직장내 인간관계와 직무 및 직무환경 만족도에 미치는 영향. 열린유아교육연구, 14(2), 91-110.

홍은숙(2011). 교직관에 따른 전문직 교원윤리의 성격 재음미. 교육철학연구, 33(3), 187-212.

홍혜정 · 안선희(2004). 유아교육기관의 조직건강 및 의사결정 참여와 교사효능감과의 관계. 미래유아교육학회지, 11(4), 256-273.

Allen, N. J., & J. P. Meyer.(1991). The measurement and antecedents of affective, continuance, and normative commitment. *Journal of Occupational Psychology*, *63*, 1-65.

Bass, B. M.(1985). *Leadership and Performance Beyond Expectations*. New York: The Free Press.

Bennis, W.(1994). *On becoming a leader*. Reading, MA: Addison-Wesley.

Boyd, B. J. & Schneider, N. I.(1997). Perceptions of the work environment and burnout in Canadian child care providers. *Journal of Research in childhood Education*, *11*(2), 171-180.

Brotheridge C. M., & Lee, R. T.(2002). Testing a conservation of resources model of the dynamics of emotional labor. *Journal of Occupational Health Psychology*, *7*, 57-67.

Burns, J. M.(1978). *Leadership*. New York: Harper & Row, Publishers.

Cameron, K. S.(2016). *Practicing positive leadership*. (박래효 · 오근호 공역). 긍정조직 어떻게 만들 것인가?: 긍정 리더십의 실천. 서울: 생각사랑. (원전 2013년 출판).

Cohen,S., & Hoberman, H.(1983). Positive events and social support as buffers of life change stress. *Journal of Applied Social Psychology*, *13*, 19-125.

Day, C.(2007). *A Passion for Teaching*. (박은혜 · 이진화 · 위수경 · 조혜선 공역). 열정으로 가르치기. 서울: 파란마음.

Fiske, J.(1982). *Introduction to Communication Studies*. (강태완 · 김선남 공역). 커뮤니케이션이란 무엇인가. 서울: 커뮤니케이션 북스.

Freeman, N. K., Decker, C. A., & Decker, J. R.(2012). *Planning and administering early childhood programs*(11th ed.). Columbus: Charles E. Merrill Publishing Co.

Ghazvini, A., & Readdick, C.(1994). Parent–caregiver communication and quality of care in diverse child care settings. *Early Childhood Research Quarterly, 9*, 207–222.

Grubb,W. N.,& Flessa, J. J.(2006). "A job too big for one": Multiple principals and other nontraditional approaches to school leadership. *Educational Administration Quarterly, 42*(4), 518–550.

Hargreaves, A.(1998). The emotional practice of teaching. *Teaching and Teacher Education, 22*, 1–15.

Hargreaves,A., & Fink, D.(2009). Distributedleadership:Democracyordelivery? In Alma Harris(Ed.), *Distributed leadership: Different perspectives*(pp. 181–193). Netherlands:Springer.

Harris, A. (2008). *Distributed school leadership: Developing tomorrow's leaders*. London: Routledge Falmer Press.

Harris, A.(2009). Distributed leadership and knowledge creation. In Kenneth Leithwood, Blair Mascall, and Tiiu Strauss(Eds.), *Distributed leadership according to the evidence*, London:Routledge.

Hearron, P. F., & Hildebrand, V. P.(2015). *Management of Child Development Centers* (8th Edition).

Himle, D. P., Jayaratne, S., & Thyness, P.(1991). Buffering effects of four social support types on burnout among social workers. *Social Work Research & Astracts, 27*(10), 22–27.

Hochschild, A. R.(1983). *The managed heart: Commercialization of human feeling*. University of California Press: Berkeley, CA.

Houghton, J. D., & Neck, C. P.(2002). The revised self–leadership questionnaire: Testing a hierarchical factor structure for self–leadership. *Journal of Managerial Psychology, 17*(8), 672–691.

Isenbarger, L., & Zembylas, M.(2006). The emotional labor of caring in teaching. *Teaching and Teacher Education, 22*, 120–134.

Jorde–Bloom, P.(1989). Measuring work attitudes in the early childhood setting: technical manual for the childhood job satisfaction survey and early childhood work environment survey. *Illinois Early Childhood Professional Development Project*.

Laub, J. A.(1999). Assessing the servant organization: Development of the Servant Organization.

Lazarus, R. S.(2000). Toward better research on stress and coping. *American Psychologist, 55*(6), 665–673.

Lieberman, A. & Lynne, M.(2004). *Teacher leadership*. New York: John Wiley & Sons Inc.

Likart, R.(1987). *The Human Organization*. New York: McGraw–Hill.

Manlove, E.(1993). Multiple correlates of burnout in child care workers. *Early Childhood Research Quarterly, 8*(4), 499–518.

Manz, C. C.(1986). Self–leadership toward an expanded theory of self–influence process in organization. *Academy of Management Review, 11*(3): 585–600.

Manz, C. C., & Sims, H. P.(2002). *The new super-leadership*. (김남현 역). 슈퍼리더십. 서울: 경문사.

Maslcah, C. & Jackson, S. E.(1981). The measurement of perceived burnout. *Journal of Occupational Behavior, 2*, 99–113.

Rahim, M, Afzalur.(1985). A strategy for managing comflict in complex organization. *Human Relations, 84*, 13–29.

Robbins, S. P.(2005). *Organizational Behavior*, 11th Edition Paperback – (Author)Publisher: Prentice–Hall of India.

Rogers, D. L., & Babinski, L. M.(2003). *From isolation to conversation: Supporting new teachers' development*. Albany: State University of New York Press.

Rost, J. C.(1993). *Leadership for twenty-first century*. Westport, CT: Praeger.

Sargent, P.(2004). Between a rock and a hard place: Men caught in the gender bind of early childhood education. *The Journal of Men's Studies*, *12*(3),173–192.

Sciarra, D. J. & Dorsey, A. G.(2002). *Leaders and supervisors in child care programs*. Albany, New York: Delmar. 1993.

Swick, K. J.(2003). Communication concepts for strengthening family–school–community partnerships. *Early Childhood education journal*, *30*(4), 275–280.

Taylor, F. W.(2002). *The Principles of Scientific Management*. (박진우 역). 과학적 관리의 원칙. 서울: 박영사.

〈사이트〉

e–나라지표. https://index.go.kr.

국가법령정보센터. http://www.law.go.kr.

서울시유아교육진흥원. http://seoul-i.sen.go.kr.

중앙육아종합지원센터. https://central.childcare.go.kr.

한국보육진흥원. https://www.kcpi.or.kr.

저자약력

권혜진

현) 나사렛대학교 아동학과 교수
서울대학교 아동학 박사

주요 저서

아동안전관리, 아이와 교사가 즐거운 놀이지도, 보육교사인성론 등

본 연구는 2020년도 나사렛대학교 교내연구비 지원으로 이루어졌음

영유아교육기관 운영관리

초판 1쇄 발행 2021년 2월 17일
초판 3쇄 발행 2025년 2월 5일

지 은 이 | 권혜진
펴 낸 이 | 김기섭
편 집 인 | 이초롱
펴 낸 곳 | 창지사 www.changJisa.com
08589 서울시 금천구 가산디지털 1로 83 파트너스타워 1차 9층
전화 (02)719-2211~3
팩스 (02)701-9386
등 록 | 1977년 4월 28일 · 제1-421호

ISBN 978-89-426-1398-4 (93370)

값 23,000원